虐待された
子どもたちの自立

現象学からみた思春期の意識

遠藤野ゆり——［著］
Noyuri Endo

東京大学出版会

A phenomelogical view to the adolescence
of abused children in resilience
Noyuri ENDO
University of Tokyo Press, 2009
ISBN 978-4-13-056215-7

はじめに　自立援助ホームと本書の概要

　本書は，或る自立援助ホームにおける，養育者と思春期の子どもとの関わり合いの内実を，実存主義哲学者であり，小説家でもあるジャン・ポール・サルトルの意識論に基づき，筆者自身が関わった，約7年間分の事例に即して明らかにすることを課題とする。この課題の遂行が，被虐待や非行といった経験を抱える子どもたちに対する支援や養育を子ども自身の在り方に即したものとするための，教育研究と教育実践の理論的背景となることを目指す。

　被虐待体験を抱える子どもたちに関しては，福祉・医療・臨床心理学など，様々な角度から取り組みがなされている。しかし，本書では，こうした取り組みの多くにおいて主題的となる「介入」「治療」の方法論を探るのではなく，そうした試みの前提とならなければならない，実践の内実そのものへと肉薄することを目指した。すなわち，こうした子どもたちと養育者が自立へと向かうダイナミズムの中にあって，そのつどいかなる仕方で己や己の抱える境遇と対峙し，自分の生き方，存在の仕方を変えていくのかを，言葉の捉えうる極限まで迫り寄り記述することを目指した。そしてその場を「自立援助ホーム」に求めた。

　通称「自立援助ホーム」は，正式名を「児童自立生活援助事業」といい，児童福祉法第27条第9項に基づき設置されている児童福祉施設である。様々な事情により家庭で生活することのできない15歳から18歳までの就労児童が，約半年間から3年間程度生活し，自立する準備を整える場となっている。本書において事例研究がなされることになる或る自立援助ホーム（以下「ホーム」と略）を，養育者として運営している林さん（50歳代，男性）によれば，自立援助ホームで生活する子どもたちは，深刻な虐待を受けて育ち，心に非常に深い傷を負っている，という。とりわけ，思春期にさしかかり，他者にとって，また自分自身にとって自分がどのような在り方をしているのかをしばしば過度なまでに意識させられる中で，自分のおかれている状況の悲惨さゆえに非行を表出せざるをえなくなった子どもたちがホームへ入所してくる。そのため林さ

んは，他者を，とりわけおとなを，それどころか自分自身をも信頼することのできないこうした子どもたちの自立支援に必要なのは，自分が他者から受容され大切にもてなされている，という実感を，子どもたちが十分抱けるようになることである，という．

　児童虐待への社会的関心の高まりや，保護児童数の増加を受けて，近年自立援助ホームの増設が厚生労働省から指示されているように，自立援助ホームの活動は，最近特に注目を集めている．他方で，設立当初 1950 年代の自立援助ホームは，養護施設を出た後で行き場を失った子どもたちへの自立支援のためのアフターケア施設として，ボランティアによって営まれ，現在もなお，補助金の少ないまま，ボランティアに近い形で運営されている．それゆえ，自立援助ホームの必要性が指摘されながらも，その数を増やすことは容易ではない．また，本来ならば家庭で育てられる中で当然獲得できたはずの生活能力や安心感といったものを与えられなかった子どもたちへのケアには，可能な限り家庭に近い形態での運営が望ましい，とされる．しかし，一日 24 時間，一年 365 日働きづめという労働条件の厳しさもあり，夫婦職員によって子どもたちへのケアを実施している施設は減りつつある．

　林さんとハル子さん夫妻の運営するホームでは，被虐待児のケアに不可欠でありながらも，現在困難となっている，家庭に近い形態での濃やかな養育が実践されている．筆者は，約 7 年間，多い時期には週に 2 回の頻度でホームに通い，寝食を共にさせていただいた．そして，その際に見聞きした出来事や筆者の感じたことを，記憶に基づいてそのつど記録しておいた．本書は，その記録の一部に即し，養育者夫妻による濃やかな配慮に支えられた日常生活の何気ない営みや，時には厳しさも含んだ真剣な対話といった，日々のたゆまない養育の中で，被虐待や非行といった辛い体験を抱える思春期の子どもたちがいかなる意識の変様を遂げることになるかを明らかにする．

　そのため，本書では，児童虐待研究において従来行なわれてきたような，虐待の種類の分類や発生のメカニズムを明らかにすることを目指さない．あるいは，個々の被虐待事例の詳細な経緯を明らかにすることを目指すのでもない．そうではなく，ホームで保護され養育される子どもたちが，自分の辛い境遇をいかに引き受け，いかなる仕方で乗り越え，いかに自立していくのかを，その過程のそのつどに即して明らかにすることが本書の課題となる．そのため本書

では発達心理学やソーシャルワーク論等々の観点からではなく，事柄それ自体に定位し出来事をありありと描き出すことを目指す現象学に基づき，とりわけ，いわゆる無意識と呼ばれる意識領域を，それまで生きてきた過去を背負いつつ或る規定された仕方で未来へと向かっていく動きのなかにある自己についての意識として，小説家の筆力でもって描き出すサルトルの哲学に基づき解明することを目指す。

　この課題を遂行するために，本書は，以下のような三部構成とする。
　第Ⅰ部では，心理学や哲学等の領域における意識に関する諸研究を概観することにより，本書の課題が明らかにされる。そして，本書の考察が依拠することになる，サルトルの意識論が，筆者に独自の視点から再構成される。第Ⅰ部での考察を受けて，本書の中心となる第Ⅱ部と第Ⅲ部では，ホームでの養育実践の事例研究がなされる。第Ⅱ部では，サルトルにおける対自論に依拠しつつ，時間の観点からの事例研究がなされる。第Ⅲ部では，サルトルにおける対他論に依拠しつつ，他者関係の観点からの事例研究がなされる。

　第Ⅰ部「本書の課題とサルトルの意識論」では，本書の課題と意義とが示され，本書の研究が基づくことになるサルトルの哲学が，世界との具体的人間の関わりという観点から明らかにされる。
　第1章では，本書の課題を明らかにするために，非行や被虐待といった辛い過去を抱える思春期の子どもたちについての従来の研究の流れが素描され，とりわけこうした子どもたちにおいて典型的となる意識の在り方についての諸研究が本書の課題に即して考察される。その結果，自己生成のたゆまない動きの中にある人間の意識は，認識によっては汲み尽くされえないことが明らかにされる。さらに，現象学における人間の生の捉え方に基づき，人間研究を行なううえでの課題と意義とが示される。特に教育研究においては，子ども一人ひとりのかけがえのない生は，個別的な状況の中で，彼らがいかに世界と関わりつつ在るのか，という観点から捉えられる必要のあることが明らかにされる。
　第2章では，第1章で示された課題を遂行するために本研究が依拠することになる，サルトルの意識論が考察される。サルトルの主著『存在と無』に関する先行研究が概観されたうえで，これまでの研究では十分指摘されてこなかっ

たが，サルトルの哲学は，具体的で個別的な人間の生に徹底して定位していることが導かれる。絶えず自己へと現前し，「それが在らぬところのもので在りそれが在るところのもので在らぬ」と定式化される意識の在り方に着目し，サルトルは，人間の意識を，対自と呼ぶ。対自は，完全な自己ではいまだ在らぬという欠如分を備えており，現実存在たる自己を超出していく絶え間ない動きの中にあり，この動きこそ，対自の備えた根源的時間性であることが導かれる。この考察に基づき，第Ⅱ部では，時間性の観点から，事例研究がなされる。

　第Ⅱ部「事例研究1：対自存在に着目した子どもの意識の解明」では，ホームの子どもたちが自己自身と向き合い自己を超出していく過程が，事例に即して考察される。

　第3章では，自己への対自の現前という観点から，ホームでの温かな日常や気晴らしが，ともすれば辛い境遇を思い出し不安に陥りがちな子どもたちを支えていることが考察される。しかし，そもそも人間には在るがままの自分は捉えられないのであり，とりわけ，ホームからの自立に向けて現在の自己を乗り越えていくことが求められる子どもたちにとって，自分自身と向き合うことは容易ではない。自分の性格を明確に捉えることで自分自身の在り方そのものに直面することを避けようとする或る少年が，そうした逃避の不全感の中で，逃避しつつも，自己自身に向き合っていく過程や，被虐待という自分の境遇を指摘された或る少女が，辛い話題の中心をわずかにずらしながらも，ずらすことで，自分の境遇に向き合っていく過程が考察される。

　第4章では，被虐待や非行といった自分の辛い過去を子どもたちが乗り越えていく過程が考察される。辛い過去を携えているホームの子どもたちは，そうした過去を楽しい思い出として語ったり，あるいは過去そのものをほとんど意識対象とできずにいたりする。とりわけ，深刻な被虐待経験を抱える或る少女が，養育者からの働きかけと支えの中で，ホーム入所当初は母親からの虐待をしつけと捉えているが，徐々に，被虐待の事実を受け入れていく過程が考察される。その際，対自それぞれの抱えている過去経験が取り返しのつかないものとして選択された時に初めて，過去は事実性としての重苦しさを備え，過去となる，というサルトルの思索が，事例に即し具体的に描き出される。

　第5章では，それぞれの価値に方向づけられた対自が，未来へと向かって自

己を超出する過程が考察される。ホームで生活し始めたばかりの子どもは，自分の欠如分をいかなる仕方で満たすべきかについて，具体的な可能性がわからないため，不安定な時間を過ごさなければならない。また，本来ならば，対自の欠如分の超出を方向づける価値は当人にはそれと捉えられないにもかかわらず，自己の価値や在り方を捉えられない不安から，或る少年は，いわゆる道徳的価値を即自的に実現する試みにおいて苦悩に陥る。さらにまた，自立をまさに実現しようとしている子どもたちは，時には自立に失敗しホームに再入所しながらも，自立の準備の過程の中で同時に，自立の内実を真に実感することにもなる。こうした子どもたちそれぞれにとって，未来における自らの可能性や価値が，彼らの生きる状況に応じていかに実現されるのか，またその際に世界はいかに経験されるのかが，事例の考察を通して明らかにされる。

　第Ⅲ部「事例研究2：対他存在に着目した子どもの意識の解明」では，ホームの子どもたちが，養育者や他の子どもたちといった他者との関係を通して自己を超出していく過程が，事例に即して考察される。

　第6章では，まず，ホームの子どもたちにとってのかつての他者経験の基調がいかにネガティヴとならざるをえないかが素描される。そのうえで，存在意識の希薄な或る少年が，一見すると，サルトルのいうところの人（on）としての他者とのみ関わっているが，実は自己についての意識さえ十全に機能していないことが明らかにされる。この少年が，養育者からの関わりと支えの中で，次第にやわらかく生き生きとした表情を浮かべるようになり，対自としての意識を取り戻し，また他者と共同的な在り方を体得し，自立するまでの半年間の過程が考察される。

　第7章では，自分とは異なる仕方で世界内の諸対象と関わる他者が，対象−他者として体験される際の，子どもたちの意識が明らかにされる。子どもたちは，他者の出現によって，自己の世界の一時的崩壊を蒙るが，同時に，それまでより豊かな世界経験へと導かれることもある。他方，他者が自分を超越し眼差す主観−他者として体験される際には，子どもたちは，自分の可能性を瞬時に隅々まで見渡されるように感じてしまう。或る少女が，養育者から強い内的否定を向けられる辛さを味わいながらも，他者の眼差しによって，自分の在り方へと向き合わされ，それまでの在り方を乗り越えていく過程が考察される。

第8章では，主観−他者に眼差され自己を凝固させられてしまう子どもたちが，相克関係にはない第三者の出現によって，辛い体験を支えられるようになる事態が，特に女性養育者の働きかけを中心に考察される。また，自分が罪を償うべき相手からの眼差しを感じる少年が，その眼差しの脅威を多少なりとも和らげてくれる養育者と共に，対象−我々となることによって支えられることを求め，養育者に自らの苦悩を語りかける際の彼の意識が考察される。

　以上の諸考察を通して，自分が選んだのではないにもかかわらず辛い境遇におかれた子どもたちが，それぞれの境遇を自ら選択したものとして受け入れていくまでの苦悩や，その苦悩を支え続ける養育者の働きかけが明らかにされる。この解明は，被虐待や非行といった辛い経験を抱える子どもたちに対するケアにおいて，何が目指されなければならないのかを今後考察し実現していくうえでの基盤となる。また，ホームの子どもたちが，苦悩を抱えつつもより豊かな未来へと向かって自己を超出していく際の生き生きとした在りようは，同時に，対自としての私たち一人ひとりがいかなる生を営んでいるのかをも明らかにしてくれるはずである。

　最後に，自立援助ホームで生活するような子どもたちに関する先行研究が，補遺としてまとめられる。特に，少年非行や児童福祉に関してなされてきた研究が挙げられ，近年盛んに行なわれるようになった児童虐待研究の現状が概観される。

　本書は，2006年11月，東京大学大学院に提出した，学位請求論文「或る自立援助ホームにおける養育実践の解明——サルトルに基づく思春期の意識の在り方と養育者の働きかけの事例研究」に基づいている。筆者は，同論文により，2007年3月，教育学博士の学位を受けた。今回，本書の刊行にあたっては，同論文を大幅に補筆・訂正することとなった。
　本書が刊行されるに至ったのは，多くの方のご指導とご尽力のおかげである。
　林さん，ハル子さんご夫妻には，長期間にわたって，筆者がホームを訪ね，養育場面に直に接し関わる貴重な機会をいただいた。子どもとの間で織りなされる真摯で密接な養育は，本来，第三者に開示されるためになされるものでは

ない。その点を十分にお考えのうえで，それでも子どもたちのためになることを願って，ホームにおける養育実践事例を本書で考察することの許可を快くいただいたことを，心から御礼申し上げたい。

また，ホームで出会った34名の子どもたちに，深く感謝申し上げたい。筆者には想像すべくもない苛酷な状況の中で，己の在り方を苦悩しつつ深く探求し，自己を乗り越えていこうとする子どもたちの真摯な在り方をまざまざと見る中で，筆者は，林さんご夫妻と子どもたちとから，生きることの意味そのものを学ばせていただいた。乗り越え難い苦難の中で今なお闘っている子どもたちも多く，子どもたちの状況が少しでも望ましいものとなることを，心から祈ってやまない。

ホームでの養育実践を教育研究として解明するにあたっては，筆者の所属する東京大学大学院教育学研究科の諸先生から，貴重な幾多のご指導をいただいてきた。ことに，中田基昭先生には，卒業論文の執筆以来，指導教員として，筆者の研究活動全般にわたりご教示いただいた。中田先生からは，現象学の原典を精緻に読み込んでいく訓練を，またその際には，机上の理論としてではなく日々のわたしたちの具体的で日常的な営みに即して厳密に解釈する訓練を積ませていただいた。この訓練によって，サルトル哲学を具体的で現実的な出来事に即して解釈し，そのことによってサルトル哲学の解釈そのものを豊かにするという，本書で目指された哲学解釈の姿勢が導かれた。しかしそれ以上に，養育実践に携わり，そこで身をもって養育実践者や子どもたちと関わることの意味と，複雑で容易には捉え難い生き生きとした子どもたちの生を理解することの意味とをご教示いただいた。現象学の成果を単に応用して子どもたちの生を認識で捉えようとするのではなく，子どもたちの生との関わりを実現することによって自分自身の蒙る実感のうえで，教育研究は初めて意味のあるものとなりうるということを学ばせていただいた。

また，西平直先生，中釜洋子先生には，博士論文の草稿の段階で，大部の原稿に目を通していただき，論文の骨組みから細部に至るまで，貴重なご教示をいただいた。西平先生からは，サルトルに定位しつつ実践に迫っていくという本研究に特有の緊張感が，読者に適切に伝えられるよう，大部となる論文全体の流れが見通せるような構成の工夫をご教示，ご指導いただいた。

中釜先生からは，今日なされている，児童虐待に関する様々な研究について，

多くをご教示いただいた．こうした問題に関する膨大な先行研究の中で，本研究のもつ意義を明確にするよう，ご指導いただいた．

また，川本隆史先生，能智正博先生には，中田先生，西平先生，中釜先生と共に，審査委員として博士論文の査読をしていただいた．川本先生には，教育史研究の見地から，先行研究の記述の仕方について貴重なご教示をいただいた．

能智先生からは，現象学とは異なるアプローチ方法で本研究と同様に詳細な事例考察をする諸研究と本研究との共通点，相違点について考え，本研究の意義を再考するきっかけをいただいた．

また，本書の刊行を引き受けてくださった東京大学出版会と，出版に関して貴重なご教示とお世話とをいただいた後藤健介さんに，心から御礼を申し上げたい．後藤さんの行き届いたご配慮と導きとがなければ，本書は公刊には至らなかった．この場をお借りして，感謝申し上げたい．

本書は，平成20年度日本学術振興会科学研究費補助金（研究成果公開促進費）の助成を受けており，この援助に対しても，謝意を表したい．

凡例

なお，本書で考察することになる子どもたちと養育者である林さん・ハル子さんご夫妻の名前は，すべて仮名にし，本書の考察の内容に直接関わらない子どもや地名等には，アルファベットを充てる．子どもの名前の後の（　）内は，当該事例時の年齢を示す．また，事例を本書で取り上げる際に，内容を変えない範囲で，一部表現を改めたり，〔　〕内の補足を加えた箇所がある．

引用に際し，サルトルの『存在と無』からの場合は，（　）内に"L'être et le néant"のページ数のみを記す．

外国語文献からの引用に際し，邦訳書の刊行されているものに関しては，邦訳書のページ数も併記する．

邦書文献と邦訳文献からの引用箇所は「頁」で，フランス語文献および英語文献からの引用箇所は「p.」で，ドイツ語文献からの引用箇所は「S.」で示す．

引用文中における「……」は，引用箇所の省略を示し，〔　〕内は，特に断らない限り，引用者による補足である．その他，（　），《　》，＜　＞，` ` の記号は，原典に倣うが，イタリック等による強調は無視した．

原語を挿入する際に，原則として，動詞は不定詞形に，名詞は単数形に，形容詞は単数男性形に改める。外国語文献からの引用に際しては，その意味や本書の文脈に鑑み，同一の原語であっても，必要に応じ異なる訳語を充てることに，また，原典併記の邦訳書には必ずしも従わないことにする。

虐待された子どもたちの自立——目　次

はじめに　自立援助ホームと本書の概要 ………………………………… i

第Ⅰ部　本書の課題とサルトルの意識論 ……………………………… 1

第1章　先行研究と本書の課題 ……………………………………… 3

　　第1節　先行研究の概要　3
　　第2節　現象学に基づく人間研究の意義と本書の課題　11

第2章　サルトルにおける対自としての人間の意識 ……………… 23

　　第1節　サルトルの意識論に関する先行研究　23
　　第2節　サルトルにおける対自　26

第Ⅱ部　事例研究1：対自存在に着目した子どもの意識の解明 ……… 51

第3章　現在において脱自する対自 ………………………………… 53

　　第1節　ホームにおける日常生活の意味　53
　　第2節　因果論に基づく逃避　66
　　第3節　自己欺瞞による逃避　75

第4章　過去を自己の事実性とする意識 …………………………… 85

　　第1節　サルトルにおける過去とホームの子どもたちの過去　85
　　第2節　子どもたちそれぞれにとっての過去　94
　　第3節　被虐待体験が自分の過去となるまで　111

第5章　未来へと自己を超出する意識 ……………………………… 135

　　第1節　近接未来と日々の具体的可能性　135
　　第2節　道徳的価値と根源価値　147
　　第3節　可能性の実現と自立の困難さ　165

第 III 部　事例研究２：対他存在に着目した子どもの意識の解明 ……… 185

第 6 章　「人」への埋没 …………………………………………………… 189
　　第 1 節　「人」に埋没する在り方　193
　　第 2 節　自己意識の充実と共同的な在り方　202
　　第 3 節　柔らかな振舞いへの変様　215

第 7 章　他者との根源的出会い …………………………………………… 223
　　第 1 節　対象－他者との出会い　223
　　第 2 節　主観－他者からの超越　233
　　第 3 節　眼差される辛さと可能性の開き　245

第 8 章　対象－我々への変様 ……………………………………………… 261
　　第 1 節　第三者の出現と対象－我々　261
　　第 2 節　眼差しの共受　267

おわりに　まとめと今後の課題 …………………………………………… 279

　　引用文献　285
　　補遺　先行研究（2006 年まで）　289
　　人名索引　295
　　事項索引　297

第Ⅰ部　本書の課題とサルトルの意識論

第1章　先行研究と本書の課題

第1節　先行研究の概要

非行と児童虐待に関する先行研究

　自立援助ホームは，完全なるボランティア活動であった時期を経て厚生労働省の管轄下に置かれるようになる等，近年注目を集めるようになってきたが，自立援助ホームそのものに関する研究は従来ほとんど行なわれてこなかった。しかし，そこで生活する子どもたちと同様の状況にある子どもたちに関わる研究としては，以下のような研究が挙げられる[1]。

　帰るべき家庭をもたない子どもたちを保護の対象とする自立援助ホームには，いわゆる非行を表出した子どもたちが多く生活している。少年非行に関しては，心理学の観点から非行少年の心理的傾向といったものを考察する研究は従来から多くなされてきた。しかし，個々の子どもがそのつどいかにして非行という自分の過去を乗り越えていくのかを明らかにする研究は，これまで十分には行なわれていない。他方，児童自立支援施設等々における実践者自身による実践報告の中には，濃やかな記述によって，その内実を伝えてくれるものが多い。

　少年非行に関するこうした先行研究は数多くあるが，特に近年になって，非行を理由に福祉施設や少年院に措置された子どもたちの多くが，虐待を受けて育ったことを指摘する研究が増えている。実際，ホームで生活する子どもたちの多くも，非行を表出してきたと同時に，深刻な虐待を受けてきている。しかし，従来の研究においては，例えば，非行と被虐待経験の相関性に関する統計上の調査・研究はなされていても，個々の子どもがそれぞれの体験の中で非行と被虐待の経験をどのように捉え，養育の過程でその捉え方をどのように変化させていくのかは，明らかにされてこなかった。

　また，少年非行との相関が指摘される以前から，児童虐待に関しては，特に1990年以降，心理学，法学，福祉学等々，多様な領域において，膨大な研究がなされるようになった。しかしこれらの研究の多くは，虐待の分類や発生の

メカニズム，被虐待児が抱えることになるトラウマといった，あらゆる被虐待児に妥当する事柄を論じており，個々の子どもにとって被虐待体験が実際にいかなる仕方で生きられることになるのか，その体験を乗り越えるために子どもたちが味わう苦悩はどれほどのものとなるのかを，個々の子どもの実際の生そのものに即して明らかにする，という視点を欠いている。また，臨床心理学の領域では，被虐待体験の乗り越えが事例に即し考察される研究も多いが，臨床心理学の性質上，実際の日常生活の中での子どもたちのそのつどの生は，少なくとも現在のところでは十分には捉えられていない。他方で，被虐待からのいわゆるサバイバー自身の手記も児童虐待問題に関する研究に一定の寄与をなしてきた。ただし，過去の体験を当事者が語ることによって，当事者自身にいかなる変様が生じるのか，という点まで捉えて初めて，こうした研究は十分な意味をもちうるはずである。

　非行少年や被虐待児の多くは，少年院や児童自立支援施設，児童養護施設といった各種施設で生活することになる。こうした諸施設に関しては，従来，児童福祉の領域において，養護原理を中心にした研究が多くなされてきたものの，それらの研究は，各種施設の問題点や児童福祉法の検討等々といった議論に留まっており，そこで生活する子どもたちの生そのものを捉える視点は不十分といわざるをえない。

思春期に特有の意識の在り方に関する先行研究

　ホームで生活するような，思春期の子どもの生そのものを捉えるためには，まずそもそも思春期に特有の在り方について考察がなされなければならない。そして，自意識がしばしば極端に強くなるという思春期に特有の在り方を捉えるためには，自己を意識するということにその特質が典型的となる意識の在り方そのものを捉える必要がある。

　アイデンティティの確立といった言葉に典型的となるように，人間は，自分自身を意識することにより，自己を確固たるものにしようとする。その際に一般に捉えられている「アイデンティティとは，『自分』ということについての意識やその内容をさしている」（鑪，1990, 9頁）。しかも，自己についての意識の内容を確定するために自問の答えを導くことが可能となるのは，「私の内なる感情の流れを参照することによってのみである」（Rogers, 1964, p. 110, 163頁），

という心理学者カール・ロジャーズの言葉からも明らかなように，人間は，自己自身へと振り返る，という仕方で自己と関係づけられている。それゆえ，自分自身を意識することによって，意識は大きな変様を蒙ることになる[2]。心理学において活発に議論される意識のこうした在り方は，「私は考える，ということは，私のすべての表象に伴いえなければならない」(Kant, 1974, S. 136, BXVI, 175頁)，という言葉で，実はドイツ観念論の創始者であるイマヌエル・カントによって既に指摘されている[3][4]。

ところで，自分自身を捉えるという意識作用には，捉える自分と捉えられる自分，という自己分裂が必然的に含みこまれることになる。心理学者であるウィリアム・ジェームズは，前者を「主我（the I）」，後者を「客我（the Me）」(James, 1961, p. 43, 216頁)，と呼んでいる[5]。また人間形成論を展開する林信弘は，人間が「自己を限定」するのは，「そのつどそのつど限りない深みと広がりにおいて」である（林, 1999, 76頁），とし，捉えられる自己は，確固たるものとして既に与えられているのではないことを明らかにしている。

捉える自己と捉えられる自己とのこうした関係は，誠実さや皮肉といった人間の態度に典型的に現われることになる。例えば，『若きウェルテルの悩み』を考察している文学者ライオネル・トリリングによれば，「アイロニーが目指すのは，話し手と対話者との間に，……もしくは話し手と話し手自身との間にさえ，或る断絶を打ち立てること」(Trilling, 1972, p. 112, 165頁) である以上，「アイロニーはウェルテルの理解を超えるものであった」(ibid., p. 50, 76頁) ことになる。トリリングは，誠実という価値の歴史的推移を明らかにすることにより，誠実であろうとする人間が，理想とする自我そのものであろうとするあまり，自己意識そのものの分裂に苦悩することになる事態を間接的に明らかにしている。

臨床心理家であるロロ・メイは，「自己（self）意識」とは，「あたかも外側から〔見ているか〕のように，当人の自己（self）を見る能力」(May, 1953, p. 84, 84頁) である，と指摘する[6][7]。メイはさらに，「自分自身を意識する能力は，他者がわれわれを見ているのと同じように自分自身を見る能力と，他者に共感を抱く能力とを，われわれに与える」(ibid., p. 86, 86頁)，と述べ，共感的な他者経験を支えるのもまた，他者という外部から捉える自己意識である，とする。すなわち，「この能力は，誰か他の人の立場にある自分自身を想像し

たり，もしも仮に自分がこの他人の立場にあったならばどのように感じ何をするであろうかと〔自分に〕問うことをわれわれに可能ならしめる」(ibid., 同所) ことになる[8]。

　メイによれば，自己意識は，「何らかのことを行なっているものとしての自分を……心に描く」(ibid., p. 92, 93頁)，という仕方で働く。すなわち，自己を捉えようとする意識は，自己のそのつどの経験そのものを捉えるのであり，当の経験から切り離された自己を捉えるのではない，というのである。ここで注意すべきことは，メイにおいて，「自我 (self) とは，その人が演じている多様な『役割』の単なる総和ではなく，――自分がこうした多様な役割を演じていることを自分で知っている能力そのものである」(ibid., 同所) とされている，ということである。すなわち，メイにおける自我とは，当の人間による個々の経験ではなく，そうした経験の背後にあって，当の経験をしているのは自分自身であることを捉える能力のことである，ということになる。それゆえ，メイにおいては，人間を理解する上で重要な課題は，「人間が，自我に‐関係づけられていること (self-relatedness) の能力をどのように携えているのかを示す」(ibid., p. 91, 92頁) ことなのである。

　以上のような仕方で，メイは，われわれが通常素朴に感じている「自我」というものを，丁寧に記述している。すなわち，われわれが様々な経験をしている際に，そうした経験の背後には，当の経験を支えている，時間的に統一された自己としての意識が存在しているのであり，この意識こそ，自我，あるいは自己意識と呼ばれるものなのである。しかしながら，メイにおいては，自我あるいは自己意識は，自己を外部から客観的に捉える能力とされる。他方われわれは，自分自身から完全に切り離して自己を考えることができない以上，いわゆる主観的な仕方でしか自己を捉えられないことを，また，他人は自分とは異なる存在である以上，他人の気持ちを的確に捉えることが非常に困難であることを，経験的に十分知っている。そうである以上，自我意識が自己を捉える際に，自我意識と一体になっているはずの，捉えられるところの自己と，こうした自己に先立つ自我意識とは，どのような関係にあるのか，という問いが立てられなければならなくなる。

　意識対象としての自己とその自己に先立つ自我意識とのこうした関係に関し，精神科医であるR. D. レインは，「個々人 (individual) は……多くの仕方で引

第1章　先行研究と本書の課題

き裂かれ（divided）うる」（Laing, 1960, p. 67, 86頁），と述べ，人間のそもそもの在り方としての自己分裂に着目する。自己分裂といった事態は，とりわけ統合失調症の患者において問題となる。こうした時当人に問題となるのは，自己の単なる分裂だけではない。レインは，他人に求められる役割を演じている，と自己を捉えている或る患者が，次第に，「自分の演じていた役に吸収されてしまう」（ibid., p. 72, 93頁），と感じるようになっていったことを指摘する。この患者は，自分が演じていたはずであった役割が，「彼の行動だけではなく彼"自身"の自己（self）さえをも呑みこんでしまうかのように，……脅かされていた」（ibid., pp. 72-73, 同所）。それゆえ患者は，「自分が役に完全に呑みこまれてしまうことからの……避難」（ibid., p. 73, 同所）のために，病的に振舞わざるをえなかった，とレインは理解する。

　レインによるこうした解明は，自己を捉える意識を客観的とは呼べない，というメイに対する反論を乗り越えさせてくれる。すなわち，人間が自己を捉える作用においては，パーソナリティとしての自己と，真の自己との分裂が生じるだけではなく，捉えられる対象としての自己は，捉えている主体としての自己に大きく作用することになる。それゆえ，自己は，自己を捉える行為の中で変様していくのであり，メイの述べるような，自我意識による自己の客観視は，そもそも不可能であることになる。

　さらにレインは，真の自己がパーソナリティを演じる仕方について，本書での解明が依拠することになるサルトルにおける，「自己欺瞞」の記述を手がかりに考察を進めている[9]。すなわち，「逃避とは，〔本来の自己と見せかけの自己との〕関係である」（Laing, 1969, p. 45, 49頁）。この関係において，「人は，その人の本来の自己（self）から遠く離れた自分自身で在るように見せかけ，その次に，最初のスタート地点〔＝本来の自己〕へと戻ってきたかのように姿を現わすために，この見せかけ〔の自己〕から戻ってきて自分で在るかのように見せかける」（ibid., 同所）。以上のことから，レインにおいて，本来の自己は，それとかけ離れた自分自身としてのパーソナリティを見せかけることによって，不安から逃れている，とされるのである。また，こうした意識状態にあってしばしば問題となるのは，「二重の見せかけは，見せかけなど全くないかのように〔自己を〕粉飾する（simulate）」（ibid., 同所）がゆえに，演じられているものでしかないはずのパーソナリティが，真の自己へと吸収されてしまうことで

ある，ということになる。

　しかしながら，レインにおいては，真の自己が，自ら演じているパーソナリティに吸収されてしまう以前にどのような仕方で作用しているのかや，また，吸収されるには至らない場合に，パーソナリティと真の自己とが相互にどのような作用を及ぼし合っているのかは考察されていない。というのも，レインにおいては，パーソナリティは真の自己から遠く離れた「見せかけ」として認識可能なものであり，真の自己との密接な関係において生み出されるパーソナリティではないからである。すなわち，レインにおいて捉えられるパーソナリティや仮面としての自己は，認識において捉えられる限りの自己像でしかなく，その認識作用の担い手としての人間の意識の本来の構造自体は，十分には解明されていないことになる。実際，レインは，サルトルにおける「自己欺瞞」について，次のように捉えてしまっている。すなわち，「自分本来の状態を〝実感する〞唯一の方法は，最初の見せかけをせずにすませることであるが，しかし，ひとたび二番目の見せかけを最初の見せかけに加えてしまうと，……一連の可能な見せかけには終わりがなくなることになる」(ibid., 同所)，と。こうした連鎖的な見せかけの逃避において，「私は〔本来の自己で〕ある」と同時に「私は〔そうでは〕あらぬよう見せかける」のであり，また，本来の自己へと戻ってきたかのように「私が〔そうで〕ある見せかけをする」のであり，またさらには，「私は，自分が〔そうであるよう〕見せかけているような見せかけをしていない，というように見せかける，等々」(ibid., 同所)，という無限後退に陥ってしまうことになる[10]。

　人間の意識を認識作用の担い手と捉え，自己を認識可能なものとみなすレインにおける不十分さは，以下で考察するように，現象学的精神病理学者である木村敏によって乗り越えられる。木村は，自己を捉える意識を「ノエシス的自己」と，自己によって捉えられる意識を「ノエマ的自己」と呼ぶ。ノエシス的自己とノエマ的自己は，両者共に，自己であるという点では同一である。しかし同時に，異なる名前を付与されていることからも明らかなように，両者は差異を備えている。しかも，この両者は，主体と客体という単純な対立的二項として捉えることは，すなわち，ノエマ的自己をノエシス的自己の認識対象として捉えることはできない。というのも，「自己とは，それ自身にかかわる一つの関係」(木村，1981, 160頁)のことであり，同一で在らぬと同時に相互に関与

し合う複雑な関係を生きているものであるため，自己それ自体を対象として認識してしまうことは，その関係それ自体を見失うことになるからである。

　木村は，「ノエシス」という語を，「けっして『もの』として対象化することのできない純粋な態度，あるいは純粋に『こと』としてのありかたにとどまっているような出来事」，という意味で用いる（木村, 1975, 266頁）。それゆえ，木村の述べる「ノエシス的自己とは，本来それだけではまだ『自己』とはいいえないような，個別化以前・自己以前の根源的で無限定な自発性」（木村, 1981, 165頁）のこととなる。ノエシス的自己は，われわれが自己を捉える以前に自己として機能し，例えば花を美しいと感じたり，読書に没頭したりすることを可能ならしめる意識作用である。それゆえ，ノエシス的自己はそれ自身として単独では捉えられない。また木村は，「ノエマ」という語を，「いかなるしかたによってではあれ，意識の内容として，志向的対象として，われわれに気づかれたかぎりでの『もの』のありかた」（木村, 1975, 266頁），という意味で用いる。それゆえ，「ノエマ的自己」は，「ノエシス的なはたらきかけが特に『自己』の自覚へと向けられたときに，そのつどそこから析出してくる主語的なものとしての『自己』」（同書, 166頁）である，とされる。すなわち，ノエシス的な自己が私を「私」として捉えようとした時，私として捉えられる何らかの「もの」としての自己が，ノエマ的自己なのである。通常われわれが，例えば花を美しいと感じるとか，読書するといった自己の行為の主体として捉えたり，身体の所有者として捉えているのはノエマ的自己である，といえる。したがって，ノエシス的自己とは，意識が志向的にノエマ的な仕方で自己を捉える以前に作用していた，いわば，前ノエマ的自己のことである，といえることになる。

　レインにおいてもその可能性が指摘されていたように，自己を自己として捉えることにより，人間は，自己そのものに変様を蒙る。例えば，誠実な人柄としてのノエマ的自己となるために，自分の罪を告白する時，私は，誠実な人間であるために，ノエシス的自己の営みにおいて自分の罪を深く悔い，罪深い人間そのものであろうとする。しかしながら，ノエシス的自己が，一旦罪深い人間そのものとしてのノエマ的自己に限定されることによって，私は自己の罪を深く悔いる誠実な人間となるのであり，したがって，もはや罪深い人間そのものではなくなってしまう。ところが，誠実な人間とは，自己を誠実な人間と捉えている人間のことではなく，自己の罪深さを悔いている人間のことである以

上，より誠実であろうとする人間は，自己が誠実な者としてノエマ的に限定されればされるほど，より罪深い者として自己を捉えざるをえなくなるのである[11]。このように，或る仕方で自己を限定し捉える際には，常に，そうでは在らぬ自己へと逃れていくノエシス的自己が作用していることになる。このことを木村は，「自己とは，ノエシス的な差異化のいとなみが，それ自身との差異の相関者としてのノエマ的客体を産出し，逆にこのノエマ的客体を媒介としてそれ自身をノエシス的自己として自己限定するという，差異の動的構造のことである」（同書，166頁），と表現している。

　メイやレインにおいて問題となる，認識以前の意識作用は，木村のこうした解明によって明らかにされる。すなわち，人間は，認識によって対象的に捉えられる自己に先立って，そうした認識作用そのものを可能ならしめている，ノエシス的自己という在り方をしているのであり，絶え間ない自己限定とそこからの差異を常に生きているのである。確かに，一見するとわれわれは，自我同一性を備えた自己として自分を経験しているように思われる。しかしながら，存在論的には差異を含みこんでいる意識においては，実はそうした日常的な営みの中でも，自己は常に内的差異として産出され，経験されていることになる。

　木村による以上の解明は，さらにまた，人間が，差異そのものの作用によって生成し続けるという仕方でしか自己で在ることができない，ということを明らかにしてくれる。ただし，木村の解明はあくまでも，世界との関わりがしばしば非常に希薄になるといわれる統合失調症の患者における経験に留まっており，本書で考察する思春期の子どもたちの，世界との関わりのさなかの生を捉える直接の手がかりとはしえない。と同時に，他者をもノエシス・ノエマの観点から捉える一方で，時間性に関してはこの観点を十分にもちあわせない木村の考察によってでは，思春期の子どもたちの生きる時間性としての生や，他者関係を十分に解明することができない。

　そうはいっても，木村にみられる現象学的解明は，認識や推論によっては捉えることが決して可能にならない，生の深い次元を理解するための重要な手がかりとなる。現象学者である新田義弘は，「差異性関係は，対象的に『見られた』関係でなく，『見ることそのこと』を形成する『生きられる』出来事であり，見えるものが見えるものとして現れるときに起きる，はたらきそのものに起きる隠れであり，そのかぎりでは，このはたらきそのものが引き起こす自己

否定でもある」（新田，2005，14頁），と述べる。すなわち新田は，現象学においては，或る事態を解明する際に，その事態に巻き込まれその事態の作用を蒙りつつ，その作用の蒙りにおいて事態を理解しようとすることが目指されることを間接的に述べている。そうであるからこそ，自己を対象的に眺め事物化することになる認識作用においては捉えられない，人間の生の機微を，現象学は捉えることが可能になるのである。

第2節　現象学に基づく人間研究の意義と本書の課題

他者理解の困難さ

　現象学においてこうして明らかにされるように，人間の生は，人格や自我といった固定した存在として捉えることができず，それゆえ容易に汲み尽くすことができない。生の理解し難さに関するこうした事態を，現象学を拠り所とする教育学者である中田基昭は，実存哲学の先駆者であるフリードリッヒ・ニーチェや，生の哲学を解釈学の観点から展開しているヴィルヘルム・ディルタイと共に，人間の生に固有の在り方として，「生の究め尽くし難さ」（中田，1997，21頁），と呼ぶ。

　究め尽くし難い人間の生のうちでも，とりわけ他者の生を理解することの困難さは，さらに，以下のような点にもある。いうまでもなく，他者は，私には理解したり経験したり想像したりすることのできないものを携えているので，「他者を一個の人間として認めるためには……他者を私と同じ人間として認めながらも，同時に，他者の存在様式や実存の仕方は，私のそれとは異なっていることを受け入れなければならない」（中田，2003，27頁）。それゆえ，他者の経験を，「あたかも私が彼の立場であったならばという仕方で」，すなわち，いわゆる「感情移入や自己移入によって……理解するだけならば，私は他者を，他の人間とは交換不可能な，その他者に独自の存在様式を備えた人間とみなすことができなくなってしまう」（同書，28頁）ことになる。自分の経験だけを頼りにし，他者を自分と置き換えることは，自分自身には得られなかった豊かな体験を他者が生きているという可能性を見落とすことであり，他者の生を自分の経験の枠組みへと貶めることにさえなってしまうのである。

　とはいえ，われわれは，自分の経験を手がかりとすることなしには，他者を

理解することはできない。たとえ客観的で実証的な人間研究においても，自己の経験において獲得されてきた言語を媒介とすることは免れえないように，われわれが人間の生を理解するためには，まず自己の生を理解することから始めざるをえない[12]。

したがって，他者を理解しようとする者の，他者の内面や生についての認識が，当の他者の内面の在り方と一致する，という意味での他者理解の完遂を求めるならば，自分自身の経験を手がかりとせざるをえないにもかかわらず他者に自分の経験を当てはめることは許されない，という逆説的な事態は，他者理解そのものを不可能にしてしまうようにも思われる。しかし，先に考察したように，人間の内面は，事物と同様の仕方で確固たる不変なものとして存在しているのではない。むしろ，以下で考察するように，人間の生は，その生を理解しようとする者との関わりにおいて，何らかの変化を蒙らざるをえない。それゆえ，本来の他者理解とは，他者の内面や生と，それらに関する認識との一致，という仕方でなされるべきものではないはずである。

そうではなく，われわれは，人間が諸々の出来事をそれぞれに固有の仕方で経験していることに着目し，個々の出来事が，当人によってどう体験されているのかを明らかにしなければならない。というのも，人間の体験は，当人のおかれているいわゆる客観的状況や，その状況において生じた出来事と切り離して考えることはできないが，だからといって，そうした事柄によって記述し尽くせるものではなく，むしろ，そうした体験をいかに構成していくのかにこそ，当の人間の生の在りようが現われるからである。

したがって，本書では，例えば臨床心理学において典型的となるような，子どもやクライエントのいわゆる生育歴や症歴の確認を重視する実証的研究とは異なり，ホームで生活する子どもたちの過去の経験の事実に拠って立つことにより彼らを理解することを，主要な課題とはしない。確かに，本書においても，養育者が当の子どもについて筆者に語ったことや，子どもが養育者との対話の中で自ら語ったその子ども自身の過去の体験の内容を，考察の手がかりとすることになる。その結果，子どもの経験してきた過去が，実証的研究の立場からすれば重要な情報という意味で見過ごされたり，いわゆる誤謬を孕んだものや，それと気づかないまま当の子どもによって単に思い込まれたものに留まる可能性は否定できない。しかし，人間の生や経験を捉えるとは，当人自身にとって

その出来事がいかに経験されたのかを捉えることである以上，われわれは，個々の人間が何をいかに経験してきたのかを常に理解しようと心がけなければならない。

それどころか，被虐待児の多く暮らすホームでの子どもたちの生の理解においては，子どもたちが過去に経験してきた事柄に注目することは，陥穽ともなりうることにも注意が払われるべきである。被虐待経験を抱える子どもにおいては，過去の経験が，筆舌に尽くし難いほどの悲惨さを備えていることも珍しくない。そして，その経験が現在の子どもの在り方に影響を与えていることも，否定できないであろう。しかし，木村が，「われわれは最初，症状の多彩に眼を奪われて，ともするとこの人間的印象を見逃しがちである」（木村，1975，125頁），と述べているように，出来事のいわゆる凄惨さに引きずられることによって，子どものそのつどの真の姿が見えなくなる可能性もある。もしもそうした悲惨さに眼を奪われるあまり，当の子どもが何をどのように経験しているのかを見過ごしてしまうのであれば，そのつど子どもが現に抱えている問題や，彼らの想いそのものを，過去の経験の悲惨さのみに還元してしまうことにもなりかねないであろう。

また本書では，子どもに対する働きかけの意図や意味を，後に養育者に尋ねる，という方法を取らない。なぜならば，以下で考察するように，養育者が自己の営みを振り返って語る自分の内面は，その振り返りによって，既に変質してしまっているからである。むしろ，働きかけのさなかにあって，養育者と子どもがどのように向かい合い，どのように子ども自身の過去の被虐待体験や非行表出と関わっているかを解明することこそ，養育者と子どもとの間で生起している事柄を解明することになるはずである。

人間の意識と世界

先に考察したように，われわれは，他者から捉えられることによってだけではなく，自分自身を捉えることによっても，変化を蒙る存在である。とりわけ思春期の子どもたちは，しばしば過度なまでに強く自意識を抱くことになり，自分の存在そのものに悩まされる。そして，自分自身を眺めるという在り方をも強く意識することの苦悩を通して，自分自身を眺めている自己そのものまでもが変化させられる，という体験をすることになる。したがって，中田が述べ

るように，「人間の意識に固有の現実的なもの」は，「とらえられることによって変化してしまう，ということをその本質的在り方としている」（中田，2006, 145頁）以上，「人間研究においては，人間に固有のこうした出来事そのものを明らかにすることが，本来必要なはずである」（同書，146頁）。

　しかしながら，思春期において典型的となる意識のこうした在り方を，通常われわれは，常に認識しているわけではない。むしろ，現象学の創始者であるエトムント・フッサールの述べるところの，「自明的に妥当している生活環境（Lebensumwelt）」（Husserl, 1954, S. 105, 185頁）にある時には，あるいは，サルトルの述べるところの「世界の中へと投げ込まれ，拘束されている」（p. 75, 上104頁）時には，われわれは，自らを捉えることによって変化してしまうという己の在り方を意識せずに生きている。また，そうであるからこそ，自己の在りように関する絶え間ない問いから解放され，日常生活を大きな離齬なく生きていられることになる。

　したがって，日常的なそうした生がそもそもいかなる仕方で可能となっているのかを捉えるためには，フッサール哲学の最も基本的な出発点である，「自然的態度の全面的変更」（Husserl, 1954, S. 151, 266頁）をしなければならない。すなわち，「これまでとは異なり，自然的に現に存在している人間として先所与的世界を常に妥当たらしめる〔意識作用を〕遂行することのうちに生きることをもはやしないで，むしろこの遂行を常に差し控える」といった「変更」（ebd., 同所）が，つまり，判断中止が必要となる。

　ただし，こうした変更によって捉えられる人間の意識生は，あくまでも，今この状況においてこの世界との関わりの中で生きている，この私の生でしかありえない。レインが，「実存的現象学は，人間の世界についての，および人間自身についての経験の本性を特徴づける」（Laing, 1960, p. 17）試みとみなしているように，現象学においては，人間の生を理解するためには，その人間が己の世界とどう関わっているのかを理解するのでなければならない。こうした理解の仕方は，例えば，人間を，「世界-内-存在」と呼ぶマルティン・ハイデッガーの解明にもみられる（cf. Heidegger, 1927）。すなわち，レインが述べるように，われわれは，理解される人間に「固有のあらゆる経験を彼の世界-内-存在の全体の文脈のうちに据えること」（Laing, 1960, p. 17, 15頁）を試み，「自分の世界内で他者と関係している自分自身の根源的体験」（ibid., p. 18, 18

頁）を明らかにするのでなければならないのである。

　世界－内－存在としての人間の生を捉えることにより，現象学的精神病理学者である J. H. ヴァン・デン・ベルクは，われわれの通常の経験においても，「私，すなわち主観と，私の周囲の諸事物，すなわち対象との間には，途切れることのない相互作用がある」(Berg, van den, 1972, p. 34, 41 頁) ことを指摘する。例えば待ちわびていた客人が来られなくなってしまったことを知った時に，私は，客人のために用意してあったワインの壜を見る。この時，私という或る主観が，「壜のラベル等様々な現われを見たということは，私がその対象を，つまり壜を飛び越えて，この壜が今晩私に対して備えていた価値〔つまり，友だちが来るという喜び，および，それが裏切られた寂しさと失望〕にまで達した，ということを意味していた」(ibid., p. 35, 42 頁，〔　〕内邦訳者) のである。こうした際にわれわれは，自分の感じていることを内省によって捉えるのではない。実際，「どのように感じているのかを私が内省することによって自分自身に問うやいなや，〔寂しさの内実が〕より純化されるどころか，むしろ私は，私の寂しさをあまり厳密に実感できなくなってしまう」(ibid., 43 頁)。このことからも，人間の生は，内省や反省といった認識作用によっては十分捉えられない，ということが明らかになる。

　以上で素描したように，人間の意識や生は，世界との関わりから切り離された，という意味で，抽象化された存在としては捉えられない。したがって，われわれは，世界そのものと人間との関わり方から，人間の生を明らかにしていかなければならない。

時間と自己
　世界と関わりつつある人間の具体的な生は，時間との密接な関わりにおいて捉えられる必要がある。なぜならば，人間は世界内の自分の存在から切り離されたいわゆる物理的で普遍的な時間の流れの中で生きているのではないからである。むしろ，現象学一般において明らかにされているように，人間の存在の仕方そのものが，時間の根源的な在り方なのである。

　フッサールによれば，人間は「意識生へと……いつでも反省のまなざしを向けることができる」(Husserl, 1950, S. 70, 212 頁) 存在であるがゆえに，反省する自己と反省される自己とに「自分を分裂させる」(Husserl, 1962, S. 438)，という

事態が生じうる。しかし，こうした反省が可能になるのは，過ぎ去った過去の自分がやはり自分自身であるという認識による自己同一化に先立って，「自我が自分自身を先反省的に取り集めていること」(Held, 1966, S. 104, 146 頁)，という「先反省的自己同一化」(a.a.O., S. 105, 同所) がなされているからである。したがって，反省によって自我が対象とされる時に「同時に，対象的ではない自我が絶えず現に存在している」(Husserl, 1959, S. 412)。それゆえこの自我は，意識自身にとって主題化されておらず，意識それ自身であると同時に，「自己自身へと志向的に振り返って関係づけられている」という在り方で，「対自存在 (Für-sich-selbst-sein)」(Husserl, 1950, S. 81, 226 頁) していることになる。こうしたことから，自我と時間との密接な関係に関しフッサール現象学をさらに展開しているゲルト・ブラントも，「反省は，自我の相違と合致であり，架橋された隔たりであり，"今 (jetzt)" と "たった今 (Soeben)" との最も根源的な露呈であり，したがって反省は，時間あるいは時間性の最も根源的な露呈である」(Brand, 1955, S. 68, 117 頁)，とする。しかし，非対象的な自我が対象化される自我をも同一の自我としてまとめ上げる仕方で常に存在しているからこそ，こうした反省は可能になるのである。

　同様にして，独自の現象学を展開しているモーリス・メルロ-ポンティも，「われわれのあらゆる経験やあらゆる反省の根底に，……自己自身との或る直接的接触によって，何ら媒介もないまま自己自身を認める存在がみいだされる」(Merleau-Ponty, 1945, p. 426, 2 巻 245 頁)，と述べ，知覚を例に，コギトの作用を考察している。メルロ-ポンティはさらに，「過去と未来は，主観性が即自の存在充実を粉砕し，そこに或る見通しを描き出して，非存在を導入する時にのみ存在する」のであり，「私がそれら〔＝過去と未来〕へと向かって自己を延び広げていく時に噴出する (jaillir)」(ibid., p. 481, 12 巻 321-322 頁)，と述べる。それゆえ，メルロ-ポンティもまた，「私自身が，時間なのである (je suis moi-même le temps)」(ibid., 2 巻 322 頁)，と述べている[13)14)]。

教育学における生の解明

　ここまで考察してきたことからすれば，人間の生を理解しようとする教育学も，当人によっては捉えられない認識以前の生そのものを，そのつどの状況の中で，世界との関わり方に関し，また時間との関わり方に関し，明らかにする

ことを試みるのでなければならないことになる。しかも，この試みは当然のことながら，自分自身の経験と置き換えて他者を理解することでも，抽象化された人間一般の生を捉えることでもない。むしろこの試みにおいてまず確認されるべきなのは，人間の在り方を根源的に問うことは，自分自身の経験や実感を捨象しそれらとは無関係な在り方で他者に臨むことではない，ということである。なぜならば，人間の生に関する実感なしに人間の生を理解することは，どれほど豊かな記述でもって人間の生を描き出したとしても，人間の生を対象化し認識でもって理解することにしかならないからである。したがって，他者を理解しようとする際にわれわれは，自己自身の存在の仕方へと向き合いつつ，なおかつその仕方に囚われない，という在り方を常にしていなければならなくなる。そうである以上，「生きられた対人関係から身を引いて，この関係を後から振り返って対象化する」ことは許されない（中田，2003, 33頁）。われわれは，他者を理解するためには，自分自身から切り離されて解明されうる単なる対象として他者を捉えるのではなく，相手との根源的な関係に身をもって巻き込まれ，その関係の生成そのもののうちにおける相手を理解しなければならない。こうした教育的関わりは，霜山徳爾の言葉を借りれば，例えば治療者や教育者や教育研究者といった他者が「それに参入するにはよほどの技術と覚悟が必要であり，患者がそれを受け入れるためにはこちらは無形の大きなニムバス（Nimbus）を身につけていなくてはならない」（霜山，1989, 17-18頁），ということになるのであろう。

　霜山の目指すような仕方で相手を理解するならば，先に考察したように，人間の生を明らかにするという困難な試みは，その存在の在りようそのものの単なる開示という事態には留まらなくなる。というのも，生きた関係の中に共に巻き込まれつつ相手の生を理解するならば，両者は相互に作用を蒙ることになるからである。こうした営みが望ましい仕方で作用するならば，中田が述べるところの，「当の他者の生とその他者の生を理解したり研究している者の生が，理解や研究の営みによって，生の深い次元で共に相互に啓発的に解明され，より豊かに発展的に展開し（entwickeln），いわば美しく開花する（entfalten）」（中田，2004, 116頁）といった事態が生じることになる。教育学的解明が，まず何よりも，子ども自身のためになされなければならない以上，われわれは常に，解明によって，子どもも，子どもを理解しようとする者も，相互に豊かにされ

ることを目指さなければならない。

　実際，現象学に依拠しつつ，そのつどの人間の生を理解しようとする試みの中で，これまで，以下のような研究がなされてきた。例えば，中田（1984）は，重度の心身障害児とみなされ，生についてのわれわれの日常的な理解に基づく限り，ほとんど何もできない者としか捉えられずにいた子どもたちの，知覚や身体活動や他者経験を，意識の生成に関するフッサールの解明に依拠することにより，子ども一人ひとりに固有の事態として明らかにしている。また，中田と同様，現象学的教育学者である田端健人（2001）は，ハイデッガーを中心とする哲学者による生の解明に基づくことにより，授業現場において，子ども自身によっては語られることの不可能な子ども自身の体験を，子どもに代わってより豊かに記述している。また，やはり現象学的教育学者である遠藤司（2006）は，重度の心身障害を蒙っている個々の子どもたちにとって，触覚といった知覚経験を介し，空間が，ひいては世界がどのように経験されているのかを，フッサールとメルロ－ポンティの身体論に依拠することで，解明している。こうした諸研究は，人間について日常的に理解しているだけでは可能にならない深い次元で，人間の意識や身体活動や知覚や，あるいは教師と子ども同士との間でなされる共同的授業の内実を明らかにしてくれる。それどころか，こうした諸研究によって，われわれは，重度の障害を蒙っている子どもたちの生や，或る授業に臨んでいる子どもたちの経験をより深い次元で自ら体験させられるだけではなく，人間はそもそも根源的にいかなる在り方をしているのかについても，すなわち，自分自身の生についても，より豊かに記述されることになる。

　また，こうした先行研究から間接的に明らかとなるように，その解明によって子ども自身の生を損なわせてしまうような研究をすることは許されないことになる。このことは，生のそうした暴き出しが，子どもの内面を傷つけてしまう危険があるからだけではない。人間は，自己の在りようを捉えることによって変様を蒙るのであり，子どもは，例えばおとなから「悪い子」と言われることにより，過去における自分の様々な行為や，現在の自分の性質を「悪い子」として捉え，そのために，自ら「悪い子」となってしまいかねない。つまり，おとなから何らかの仕方で自己の在りようを捉えさせられることにより，そうした在り方を実現する可能性をも備えているからである[15]。それゆえ，子ども

たちの生を解明する上では，その解明による相互作用によって，常に，子ども自身がより豊かな仕方で生きられるようになることが目指されなければならない。また，教育学は，人間の生の理解の仕方を呈示することになる以上，その解明によって，読者が，他者をより豊かな仕方で理解できるようになることを目指さなければならない。

思春期の子どもの生の理解とサルトルの意識論

以上で，教育学において，現象学に依拠することの意義と，目指すべき方向とが明らかとなった。これらをふまえて，あらためて，独特な意識の在り方をしている思春期の子どもたちの生を，現象学に基づき考察する意味を考えたい。

自己の在り方や意味を問わずにはいられない思春期の子どもは，例えば，他者に対する自分と自分自身に対する自分の在りようの違いに苦悩することもある[16]。また，自己に強く問いかけるあまり，自分が確かに存在しているという実感をもてなくなり，いわゆるリストカットを繰り返す子どもたちや，自分の目指す身体そのものであろうとするあまり，摂食障害を起こす子どもたちは，思春期に特有の自意識の強さに苦悩させられている，と考えられる。あるいは，自己を対象化する意識の高まりだけではなく，同時に，自分は自己を対象化し捉える存在であることにも気づいている子どもが，或る仕方で自己を捉えた瞬間に，そうした仕方で自己を捉えている自己をも対象化しようとする，無限の対象化へと放り込まれることもある。自己の根拠をみいだすことができないままにこうした自己対象化の運動へと投げ込まれた子どもは，たとえ一旦は日常的な生に埋没できたとしても，再びこの運動の中へと放り込まれる不安を完全には払拭できないままでいるであろう。

思春期のこうした危機は，人間の生が本来備えている捉え難さを，当の子ども自身が苦悩と共に体験する事態，と考えられる。自己を捉えようとしながらも自己を捉えきれないことに苦悩する人間のこうした在り方について，豊かな描写力で記述し解明しているのは，サルトルである。サルトルは，そもそも「人間存在（réalité humaine）は，その存在において苦悩しつつ在る」(p. 134)，と述べ，自己の存在について苦悩することこそ人間本来の在り方である，とする[17]。すなわち，サルトルに即せば，自己の在り方に苦悩しおののく思春期の子どもたちこそ，人間本来の在り方を典型的に生きていることになる。サルト

ルは，その主著『存在と無』において，自己の存在に苦悩する人間存在の意識を，対自と呼び，対自がいかなる在り方をしているのかを，具体的に，また根源的に，明らかにしている。

そうであるからこそ，思春期の子どもの個々の具体的な生を理解しようとする本書では，サルトルによって明らかにされる，人間の意識の在り方に依拠することが必要となる。先に考察したように，教育学において，現象学に依拠しつつ子どもの生を理解するためには，われわれは，そのつどの具体的な出来事に留まり，また，理解しようとする子どもへと自己自身の生を開くのでなければならない。そして，自己自身の経験におけるそのつどの実感を手がかりとしながらも，その経験の矮小さに囚われないために，自己自身を含めた人間の根源的な在り方を問わなければならない。とりわけ，思春期の子どもの生を理解するうえでは，サルトルの捉える意識の在り方を手がかりとし，個々の事例における子どものそのつどの生に対する理解を深めることが必要になってくる。

以上のことから，次章では，本書のこの課題を遂行するために必要となる，『存在と無』におけるサルトルの意識論を，本書の課題に即す仕方で，あらかじめ考察しておくことにする。

1) 本節では，先行研究の概略的な分類のみを述べ，それぞれの領域の先行研究については，主要なものを，補遺に掲載する。なお，児童福祉研究に関しては，とりわけ非常に膨大な研究の蓄積があるため，ごく代表的なものに留める。
2) 同様の研究として，他に，松本雅彦（1998, 50 頁以下）が挙げられる。
3) 同様に，シドニー・シューメーカーは，自己を捉えている自己，という意味で「自己-知」（Shoemaker, 1963, p. 2, 2 頁），という概念を述べる。また，戸川行男も，意識のこうした作用に言及している（戸川，1978, 224 頁）。
4) サルトルも，『自我の超越』において，「『《私は考える，ということは（le Je Pense）》，すべての私の表象に伴いえなければならない』ということに関しては，カントに同意しなければならない」（Sartre, 1965, p. 13, 178 頁），と述べ，自我についての考察をするうえで，カントの哲学を出発点としている。
5) 同様のことを明らかにしている研究として，他に，滝沢広忠（1994, 142 頁），川瀬良美（1996, 197 頁），ミード（Mead, 1913, p. 374, 182 頁），三浦つとむ（1967, 24 頁），蘭千壽（1999, 145 頁）等の研究が挙げられる。
6) 本節以下で考察することになる，外国における諸先行研究の重要なテーマである self には，それぞれの邦訳書において，自己，自分，自我等々多様な訳語が当てられている。self にいかなる訳語を当てるかは，その研究者の拠って立つ論をそのまま指し示すもので

あるため，本節では，当の研究者の立つ論に即して訳出する。
7) メイにおいては，self という語の意味が文脈によって異なっている。本書では，この著作からの引用に際し，self が「意識」という語と結びつけて用いられている等の場合には「自己」と訳し，経験の背後にあって経験をとりまとめる作用の意味で用いられている場合には，「自我」と訳す。
8) 本章第二節で中田と共に考察するように，メイの述べるような，相手の立場に立って自己移入することによる他者理解は，本当の意味での他者理解とはいえない。
9) サルトルにおける自己欺瞞については，第Ⅱ部で，事例に即し詳しく考察したい。
10) 認識による自己認識のこうした無限後退に関しては，『結ぼれ』(レイン，1973) 参照。
11) 誠実に関するこれと類似の例は，サルトルが『存在と無』においても考察している。サルトルにおいて考察されている例を重ねあわせて考えることができることからも，木村がサルトルの意識論に深く依拠することによって「自己」論を展開していることが窺える。
12) 後に考察するように，人間が自分の経験に即して他者を理解することは，本書の先の記述とは一見すると矛盾しているように思われるが，実は，子どもや自分をより豊かにする可能性さえ秘めている，といえる。
13) フッサールや木村と同様，現象学的精神病理学者であるヴォルフガング・ブランケンブルクも，『自明性の喪失』(1978) において，人間の生が本来備えているはずの自明な経験や他者関係を考察している。しかしながら，ブランケンブルクは，本書で依拠することになるサルトルの意識論とはそれほど多くの共通点をもたないため，本書では取り上げて考察しない。
14) あるいは，統合失調症患者の生を解明しているウジェーヌ・ミンコフスキーは，時間の根源的な「諸現象」とは，「過去の中から取り出された私たちの認識を，過去から直線的に延長することから成っているものではない」(Minkowski, 1933, pp. 72-73, 102 頁)，と述べる。そうではなく，それらの現象は「反対に，それら自身のうちに《未来》を内包し，それゆえ，或る種の《時間的形姿 (figures temporelles)》を形成する」(ibid., p. 73, 同所)。そして，とりわけ人間の生は本来的に未来へ方向付けられていることを指摘し，「活動することと待機していること，欲望することと希望すること，そして祈ることと倫理的に行為すること」(ibid., 103 頁) といった事柄を明らかにしている。
15) こうしたいわゆるラベリング効果は，自己を捉えることによって，捉える意識そのものが変化するという，人間の意識の対自としての在り方において理解される必要がある。本書では，こうした事態は，具体的に第5章第3節で，事例に即して考察する。
16) 浜田寿美男は，浜田自身が関わった或る事例において，親や教師との関係に悩む10歳の少女が，「自分があおり出した物語に巻き込まれて」(浜田，1998, 37頁) 嘘を重ねていく様子を報告している。浜田のこの報告からは，他者関係に苦悩する子どもが，自分のそうした在りようへと自己自身が巻き込まれることにもさらに苦悩していく様子が窺える。
17) réalité humaine は，直訳すれば，人間的現実という意味であり，この語からは，サルトルが，人間の在り方を，人間の生きている現実に即して捉えていることが窺える。し

かし、この語を直訳して引用すると、文章としての意味が捉えにくくなるため、本書では、この語を「人間存在」と訳すことにする。また、être（在る）というフランス語は本来自動詞であるが、サルトルは、人間の意識の在り方から、この語を、しばしば他動詞として用い、「……を存在する」、という事態を表している。

第2章 サルトルにおける対自としての人間の意識

　本書で考察するホームの子どもたちは，時には過度なまでに自己の在りようを意識させられ，また意識することによって意識そのものに変化を蒙る，という独特の在り方に特徴づけられる，思春期のただなかにある。そうである以上，こうした子どもたちの生を理解するためには，自己を意識することによる意識の在り方そのものを十分に解明しなければならない。サルトルは，意識の在り方について詳細に解明し，具体的で現実的な人間の生そのものを豊かに記述している。そこで，第Ⅱ部以降の事例研究に先立ち，その基盤を作るために，自己自身に対する意識の在り方について，サルトルの記述に即し考察したい。

第1節　サルトルの意識論に関する先行研究

　まず，サルトルに関する多様な観点からの先行研究を，以下の3つに分類し概観したい。
　1つ目には，サルトルの哲学を文献学的に考察し，『存在と無』における意識論から，後期のアンガジュマン論までを俯瞰したり，哲学史上におけるサルトル哲学の意義を明らかにする研究がある。こうした研究としては，サルトルを含む実存哲学者の思索をそれぞれ取り上げている金子武蔵（1967b）の研究や，実存主義の観点から捉えている高坂正顕（1949）の研究，精神分析学，構造主義，ポスト構造主義といった哲学と比較し論じている渡辺幸博（1992）の研究や，マルクス主義との関係からサルトル哲学を捉えている竹内芳郎（1965）の『サルトルとマルクス主義』等が挙げられる。
　2つ目には，サルトルの著作のみならず，インタビューや政治的活動の記録から，サルトルの人間像に迫ろうとする研究が挙げられる。こうした研究のうち，新しい研究の一つとして，アンリ・レヴィ（2005）の『サルトルの世紀』が挙げられる。同様に，一個の人間としてのサルトルに迫ろうとした研究として，矢内原伊作（1967）の『サルトル』，ル・クレジオ（1968）の「範とすべき

人間」，ミシェル・A. ビュルニエ（1968）の「政治的たたかい」，ロベール・カステル（1968）の「有意義な危険」，小林康夫（1991）の「存在と無のあいだ」，鈴木道彦（1991）の「生きている同時代人」，藤中正義（1979）の『実存的人間学の試み』，朝西柾（1998）の『サルトル知の帝王の誕生』，長谷川宏（1994）の『同時代人サルトル』等々が挙げられる。

　3つ目には，サルトルの哲学を独自の視点から考察し，解釈している研究が挙げられる。こうした研究のうちの代表例としては，『存在と無』の邦訳者である松浪信三郎（1966）の研究が挙げられる。松浪は，サルトルの哲学著作や文学作品を簡単に紹介したうえで，『存在と無』の章立てに即しつつ，この著作におけるサルトルの記述を要約している。同様の研究として，サルトルが『存在と無』において独特の難解な表現で記述している事柄を，より平易な言葉で言い換えようと試みている竹内（1972）の研究や，サルトルの記述を多く引用し，独自の訳語で要約することによって，サルトルの哲学解釈を間接的に明らかにしている金子（1967a）の研究が挙げられる。

　こうした研究とは幾分異なり，より独自の観点から，サルトルの哲学の一部を考察する研究もなされている。例えば村上嘉隆は，サルトルが『存在と無』において強調したのは，「意識の二重性」（村上，1970, 82頁）である，と述べる。そして，サルトルにおける対自の構造を，事物の在り方である即自の構造と比較しつつ考察し，サルトルの哲学の変遷を，自由という観点から捉え直している。また市倉宏祐は，『存在と無』における「無」を取り上げ，ハイデッガーの「無」の議論と比較しながら，その内実に迫り（cf. 市倉, 1980），さらには，半透明性に関する哲学史的検証を行なったうえで，サルトルが解明した，意識の半透明性の内実に迫ろうとしている（cf. 市倉, 1985）。あるいは，小林利裕（1957）は，『存在と無』を，認識論についての問題と存在論についての問題という2つの観点から，サルトルの哲学が倫理を要請せざるをえなくなる点を考察している。

　末次弘は，『存在と無』を中心にサルトルの著作の多くに触れながら，サルトルが人間をどのように捉えているのか，という観点から考察を進めている。末次は，「人間存在＝意識という等式が成立することは否定できない」（末次, 2002, 226頁）と同時に，「サルトルにおいて意識（対自）は存在欠如，存在の無，つまり無である」以上，「人間存在＝意識という等式は成立しないことに

なろう」(同書, 227 頁), と述べる。そして, この逆説的な事態から, 不安, 自己欺瞞といったサルトルの記述を中心に, サルトルの哲学を読み直している。また, 箱石匡行は,「サルトルは意識の独立性を認めながら, その一方では, 現実の重みといったものをも認めている」(箱石, 1980, 11 頁), と述べ, サルトルの哲学が意識にとっての現実についての哲学であることを強調する。そのうえで, 箱石自身は, 特に意識の在り方に着目し,『自我の超越性』『情動論素描』等々から『存在と無』までにおける, サルトルの意識論を詳細に考察している。箱石は, サルトル哲学においては,「意識こそがすべての事象の根源」(同書, 78 頁) とする。そのうえで箱石は, 自我や心的形式を, 既に出来上がった過去的なものとして捉え, 意識ではあらぬものとして退けるサルトルの考えから, 意識が, それらとは異なり, 既に出来上がった実在的なものとしては捉えられない, 生成の過程に常にある事態であることを, 詳しく考察している。

　サルトルに関するこうした研究は, 1960 年代から 1970 年代に盛んに行なわれていたが, 1980 年代以後は, 議論の数が比較的減ってきているのは確かである。その中で, 近年, 澤田直によって, 後期サルトルにおける真理論が考察される (2002b) など, 新たな動きも見られる。澤田はさらに, サルトルの哲学が徹底して「身近な話題」についての記述であることを指摘し, 自己欺瞞, 恥, 眼差しに関する話題についてのサルトルの記述を考察している (cf. 2002a, 46 頁以下)。

　しかしながら,「われわれのテーゼの原則を捉えることを許してくれる理論的な記述」に対し,「具体的現実は, より複雑なものとして自らを提示し, ……理論的探求の諸結果を柔軟で豊かなものにするべく, われわれを導いてくれるのではないだろうか」(p. 531, 下 859 頁), というサルトル自身からの問いに, これらの諸研究は何ら応えていない。確かに中田は, サルトル哲学を, 意識を実在的なものとみなす考えに対する徹底的な批判と捉え,「具体的で個別的な意識への帰還の, ないしはその復権の試み」(中田, 2006, 147 頁), と表現する。そして, シニカルと評されてきたサルトル哲学を「教育学の観点から読み解く」ことにより, サルトル哲学によって可能になる「人間研究のための視座を提起」(同書, 146 頁) する。しかしながら中田においても, 現実的で具体的な出来事に実際に即してサルトルの哲学を理解するには至っていない[1]。サルトルの主張を精確に理解するだけでは, サルトルの哲学は本当には理解しえ

ない。サルトル自身が,『存在と無』をはじめとする多くの著書の中で, 様々な具体的事例を取り上げることによって目指したように, 常に具体的な現実の場面において, サルトルによる解明を手がかりとしつつ, 人間を実際に理解しようと試みることこそ, サルトルの哲学を理解することであると同時に, サルトルの哲学を, より豊かにすることにさえなるのである。そこで, 本書では, 教育学的人間研究の手がかりとして, サルトルの哲学に依拠することにより, 具体的な現実の場面に即し, 子どもたちの生を理解したい。また同時に, サルトル哲学を人間の生の具体的在り方から問い直すことにしたい。このために, 次節では, 具体的で個別的な人間の意識という観点から, サルトルにおける対自の内実を明らかにしておきたい。

第2節　サルトルにおける対自

人間の行為と意識

サルトルは, 意識 (conscience) を人間存在 (réalité humaine) の根源的な機能と捉える。というのも, 以下で考察するように, 意識の構造そのものによって, 人間の在り方はそのつど作用を及ぼされ, 刻々と変様させられるからである。

日常的に振舞い, 食事をしたり対話を楽しんでいる人間は, 自分の行為の対象についての, 例えば食卓に並ぶ料理といったものについてのはっきりとした認識 (connaissance) をもっている。他方, その行為をしている主体としての自分自身や, 自分が今何をしているのか, ということは, 明確には認識していない[2]。しかしながら, もしも誰かに, あなたは何をしているのか, と尋ねられたならば, 私はすぐに, 食事をしている, と答えることができる。この時私は, 食事をしているのが他ならぬ自分であることを, 確認することなしに知っている。あるいは, 私は, 食事を終えた時, 自分が食事を終えたことを振り返って捉え直すことなしに, 食器を洗うといった次の行為へ向かうことが可能である。こうしたことからも明らかとなるように, 人間は, 何らかの行為をしている時に, 常に, 自己自身や自分自身の行為に関する何らかの了解を携えている。サルトルは, 意識の備えているこうした自己了解作用を, 意識についての彼の捉え方の中心に据える[3]。また, 料理を捉える意識の機能と, 料理を捉

えているという自分自身や自分の行為に関して何らかの了解を備えているという意識の機能は，異なる次元での機能であることを指摘する。例えば，対話をしている意識は対話の話題を明確に認識しているのに対し，対話している自己自身について了解している意識は，自己自身を明確な仕方で意識の対象とはしていないのである。サルトルによるこれらの指摘は，サルトルが，対象を明確に捉え定立する認識作用と，認識作用に常に伴う自己自身についての了解作用とを峻別していることを物語っている。

　確かに，人間のあらゆる行為の根拠を，対象を認識する作用に還元しようとする考え方もある。しかしながらサルトルは，そうした考えは観念論に基づくものである，とみなす。サルトルによれば，観念論は，認識の存在を前提としており，それゆえ，認識を根拠たらしめるものは何であるのかという問いが喚起されざるをえない。ところが，認識の根拠は，その根拠を認識におくわけにはいかない。なぜならば，認識を認識によって捉えるならば，認識作用を捉える当の認識を，さらに捉える認識作用が想定されなければならなくなるからである。しかしながら，「さらに捉える認識作用」は，この「さらに捉える認識作用」をさらに捉える認識作用を必要とする。したがって，こうした捉え方は，必然的に，認識を捉える認識の無限後退へと陥る。「認識の存在は，認識によっては測られえない」（p. 17, 上 22 頁）のであり，このことからサルトルは，認識の基盤として，認識とは異なる人間の作用をみいだす必要性を明らかにする。そしてサルトルは，「認識は，認識する存在を……指し示すことになるであろうが，それは，認識する存在が，認識されるのではなく，存在する限りにおいてなのであり，つまり，認識は意識を」指し示す（p. 17, 上 22 頁），とする。すなわち，自らが行為の主体であることを存在の次元において捉えている意識こそ，人間の生の根源的な基盤であり，認識は意識の一作用でしかないことを明らかにするのである。

　われわれは，例えばテーブルや食器や料理といった，自己の意識の外に超越的に存在する対象を，定立的に捉えるという仕方で意識する。このことをサルトルは，「あらゆる意識は，……何ものかについての意識である」という，フッサールによる意識の志向性を手がかりにし，「超越的対象の定立であらぬ意識は存在しない」（p. 17, 上 23 頁），と断定する。また同時に，「私がテーブルについての意識を実際にもつためには，このテーブルについての意識をもってい

る、ということについての意識をもっている」(p. 18, 上 24 頁)のでなければならない以上、人間の意識には、以下で考察するような、自己に関する機能が備わっていることになる。そうした機能を備えた意識についてのサルトルの記述は、思春期の子どもたちの在りようを捉える際に、非常に大きな手がかりを与えてくれるのである。

自己の了解としての非定立的意識

テーブルといった超越的対象を定立する意識を、サルトルは、「定立的（positionnel）意識」あるいは「措定的（thétique）意識」、と呼ぶ。他方、自分がテーブルを意識していることを漠然と捉えている意識を、すなわち、或る対象を定立的に意識している意識が反省を介すことのないままに漠然と自分自身に了解されている意識を、「非定立的（non positionnel）意識」、あるいは「非措定的（non thétique）意識」、という。非定立的意識においては、……について意識している意識の、「……についての（de）」ということが、漠然と了解されている。このことから、サルトルは、非定立的に何かについて意識しているところの当の何かについて、という言葉に含まれる、「についての」を丸括弧でくくることによって、例えば、食事をしている私は、料理について意識していると同時に、料理を食べている自己（についての）意識をもっていることになる、というような表記の仕方でもって、「この《についての》が文法上の決まりに従うだけであることを示す」(p. 20, 上 27 頁)。

サルトルはさらに、「自己（についての）こうした意識」は「一つの新たな意識」ではなく、「何ものかについての意識にとって可能な唯一の存在（existence）様式である」(p. 20, 上 27 頁)[4]、と述べる。すなわち、人間は、存在している限り、自己（についての）非定立的意識を常に携えており、それ以外の仕方では存在できないのである。例えば、人間は悲しむ時同時に、自己の悲しみ（についての）意識を存在しないわけにはいかない。すなわち、人間は、悲しんだり喜んだりするそのつどの具体的な在り方において、自己の存在を配慮せずにはいられない存在である。このことをサルトルは、「存在についての意識が、意識の存在である」(p. 68, 上 95 頁)、と述べ、人間は意識がある限り、常に自分の存在について意識せずにはいられないことを明らかにする。自己の存在（についての）非定立的意識を常に携えるという仕方で存在している意識

を，サルトルは，「それにとってはその存在においてその存在が問題であるような存在である」(cf. Heidegger, 1927, S. 41, 80頁)，という現存在の在り方についてのハイデッガーの記述に，フッサールの意識の志向性から導き出された，自己では在らぬ何ものかについての定立的意識という記述を縒り合わせ，次のように定式化する。すなわち，「意識とは，その存在がそれとは他なる存在を巻き込む限りにおいて，それにとってはその存在においてその存在が問題であるような存在のことである」(p. 29, 上40頁)，と。

生の捉え難さ

人間の根源的生を認識ではなくその背後に控えている意識に求めることからは，サルトルにとって，人間の生の捉え難さが，彼の哲学において中心的な問題となっていることが明らかになる。通常われわれは，反省によって自己の在り方を捉えようとする。あるいは，反省によってでは自己を完全には捉えられないのは，自分自身についての判断であるがゆえに，客観性を欠いているからである，と捉えがちである。他方，サルトルは，人間の生には，そもそも，反省や何らかの認識作用によっては決して捉えられることのない側面が備わっており，その汲み尽くし難さこそ，人間の生そのものの在りようであることを明らかにしている。すなわち，人間が，認識作用の一つである「反省によって到達しうる……瞬間的意識」(p. 19, 上26頁) だけではなく，「これまで反省されることなく過ごされてきた意識」(pp. 19-20, 上26頁) と，「〔反省する瞬間との〕隔たりのない (immédiat) 私の過去においていつまでも反省されないままにある意識」(p. 20, 上26頁) をも生きていることをサルトルは明らかにする。

このことは，サルトルが，「絶対的に分断された存在の二つの領域」として，「先反省的なコギトの存在」(p. 31, 上42頁) と，それ以外のあらゆるものの存在とを峻別することからも明らかとなる。すなわち，サルトルは，人間の意識の存在の仕方と，意識以外の存在の仕方との間を明瞭に線引きし，人間の意識は，先反省的である時の構造を明らかにすることによって，解明されなければならない，というのである。

反省的意識と先反省的意識については，前章第2節で考察したように，現象学一般において解明されているが，特にサルトルにおいては，先反省的な意識における自己についての非定立的意識の作用が詳しく記述されることになる。

そこで，その内実を捉えるために，まず，反省についてのサルトルの記述を考察しておきたい。

反省作用と先反省的なコギト

　反省においては，反省する意識と，反省される意識とに意識が分断されることになる。このことをサルトルは，反省によって自己の存在を捉えようと試みる者の「自己へ向かっての……振り返りは，自己を振り返るものと，振り返りが向かっているところのものとの間に，或る距離を現われせしめることしかできない」(p. 200, 上 287 頁)，と述べる。例えば，テーブルの上にかがみこんで何かを書いている人が，書いている間中，自分の後ろにいる誰かから観察されていることを感じている場合を考えたい。この者は，見られていることを感じているがゆえに，例えば何かを書いている自分の姿勢や筆跡が気になってしまうといった，誰にも見られることなく何かを書いていた時の状態とは異なる状態に陥らざるをえない。このように，反省される意識は，「しかじかの超越的な現象についての〔意識が〕反省される意識〔となったもの〕であるがゆえに，反省される意識として，自己（についての）意識であるという意味において，反省によって深く変質させられている」(p. 198, 上 284 頁) のである。

　さらにサルトルは，他の現象学者とは異なり，反省においては以下のような事態が生じることを明らかにする。すなわち，反省は自分自身についての意識に他ならないのであるから，反省する意識と反省される意識は，分断されているにもかかわらず，同時に，「存在の絆によって一つに結ばれている」(p. 198, 上 283 頁) のであり，反省作用において，反省するものは反省されるもので在ると同時に在らぬ，という在り方をすることになる。それゆえ，「反省されるものは，……外部 (dehors) を備えているものとして，あるいはむしろ外部の粗描を備えているものとして，既に自分自身（についての）意識をもっている」(p. 199, 上 284 頁) ことになる。

　意識のこうした非定立的作用は，反省によって「深い変様を蒙る」(p. 199, 上 285 頁) のが，反省される意識だけではなく，反省する意識でもある，ということを明らかにしてくれる。すなわち，意識は，自己についての意識を非定立的に常に携えているがゆえに，反省という可能性によって，深く変質しうる存在で既に在る，という在り方しかしえない。実際，サルトルが経験的事実と

して明らかにしているように,「反省という行為において, 私は, 反省される意識についての諸判断を抱く」ことに, すなわち,「私は反省される意識を恥じたり, 誇ったり, 欲したり, 拒んだり等々する」(p. 19, 上25頁) ことになるのである.

対自と現前

サルトルのこうした解明から明らかとなるように, 或る行為において何らかの対象を認識している人間の意識は, 常に同時に, 非定立的に自己を捉えており, この非定立的意識が, 当の行為に大きく影響を与えることになる. 非定立的意識を備えていることから, すなわち, 常に何らかの仕方で自己 (soi) に対して (pour) 存在することから, サルトルは, 人間の意識を,「対自 (pour-soi)」と呼ぶ. また, 対自としての人間の意識のこうした在り方を, 比喩的に, 人間の意識は「半透明性 (translucidité)」(p. 26, 上35頁) を備えている, と述べる. 意識の志向性から明らかであるように, 意識は常に, 意識している当の対象に対する現前 (présence à) であり, また同時に, その半透明性ゆえに, 意識は,「自己への現前 (présence à soi)」(p. 119, 上165頁) という在り方をもしているのである.

そして, 自己へと現前する意識は自己についての非反省的意識である以上, 例えば, 何らかの信念を抱いている時には同時に, 私は信念を抱いている自己について非定立的意識を携えていることになる. この時,「私の信念は私の信念 (についての) 意識である」(p. 116, 上161頁) 以上,「私の信念はもはや既に信念ではない」(p. 117, 161頁) ことになる. というのも, 非定立的にとはいえ, 私の信念は, 私の意識という「証人に対して存在することによる無効的性格を……根源的に含んでいる」(p. 117, 上161頁) からである. すなわち, 信念 (についての) 意識と信念とは, 同一の存在でありながらも, 一致しえないからである. 非定立的に意識されている自己の信念は, いわば「ぼかされた (troublé) 信念」であり,「信念自体から逃れ出るものとして, すなわちその信念を閉じ込めようとするところのあらゆる概念の統一体を打ち破るものとして……存在する」(p. 118, 上163頁) しかない. したがって,「こうした意識の存在は, あますところのない (plénièr) 同一性においては自己自身と合致することがない」(p. 116, 上160頁) のである.

換言すれば，「現前が分離を前提とする」以上，「自己への現前は，蝕知しえぬ裂け目が存在のうちに滑り込んでいることを前提としている」（p. 120, 上166頁），ということになる。このように，自己に対する現前という根源的な在り方ゆえ，人間の意識は，「……では在らぬ」という構造を備えている。この，「……では在らぬ」という意識の作用を，サルトルは，「無化（néantisation）」，と呼ぶ。例えば，何らかの対象を知覚するといった意識作用は，他のものではなくこの対象を知覚する，というように，捉えようとするもの以外の諸対象を無化し，捉える対象を際立たせる，という仕方で働いている。何かを無に化そうとする無化作用は意識のあらゆる局面で様々に機能しているが，とりわけ，自己を非定立的に捉えている以上，自己そのものでは決して在らぬ，という在り方をしていることが，人間の意識に備わる根源的な無化作用なのである。すなわち，人間の意識は，自己自身では在らぬものとして，自己を無化する存在なのである。在らぬ，というこうした無化作用をもたらす事態を，サルトルは，「無（néant）」，と呼び，また，人間の意識のこうした在り方から，対自を，「それが在らぬところのもので在り，それが在るところのもので在らぬ（être ce qu'il n'est pas et ne pas être ce qu'il est）」，という逆説的な表現で定式化する。

　こうした逆説的で捉え難い在り方をしている人間の意識は，あたかも光の反射のごとく，自己を反射することによって，照らし出される自己の存在を明らかにすると同時に，反射作用そのものである自己の存在をも指し示す。こうした独特の在り方から，サルトルは，意識を，「反射－反射するもの（reflet-reflétant）」と呼び，「われわれがこの〔捉え難い〕存在を捉えようとするやいなや，この存在は指の間から滑り落ち，われわれは……〔意識の〕反射の戯れに直面する」（p. 118, 上163頁）ことになる，と述べる。意識のこうした在り方こそ，先に考察した，反省によっては，あるいは認識によっては捉えられない意識の在り方であり，人間の生の捉え難さの根拠である，といえる。

確固たる即自と存在減圧としての対自

　他方で当然のことながら，意識とは異なり，事物には，自分がどのような仕方で存在しているのかを捉える主観や意識が備わっておらず，それゆえ，自己自身に向かって何らかのことを問いかけることもない。事物は，「ほんのわず

かの距離さえもない自己との膠着（inhérence）」（p. 32, 上 44 頁）という在り方しかしえない。こうしたことから，事物の在り方は，意識の在り方とは対照的に，「それがそうであるところのものそのものであり，それがあらぬところのものではあらぬ」，といえる。同様の理由から，サルトルは，事物を，対自と対比的に，それ自身（soi）において（en）ある，というその存在の仕方に即し，「即自（en-soi）」と呼ぶ。こうした仕方で存在している即自は，自己自身であり自己自身以外の何ものでもないという意味で，比喩的に述べれば「塊のようなもの（massif）」（p. 33, 上 46 頁）であり，意識の半透明性に対し，不透明である。それゆえ，その事物が備えている物理的特性としての強度や硬度にかかわらず，即自は，その存在の仕方が確固たるものである，ともいえる。

　他方，人間は，「存在するのではなく，《自己をつくる（se faire〔＝自己となる〕）》のである」（p. 636, 下 1015 頁）。すなわち，サルトルによれば，人間の生は，確実に認識したり，触れて確かめうるような実在的な存在ではなく，即自とは対照的に，非常に脆いものであることになる。そうである以上，人間は，自分の生を，所与のものとして受動的に蒙るだけではいられない。人間は，自分の存在の根拠をもつことができず，非常に不安定な仕方でしか存在しえないことになる。確固たるものとして捉えられることのない対自のこうした在り方を，サルトルは，はっきりとした存在をもたないという意味で，「存在減圧（décompression d'être）」（p. 116, 上 161 頁），と呼ぶ。

虚構としての自己の捉え方と自由

　とはいえわれわれは，経験的にも明らかなように，自分自身に対して確固たる実在存在を認められない不安に常に苛まれているわけではない。というのも，非反省的である限りわれわれは，何らかの定立的対象を立てることによって，自己を定立的対象とせずに生きているからである。それどころか，反省においてさえ，例えば自分の性格を説明したりするように，われわれはしばしば何らかの仕方で，自分自身の内面を確固たるものとして，実在的なものとして捉えうる。しかし，人間は，確固たる充実した存在ではありえない以上，本来，何らかの言葉で表しうる実在的なものではないはずである。

　したがって，自身の性格や意識の内面として捉えられたものは，実は，「極めて安心できる（éminement rassurant）虚構」（p. 80, 上 111 頁）であり，不安

に陥らずにすむよう人間を支えてくれることになる。例えば，「あの時しかじかのように思ったから」といった仕方で自分の言動を捉えることは，或る意識の状態が，次なる自分の行為を決定し実行せしめるという実在的な力を備えていることに安住すること，すなわち，「われわれのうちに，即自存在の切れ目のない連続を打ち立てること」(p. 515, 下 836 頁) なのである。というのも，こうした際には，人間は，行為の次元から一歩退き，既に当該の行為をする者では在らぬものとしての自己となっているからである。そうである以上，何らかの動機等で説明されうる自己の在りようは，本来の自己とは決定的に異なっているはずである。むしろ，われわれは確固たる実在者として自己を捉えられない不安から逃れるために，自分自身に自分の行為を説明づけようとしているのである。

　自分の行為を説明してくれるものとして，過去における心的状態等，何らかの動機を求めるという，動機に基づく心理的決定論に対するサルトルの上述の考察は，サルトルが人間の根源的な在り方として捉えている，「自由 (liberté)」の意味を明らかにしてくれる。サルトルによれば，こうした因果論における動機と行為の関係は虚構でしかなく，対自は，本来，何によっても自らの行為を決定されていない。なぜならば，たとえ過去にいかなる決心をしたとしても，人間は，その行為を実現するその瞬間に，決心を翻すことが可能だからである。すなわち，もしも過去の決心どおりに私が或る行為を実現するならば，それは，過去の決心がそうさせたのではなく，過去の決心を翻さないことを，行為を実現するその瞬間に，現在の私が選択したからに他ならないからである。サルトルは，このように，行為が，過去の自分によっても，また社会的な道徳観や法律によっても決定されておらず，すべての行為を自己自身によって実現しなければならないという人間の根源的事態を，「自由」と呼ぶ。それゆえ，サルトルにおいて「《自由である》」という言葉は，われわれが通常望ましい在り方として捉えているのとは異なり，「《欲したものを獲得する》ということを意味するのではなく，《欲すること（広義での選択すること）を自分自身によって決定する》，ということを意味する」(p. 563, 下 907 頁) ことになる。しかも対自は，「自由で在ることをやめることについては，自由ではない」(p. 515, 下 836 頁)。サルトルは，自由で在ることしかできない人間の在り方を，すなわち，確固たる自己を得られることなくそのつど自分自身で在り方

第 2 章　サルトルにおける対自としての人間の意識　　　35

を選択し続けなければならない対自の在り方を，「われわれは自由であるという呪わしい刑を宣告されている（nous sommes condamnés à la liberté）」（p. 565, 下 909 頁），という記述で際立たせる。

　以上で，対自自身にとっての対自の在り方が，対自にどのような作用を及ぼすのかを明らかにしてきた。では，上述したような仕方で存在している人間存在が，世界の中で具体的な仕方で現実に存在している，ということはいかなることなのであろうか。

世　界
　サルトルによれば，そもそも「現実」とは，「人間の存在（l'être humain）によって苦しまれ，闘われ，危惧される等々〔といった仕方で生きられる〕ところのものである」（p. 57, 上 79 頁）。こうした「人間的振舞い（conduite humaine）」（p. 38, 上 53 頁）をしている人間存在は，現実において，苦悩や恐怖といった何らかの感情を抱きつつ，世界内で生起する何らかの出来事と格闘する等々の仕方で関わるのであり，このような仕方で，「世界のうちに自己を拘束している（s'engager）」（p. 60, 上 83-84 頁）のである。

　それゆえ，サルトルは，フッサールにおける意識の志向性を手がかりに定式化した意識の在り方を，「意識は世界についての定立的意識である」（p. 18, 上 23 頁），と言い換える。すなわち，われわれが定立的に意識する対象は，世界内の或る対象や出来事であり，ひいては，世界そのものである。そして，このことに対応して，人間の意識は，「世界では在らぬものとして……自己自身を立てる」（p. 54, 上 75 頁）という仕方で，世界を意識することになるのである。

　現象学一般においてと同様，サルトルも，世界を，諸事物の集合体として，あるいは，諸事物のいわば容器としては捉えない。ハイデッガーに則り（cf. Heidegger, 1963, 第 18 節），サルトルは，世界はその「諸々の道具存在（réalités ustensiles）の総合的複合（complex synthétique）」（p. 53, 上 73 頁）において人間存在と関係し，人間は，自己自身の可能性を実現するための道具として，世界内の諸事物と関わる，と述べる[5]。またサルトルは，ハイデッガーと同様，諸事物と関わりつつ在る人間の可能性は，自己の存在そのものへと遡及するような仕方で連鎖していることを認める。したがって，例えば人間がペンを握ることは，字を書くための道具としてそのペンと関わることであり，さらにはこ

の著作を仕上げるための道具としてのペンと関わることであり，最終的には哲学者として生きていくための道具としてペンと関わることに行き着く（cf. pp. 74-75）。すなわち，人間は，自己を実現しつつ生きるための道具としてのペンと関わるという仕方で，自己自身の存在を気遣うのである。サルトルはとりわけ，世界 – 内 – 存在というハイデッガーの中心的術語から，「人間存在を取り囲んでいるこの存在〔＝世界内の諸々の道具存在〕が，世界という形をとって，人間存在の周りに配置されるようにせしめるのは，人間存在なのである」（p. 53, 上 73 頁）とし，世界への人間的行為の意味付与作用を明確にする。それゆえ，人間が行為することによって，「同時に，しかもまさにその行為の範囲内で，〔可能性を〕指し示すような諸道具の複合体が現われ，組織化される」（p. 74, 上 102-103 頁）ことになるのである。

　しかしながら，いうまでもなく，人間は，世界内の諸事物の道具性を明らかにすることを目的として行為するのではない。人間はあくまで，自分自身の定立している何らかの目的へと志向する中で行為するのであり，その行為のさなかに，諸事物の道具性がいわば副次的に明らかとされるのである。すなわち，「人間は，世界のあちら側から自己を自分自身へと告げ知らせ，地平線から出発し，自己自身へと向かって自己を内化するために再び戻ってくる」（p. 53, 上 74 頁）のである。そして，人間は，自分の可能性を実現してくれる諸々の道具複合としての世界によって自己自身を知らされるのであるから，私が「私の具体的な可能性」を，あるいは，「最も直接的な私の可能性」を知るのは，諸事物に何らかの仕方で関わるという「私の行為そのものによって」（p. 73, 上 102 頁）である，ということにさえなるのである。

　このように，人間は本来，何らかの可能性を実現する（réaliser）という仕方で世界内の道具と関わることにおいて，すなわち，世界の具体的な状況内で具体的な行為を行なうことにおいて，自己を配慮するという仕方で，自己を非定立的に意識していることになる。しかも，réaliser というフランス語が，実現するという意味と，実感するという意味とを備えていることから明らかとなるように，人間が何らかの行為を実現することと，そのことによって自己自身の存在を実感することとは，実は同じ一つの現象でしかない。

　では，先に考察したように道具存在の総合的複合としての世界に現前することは，人間の意識がどのような仕方で存在していることを意味しているのであ

ろうか。

　現象学一般と同様に，サルトルも，人間が，いわば上空飛行的な仕方で世界の諸事物を眺める，という考えを否定する。人間は，自分自身に固有の観点でもってしか，世界を捉えられない。このことは，事物の単なる知覚を取り上げても明らかである。確かにわれわれは，目の前にある事物を，例えばテーブルの上にあるコップを，確かにそこに存在している物として知覚している。しかしながら，人間が或る瞬間に捉えうるのは，コップの一側面でしかなく，その意味で，現われは，常に有限である。したがって，目の前のコップが確かにそこに存在していると捉えることは，自分が眺めていない瞬間における現われや，別の角度からの現われといった，今は自分に現われていない別の側面を，その気になれば眺めうると捉えている，ということになる。すなわち，「有限である現われは，それ自体，その有限性のうちに自己を指し示すが，しかし同時に，《現われる－ところのもの－の－現われ》として捉えられるために，無限〔の現われ〕へと向かって超出されることを要求する」(p. 13, 上 17 頁) のである。それゆえ，人間は，今の自分にとっての事物の現われを，無限の現われへと，自分自身で超出する（dépasser）ことによって，その物を即自的に存在する物として眺めている，と実感できることになる。事物の現われが，人間の自分自身による超出によるものである以上，人間は，常に自分自身の超出作用によって，世界の諸事物を知覚することになる[6]。

　人間は，先に考察したように，自己自身の可能性を実現するための道具として，その事物を超出する。事実，テーブルの上のコップは，人間がどのように行動しようとしているかによって，異なった仕方で現われる。例えば喉の渇きを潤そうとしている人間にとって，コップは，水を汲むための道具として現われる。熱湯を汲もうとしている人間にとって，コップは，耐熱性の低い壊れやすい道具として現われる。テーブルの上を布巾でふき取ろうとしている人間にとって，コップは，阻害物として現われる。あるいは，テーブルの横を急いで通り抜けようとしている人間にとっては，コップは，知覚さえされないままであろう。人間が世界へと現前する際には，人間がそれぞれ，自己自身の可能性を実現するのにふさわしい多様な仕方で，諸事物を超出することになるのである。

可能性

　世界内の諸事物を対自が超出するのは，対自が何らかの目的に向かって常に行為しているからである。それゆえ，行為において，対自がそこへ向かって自己を超越する時のその目的は，当の対自がその時いかなる方式で存在しているのかを対自自身に知らしめてくれることになる。この目的は，「いまだ存在していない或る対象」であり，「この目的は，近づきうると同時に，われわれから切り離されている」(p. 563, 下 906 頁)。このことからサルトルは，「目的から私を切り離す現実的存在の来 − たるべき（à-venir〔＝未 − 来〕）状態」(p. 563, 下 907 頁) こそ，対自が自己を投げ出す先としての目的そのものであるとし，対自が，今まさに行為をしている自己と，その行為によって実現することになる自己の在り方との根源的な差異を常に生きていることを明らかにする。

　このことは，人間の意識は意識ではあらぬ対象へと現前する，という人間の意識の基本的構造と，自己自身への現前という本来的構造と綯り合わさって，対自の以下のような根源的な在り方を明らかにしてくれる。すなわち，行為のさなかにある対自は，その行為によって実現される自己自身ではいまだ在らぬのであり，実現される自己自身に対して，何らかの欠如を備えている。そして，欠如を備えた存在として，実現されるはずの完全なる自己自身へと現前し，その自己自身になろうとして，行為していることになる。しかしながら，今行為のさなかにある自己と，その行為によって実現されるはずの完全な自己とは，単に，異なる，という在り方をしているだけではない。サルトルは，このことを，以下で述べる三日月の比喩によって明らかにしている。

　人間が，細長い弧を描く月を，「三日月」と，すなわち，「あと十二夜で満月になるはずのもの」と判断しうるのは，月は満月になりうることを知っているからである。三日月を三日月として捉えるためには，十二夜後へと「向かって，この所与を超出しなければならない」(p. 129, 上 180 頁)。人間が満月へと超出しない限り，三日月は，「それ自体においては，完全でも不完全でもなく，他の諸存在との関係さえもなく，それがあるところのものそのもので端的にある」(p. 129, 上 180 頁) だけでしかない。

　同様に，人間は，或る完全態としての自己との関係においてしか，自己を，何らかの欠如分を備えている者として捉えられない。しかも，「欠如は，人間存在の出現と共にしか，世界のうちに現われない」(p. 129, 上 179 頁)。そして，

こうした欠如は，次の3つの欠如を前提としている。すなわち，「欠けているところ（ce qui manque〔＝足りないところ〕），換言すれば，欠如分」（p. 129, 上 179 頁）。対自であるがゆえに完全な即自ではないという意味で欠如分を備えている「現実存在（existant）」（p. 129, 上 179 頁）。「欠如という事態によって分解されていて，欠如分と現実存在の総合〔といったものがあるならば，それ〕によって回復されることになるであろう全体」という「欠如を〔常に〕受動的に備えているもの（manqué）」，といういわば「三位一体（trinité）」（p. 129, 上 179 頁）をなしている欠如である。人間が何かをしようと望む時には，その何かをすることによって実現されるであろうその人間の在り方が，すなわち「欠如を受動的に備えているもの」がある。そして，今の自分は，すなわち「現実存在」は，何かになることによって実現される在り方に対して不足している部分を，すなわち「欠如分」を回復しようとする試みのうちに，その何かになろうとするのである。

それゆえ，それが在らぬところのもので在り，それが在るところのもので在らぬという対自の在り方は，次のように理解できる。すなわち，人間は，自分自身を超出していくことにより，「欠如を受動的に備えているもの」たる全体になろうとするのだが，現在の自分は，全体者としての自己が在るところのものではいまだ在らぬ。しかし，全体としての欠如を蒙る存在がなければ，人間は欠如を備えた存在として自己を捉えることができないのだから，全体者としての自己では在らぬという在り方で，その全体者でも在る。

以上のことから際立たせられるのは，人間が，完全態としての自己を目的とし，そこへと向かって現に在るところの自己を超え出ていく在り方をしている，ということである。サルトルは，人間の超出作用の中でも，特に，自己自身を超え出ていく在り方を，「脱自的（ek-statique de soi〔自己外－自的〕）」（p. 166, 上 235 頁），と呼ぶ。

ところで，先に考察したように，対自は常に自己へと現前し，自己自身についての非定立的意識を備えているのであった。このことと，対自の脱自的な在り方からすると，人間は常に，非定立的にであれ定立的にであれ，自己自身へと現前し，その自己自身を超出し，脱自していく，という在り方をしていることになる。したがって，現にある自己自身と，完全態としての自己自身との埋まることのない差異において，その差異を埋めるべく自己を超出し続けること

こそ，人間の根源的な在り方である，といえる。そして，人間が全体としての自己自身になろうとするべく自己を超出することを，行為の観点から，サルトルは，自ら（se）を前へと（pro）投げ出す（jeter）こと，すなわち，「投企（projet）」，と呼ぶ。対自は，自己の欠如分を回復すべく，自己を未来へと向かって投企するのであり，こうした投企における脱自的な在り方こそ，対自の根源的な在り方である，といえる。

　サルトルによれば，人間のあらゆる行為は，脱自的である。例えば，食事をするという行為は，空腹をいまだ満たされていない者である現実存在としての自己が，満腹という完全態となるために，自己の不足分を埋めるべく，空腹である自己を脱け出て乗り越えていく人間の作用に他ならない。そして，人間はこうした仕方で自己を乗り越えるために，食事をとるといった可能性を実際に実現するのであり，脱自することと可能性を実現することとは同義である。それゆえサルトルは，人間の意識におけるこの「欠如分」を，「可能（le possible）」という語で置き換える。したがって，それが在らぬところのもので在り，それが在るところのもので在らぬ，という対自の在り方は，対自が，根源的に可能性を生きる存在であることを明らかにしている。

　しかしここで注意しなければならないのは，三日月にとっての満月とは異なり，人間は，自分の目指しているところの全体としての自己がいかなるものであるのかを，本当に知ることはできない，ということである。というのも，人間が完全態としての自己として目指す先は，即自的な仕方で既に存在しているのではなく，人間が脱自していくそのつど新たに生み出されるしかないからである。先に述べたように，人間は自己をつくり出すとサルトルが述べるのは，こうした事態を表してのことでもある。

　以上で考察したことに基づき，世界と対自との関わりを改めて考察したい。

　人間が可能性を実現することは，人間が欠如分を含んだ存在であることを含意しているのであった。例えば，私は喉の渇きを潤すために，コップの水を飲む。喉の渇きを満たすという可能性を実現し（réaliser）たその時に私は，自分の喉の渇きという欠如分が，正確にどの程度なのか，何によって潤されるべきであったかを実感しつつ（réaliser）知ることになる。このように，人間は，道具複合としての世界を介して自己を知る。それゆえ，世界との関わりにおいて，対自は，自己自身の欠如を具体的に露わにされることになるのである。

ところで，以上で考察したような在り方で対自が世界内に存在している以上，当然のことながら，対自にとって，現在の世界は，自分の可能がいまだ実現されないままにある場である，ということにならざるをえない。喉の渇きを潤された者となるべく自己を超出しようとする対自にとって，コップに満たされた水は，いまだ自分の可能を実現しえていないという現実を規定しており，自分の可能の実現にとっての障碍となっている。それゆえ，私は，いまだ飲まれていない満たされたコップを，「飲まれるべきコップとして構成する」（p. 149, 上208頁）。サルトルは，このように，世界を，脱自という観点から捉え直す。すなわち，「人間存在が〔全体としての〕自己へと向かって超出するところのものこそ世界なのであり」（p. 148, 上207頁），それゆえ世界とは，自分の可能を実現するために，対自によって「通過される限りにおける存在の全体性のこと」（p. 146, 上204頁）なのである。

　世界のこうした存在論的解明は，世界と関わりつつある対自が生きている状況というものの内実を明らかにしてくれる。そこで次に，状況に関するサルトルの解明を考察したい。

状　況

　先に考察したように，サルトルは，世界のうちに拘束されている人間の在り方に着目することにより，意識は具体的な在り方においてしか捉えられないことを強調する。そのうえでサルトルは，具体的な仕方でしか存在しえない意識が出現するところを，「状況（situation）」と呼ぶ。すなわち，「具体的な意識は，状況〔なるもの〕のうちに出現するのであり，具体的な意識は，こうした状況についての，また状況のうちにある自己自身（についての）〔それぞれの状況に〕特異で個別化された意識である」（p. 134, 上187-188頁）。対自が自らの可能性を実現すべく自己を投企する場としての状況は，したがって，単に，その時その場において当人をとりまく精神的・社会的・自然的な在りようではない。状況は，必然的に，当の対自の可能性そのものと深く関わることになる。日常的にもしばしば用いられる「状況」という言葉を，サルトルは，対自の在り方との密接な関連から次のように述べ，術語とする。すなわち，「対自にとって，存在していることと，状況づけられている（se situer〔＝自らを状況づけている〕）こととは，一体をなしている」（p. 372, 下621頁），と。

例えば，先に考察したように，コップは，そのコップを意識する人間のその時の可能性によって，全く異なった現われ方をするのであった。したがって，確かに，「状況は，客観的であることは……できないであろう」（p. 634, 下1012頁）。しかし，そうだからといって，「状況は諸事物がわれわれに与える様々な印象の総和でも統一体でもない」以上，「状況は，主観的ではあることはできないであろう」（p. 633, 下1012頁）。確かに対自は，自らの可能性に応じた仕方で，目の前の与えられた事物に，自己を現われせしめ，それを意味づける。それゆえ，「状況は，手を施されていない（brut）所与を自由に配列したもの，ないしは自由に性質づけしたものである」（p. 568, 下914頁），といえる。しかしながら，そうであるにもかかわらず，こうした「手を施されていない所与は，どんなふうにでも性質づけられるということはない」（p. 568, 下914-915頁）のである。ガラスのコップは，対自がいかなる可能性を生きているとしても，熱湯を注ぐにふさわしい所与としては現われえない。コップが備えているこうした偶然的な性質は，対自が変化させてしまうことができない。対自は，その即自存在の偶然性に即しつつ，他ならぬ自分自身によって決定するという意味での自由でもって，その即自存在の意味や性質を自ら決定するしかない。こうしたことから，サルトルは，「世界の存在充実（plenum）のうちにおける自由の偶然性を，状況と呼ぶことにする」のであり，状況とは，「即自の偶然性と〔対自の〕自由との共同の所産」（p. 568, 下914頁）たるものであることを明らかにする。

所与である充実した即自存在の偶然性と，対自自身による所与への意味付与作用という，状況の二重の側面は，対自が具体的な状況の中でいかに生きているのかを，次のような仕方で描き出してくれる。私は，目の前の対象を，自分がまさに実現しようとしている可能性に応じて超出する，という仕方で知覚する。それゆえ，「状況は，或る目的へと向かっての所与の超出と相関する仕方でしか存在しない」（p. 633, 下1011頁）。このことを，自由の側から述べれば，「自己の目的に関し自由がなさしめる選択によって，自由は，世界そのものの発見とのつながりにおいて，この個別的な所与（datum）をして，しかじかの仕方で，しかじかの光のもとで，現われせしめるのである」（p. 567, 下914頁），ということになる。

このことから，完全なる自己へと向かって今自分が在るところのものを超出

する,という対自の脱自作用は,状況の観点からも捉えられることになる。対自が自ら目的を選択し,可能性を実現するという「自由は,自分がそれで在るところの或る存在の無化である」(p. 566, 下912頁)から,対自は,現に自分が在る状況を,未来の状況では在らぬものとして無化し,未来における自己自身となるべくこの状況を超出するのであり,その動きの中で初めて,状況は或る状況として現われることになる。それゆえ,「状況は,対自が自己自身へと向かって状況を超出する限りにおいてしか,現われてこない」(p. 372, 下621頁)のである。

しかも,或る状況において,例えば,コップという所与が,水を飲むために便利な道具として現われるか,テーブルを拭く際の阻害物として現われるか等々は,対自が,コップやテーブルや布巾といった,当の対自に既に与えられている諸所与との関係によってあらかじめ規定されている。それどころか,コップやテーブルや布巾もまた,対自によって,その可能性に即した仕方での現われをあらかじめ明らかにされている。しかも,こうした諸事物の現われは,過去において喉が渇く行為をしたのか,あるいは食事を終えたのかといった,当の状況を状況たらしめている過去における対自の選択によって既に規定されている。そうである以上,サルトルがさらに述べているように,所与が「或る一つの仕方でにせよ,あるいはそれとは別の仕方でにせよ,自己を明示しうるのは,既に打ち立てられている道具－複合の内部においてでしかない」(p. 562, 下905頁)ことになる。

以上のことは,決定論に関する次のようなサルトルの記述から,より明らかとなる。先に考察したが,われわれはしばしば,「あの時こうしたのは,その前にしかじかと思ったからだ」,というように,自分の行為は,その行為よりも過去の時点における何らかの心的な在り方を原因としている,とみなす。こうした「心理的決定論は,諸行為に,惰性や外面性といったものをもたせる」(p. 78, 上108頁)ことに,つまり,人間の意識を事物的な在り方に即して捉えようとすることに他ならない。しかし,サルトルによれば,われわれは,或る動機によって何らかの行為を実現するのではない。そうではなく,われわれは,或る行為を自らの目的に応じて捉えようとするならば,その際に,その生本来の捉え難さゆえ,しばしば,過去における自らの心的状態を動機として構成することになる。すなわち,或る状況における「所与は,それを照らし出して明

らかにしてくれる光のもとでしか自己を露わにしないがゆえに，……動機としてその姿を現わす」(p. 568, 下 914 頁) ことになる。何らかの仕方で自分の行為を説明しようとする目的そのものが，当の対自をして，現に在るところの自分を条件づけている過去における自己の在り方を，動機とみなせしめるのである。このことに典型的となるように，状況において与えられる所与は，過去性を備えている。こうしたことから，サルトルはさらに，現にある即自を自らの目的によって構成するという観点から動機づけを捉え，「状況と動機づけとは，一体をなしている」(p. 568, 下 914 頁)，とまで断定する。

　以上の考察から，サルトルにおける状況の内実が明らかとなる。すなわち，「状況とは，自己の超出によって諸事物を照らし出して明らかにする主観のことである」(p. 634, 下 1012 頁)。しかも，自分によって構成されている動機といった「主観自身の像（image）を主観へと送り返し映し出してくれる，諸事物のことである」(p. 634, 下 1012 頁)。状況は，対自がその所与を超出することによって脱自しつつ，未来へと自己自身を投企する場であると同時に，投企先である自己を規定し，自分がいかなる在り方をしているのか，いかなる在り方をしようとしているのかを，その脱自作用のさなかにおいて対自自身に知らしめるところのものなのである。

時間性

　状況に関する以上のサルトルの解明からは，先に述べた，対自の脱自作用という事態は，過去に基づいて対自が未来へと向かって現在を超出していく，という対自の時間化作用と深く関わっていることが導かれる。

　人間は常に，自己の在りようを選択しつつ生きている。例えば道を歩く人間は，たとえ分かれ道ではなく，一本道を歩いていても，その道を歩き続けるか，立ち止まるか，引き返すかといった，諸選択の中で生きている。行動中の対自は確かに自己のこうした選択を定立的に意識していないが，いつでも前進をやめうるにもかかわらず自ら前進し続けるということ，このことこそ，対自の自由であり，対自は自由で在らぬことはできない，ということの内実である。と同時に，道を歩むかどうかの選択には，それまで歩んできた道程の重みが不可避的につきまとう。こうした例からも自明であるように，対自が或る状況において，何らかの目的を選択し，自己を超出していくという行為は，対自自身の

過去によって決定されることはないが，その拘束を常に受ける仕方でなされるしかない。

　対自のこうした在り方は，先に考察した，可能という対自の在り方が，過去といかなる関係にあるのかをより一層明らかにしてくれる。すなわち，「対自が自己を捉えていると考えたその瞬間に，そして，……それが在るところのものを自己へと告げ知らしめていると考えたその瞬間に，対自は，〔未来の自己へと向かって，現在の〕自己を逃れ出る」（p. 560, 下902頁）。なぜならば，「対自は，まさにそうすることによって，それが在るところのものとは他のもので在りうる，ということを承認する」（p. 560, 下902頁）からである。

　こうした記述から明らかとなるように，サルトルは，現象学一般と同様，物理的な時間の流れだけではなく，楽しい時間は早く過ぎるといったいわゆる心的時間の流れも，時間そのものとして捉える考え方を否定する。そうではなく，対自は，自らの脱自作用において，自己を時間化するのであり，この時間化によって，われわれは，いわゆる物理的時間や心的時間を捉えうるだけなのである。物理的時間や心的時間をわれわれに可能ならしめるものを，サルトルは，「根源的時間性」（p. 196, 上281頁），と呼び，次のように記述している。

　時間の継起に従って，未来は現在となり，また，「それで在るべきである」という在り方をしていた現在は「それで在るべきであった」（p. 191, 上272頁）という在り方をしている過去へと滑り落ちていく。したがって，確かに時間には，現在や過去といった，あるいは前と後といった，分離作用が認められる。しかし，過去や未来，前後という時間の順序が捉えられる以上，時間の分離作用は，「〔前や後といった〕順序そのものに内包されている，前と後との統一を……前提としている」（p. 176, 上251頁）。それゆえ，「もしも仮に時間が分離であるとしても，少なくともそれは或る特殊なタイプの分離，つまり〔分離されたものを〕再び結びつける分割なのである」（pp. 176-177, 上251頁）。すなわち，時間は，「存在統一」（p. 189, 上270頁）のもとに結びつけられており，持続としても捉えられうるのであり，このことから，人間にとっての時間の生きられ方は，以下のような複雑さを備えることになる。例えば，同じ「未来」に関してであっても，近い未来は，時間の継起に従って，過去の未来として現在となりうる。他方，遠い未来は，現在においてもやはり未来である。前者において，現在となった未来は，それでもなお，過去にとっての未来として，現在の対自

に現われうる。しかしながら、この時に、「現在は、過去にとっての未来としての対自で在ると同時に、対自として、それゆえ未来がその存在を約束していたところのものでは在らぬものとして、自己を実現しつつ実感する」(p. 191, 上273頁) ことになる。したがって、現在へと到来したかのように思われる未来は、依然、対自にとって欠如分を含んでいることになる。他方、後者においては、現在にとってもなお未来であるために、未来は、やはり依然として欠如分を含んでいる。しかしながら、依然として未来であるとはいっても、対自がそこにおいて可能性を実現しようとそこへと自己を投企しなくなれば、いわゆる物理的時間においては未来であるにもかかわらず、未来それ自体は「可能性という未来自身の性格を失う」(p. 191, 上273頁) ことになる。例えば、昨日は、3日後に、すなわち今日から捉えれば2日後に当たる日に、或る可能性を自分の実現すべき可能性として捉えていた。しかし、今日になって、私が、その可能性を、過去における自分の可能性としか捉えないのであれば、この未来は、この可能性へと向かって自己を投げ出す場ではもはやないのである。

このように、かつての未来が、現在になり、過去へと流れ去っていくという事態には、過去を携えた現在の自己を未来へと向かって超出していく、という対自の脱自的な構造そのものが含まれている。しかも、時間が流れ去っていくことについて、人間は、常に非定立的意識を携えている。こうした対自の脱自的構造としての時間を基盤としたうえで、対自は、その状況に根ざし、それぞれの投企において、時間を経験していく。

サルトルは、対自が時間を経験する際の在りようを、非常に豊かに記述している。その具体的な内実は、次章以降で事例に即しつつ考察するが、対自にとって時間はそもそもどのように経験されているのか、という点については、ここで明らかにしておきたい。

われわれは、他ならぬ現在の自分自身の背負っている過去を、何らかの投企の中で、例えば後悔したり、誇らしく思ったりする。このことからも明らかなように、対自がその欠如分を埋めるべく未来へと向かって自己を投企することにおいて、欠如を備えた自己の携えている過去は、過ぎ去った過去として現われる。それゆえ、「現在的な存在は、……自分自身に固有の過去の根拠である」(p. 158, 上221-222頁) ことになる。そうである以上、「私は私の過去で在る〔＝私の過去を存在する〕」(p. 158, 上222頁) ことになるのである。

しかしながら同時に，「私は，私の過去で〔かつて〕在ったのであるから，〔現在において〕私の過去では在らぬ」(p. 160, 上225頁)。例えば，過去における私の疲労は，現在における私の疲労ではない。過去のこうした，一見すると撞着する在り方は，「それで在らぬところのもので在り，それで在るところのもので在らぬ」という対自の逆説的な構造の，時間化作用における意味を明らかにしてくれる。すなわち，「私が私自身に固有の過去で在らぬのは……私が私の過去で在らぬために私の過去で在るべきである限りにおいて，また，私の過去で在るために私の過去で在らぬべきである限りにおいてである」(p. 161, 上227頁)。そうである以上，現在としての対自は，それで在ったがゆえに，今はそれで在らぬところのものの過去の根拠であり，このことをサルトルは，例えばポールは疲れていた，と過去形で述べる時に，「現在のポールは，過去において疲労をもつことに対し，今現に責任がある」(p. 158, 上221頁)というように，現在の対自が過去に対して責任をもつという独特の仕方で表現する。

また，対自の脱自作用を，観点を変えて述べるならば，次に述べるように，未来においてそれが在るべきところのものは，対自が現実存在たる自己を捉えるのと同時に対自に訪れる，と言い換えることができる。すなわち，先に述べたように，未来における自己とは，対自が，欠如分を回復したならばそうなるはずの，全体としての自己のことである。それゆえ，「未来は，私がそれで在るべきところのもので在る」(p. 170, 上241頁)，という在り方をしていることになる。ただし，私がそれで在るべきである，という在り方は，「私がそれで在らぬ〔という在り方をする〕ことができる限りにおいて」(p. 170, 上241頁) しか可能にならない。それゆえ，対自の基本的構造が過去においてみいだされたのと同様に，未来においても，対自は，いまだそれで在らぬ自己で在るべきであるという意味で，それが在らぬところのもので在るのである。

自己の投企において，それで在ったところのものとしての過去と，それで在るべきところのものとしての未来とが同時に生起するというこの脱自作用は，それ自体，自己への現前という在り方をしている。したがって，自己へと現前することと，現に在るところの自己を超出していくこととは，同じ事態を別の側面から記述しているに他ならない。このことは，「現前」を意味するprésence というフランス語が，同時に，「現在」という意味をもあわせもつことからも間接的に窺える。すなわち，このフランス語に含意されているように，

自己への現前化作用，脱自作用という動きそのものが，現在として経験される時間性なのである。

　以上のことから明らかとなるように，時間性の三つの次元に従って対自が出現する様を，サルトルは，対自は，過去において「自分が在るところのもので在らぬ」のであり，未来において「自分が在らぬところのもので在る」のであり，現在において「それが在らぬところのもので在り，それが在るところのもので在らぬ」（p. 183, 上 260 頁），と記述する。すなわち，「意識の時間とは，己自身へと向かいつつある（à elle-même）それ自身の未完成であるところの全体性として，自己を時間化する（se temporaliser）人間存在のこと」（p. 196, 上 280 頁）であり，対自が世界へと投げ込まれ，脱自していくことそのものが，時間化作用なのである。したがって，そもそも，「時間性はあるのではない」（p. 181, 上 259 頁）。「ただ確かな存在構造を備えた或る存在だけが」，すなわち脱自という根源的な在り方を備えている対自だけが，「自分の存在の統一性において時間的で在りうる」（pp. 181-182, 上 259 頁）のである。

　サルトルにおける以上の対自の在り方は，過去における自分の在りように拘泥し，また，未来における自分自身に対し欠如という在り方でしか在りえない，人間の根源的な在り方である。そして，過去における自分の在りようを背後に携えた現在の自己について，過度なまでに拘らずにはいられない思春期の子どもたちは，まさに，こうした欠如としての対自の在り方そのものを存在している，と考えられる。こうしたことから，本書では，サルトルの意識－対自論に依拠することによって，思春期の子どもたちの生を理解したい。

　以上のことからすれば，サルトルがいうように，「対自は，時間的という形のもとでなければ存在しえない」（p. 182, 上 259 頁）ことになる。対自は，流れゆく時間についての非定立的意識を常に携えており，また，未来における自己へと向かって現在の自己を脱自していくという動きそのものの中にあって，この動きとしての時間そのものである。それゆえ，対自の在りようは，常に，時間的な形式において捉えられる必要がある。そうであるからこそ，本書では，時間性の観点から，個々の事例における子どもたちの生を理解していくことになる。ホームにおいて，養育者と関わりながら，自らの脱自の仕方そのものに根源的な変様を蒙っていく子どもたちの，投企するそのつどに味わうことになる，困難さや辛さや，また時には喜びといった豊かな生を解明することが，本

書の目指すところなのである。

1) 従来のサルトル哲学の研究においても，人間の生が具体的な出来事の中で解明されなければならないことは，しばしば強調されてきた（cf. 竹内, 1972, iii 頁以下）。しかしながら，いずれの研究においても，サルトル哲学を，具体的な現実的出来事の中で理解するこれまでの試みは，不十分といわざるをえない。
2) サルトルは，煙草を数える者の意識を例にとり，意識の作用について考察している（cf. p. 19, 上 26 頁）。ここでは，本書で考察する事例の手がかりとなるように，ホームで営まれている日常に即してサルトルの記述を捉えたい。
3) 「了解」という語を，サルトルは，『存在と無』で，ハイデッガーの Verstehen から援用し，はっきり認識していないが漠然と捉えているといった事態を表す言葉としているが，サルトルにおいては，ハイデッガーにおけるこの語の術語的な意味合いはもっていない。
4) existence という語は，現象学の文脈では，しばしば，「実存」の意味で用いられる。しかしサルトルは，être を術語として用い，他方，existence という語を，術語ではない意味での「存在」として用いている。そこで本書では，文脈に応じて，existence に「存在」等々の訳語を充てる。
5) 道具とのこうした関わり方については，サルトルは，ハイデッガーの思索を手がかりにしている，と考えられる。なお，この引用文における「道具存在」の原語は，ustensile réalité であるが，この語はサルトルにおける術語とはいえず，直前に記述されている，人間存在（réalité humaine）という語との対比から用いられた，と考えられる。
6) 先に，知覚は無化作用を前提としていることを考察したが，知覚は，そのつどの射影を超出するという作用においても，人間的行為である，といえる。

第Ⅱ部　事例研究1：対自存在に着目した子どもの意識の解明

第Ⅰ部では，自己へと現前することによって深い変様を蒙らざるをえない，という人間の意識に独特の在り方を明らかにした。とりわけ，ホームで生活する子どもたちは，思春期にあるだけでなく，意識の現前する先である自己の携えている過去が非常に辛いものであるために，自己への現前によって蒙る変様も，より一層深くなる。第Ⅱ部では，それぞれの過去を携えた人間が未来へと自己を投企していく，という対自の根源的時間化作用に関する前章での考察に依拠し，子どもたちが，養育者との関わりの中でいかなる変様を遂げるのかを，以下の時間の三様態に即して考察したい。すなわち，今現在の自己へと現前する在り方（第3章），自己の過去を引き受けていく在り方（第4章），未来へと自己を投げ出す在り方（第5章）に定位しながら，事例に即して，ホームでの出来事を考察したい。

第3章　現在において脱自する対自

第1節　ホームにおける日常生活の意味

　本書で考察するホームは，定員数が男女合わせて6名であり，自立援助ホームが制度上取りうる最も小規模な形態である。ホームの建物は，都市郊外の住宅街にある，ごく普通の大きな一軒家である。建物の設備としては，キッチン，広いダイニング，浴室，3ヵ所のトイレ，養育者の部屋の他に，子どもたち用に，一人部屋が2部屋，二人部屋が2部屋用意されている。林さん夫妻は，子どもたちが，寝食といった日常的な場面において，自分の家庭では味わうことのできなかった温かな家庭体験をしてほしいという想いから，一般的な家庭用住宅において，夫婦職員によって自立援助ホームを運営している。

　ホームで生活するのは，原則として15歳以上の児童であるが，中学卒業と同時にそれまで生活していた施設からの退所を余儀なくされ，早生まれであるために，14歳でホームに入所し働き始める子どももいる。少年院や児童自立支援施設といった更生施設を出た後，家族が引き取りを拒んだために行き先を失った子どもや，親からの苛烈な虐待から逃れるために遠隔地から入所してくる子ども，自立と挫折とを重ねホームに計7回も入退所を繰り返す子ども等，非常に多様な子どもたちが様々な辛い過去を抱えてホームで生活する。こうした子どもたちに共通するのは，ホーム入所以前の生活において深刻な虐待を受けてきた，ということである。近年，被虐待による福祉施設への児童の措置が増える中，一般に，自立援助ホームには，とりわけ重篤な虐待を受けた子どもたちが措置されることが多く，当ホームも例外ではない。また同時に，こうした辛い過去を携えていることと密接に関わるのであるが，多くの子どもたちは，深刻な非行の表出を契機としてホームに入所することになる。

　子どもたちは，ほぼ次のような経緯を経て，ホームで生活することになる。通常の場合，ホームへの入所は，児童相談所や，他の施設の職員から打診される。養護施設や児童自立支援施設等，他の児童福祉施設から入所する子どもた

ちは，多くの場合，まずホームを見学し，ホームでの生活の様子について，林さんやハル子さんから説明を受ける。そのうえで入所を希望する子どもは，1,2回の「体験入所」を経験する。体験入所後，子どもたちは，ホームに入所するかどうかを最終的に自ら決定する。これまで経験しなければならなかった辛い境遇を当人が選ぶことなく強いられてきた子どもたちだからこそ，ホームで生活するかどうかを自分の意志で選択させることが重要である，と林さんは考える。

ホームに正式に入所した子どもは，林さん夫妻のアドバイスを受けながら，条件に合う仕事を自分で探して就業することになる。多くの子どもは，ホーム入所当初は勤め先でトラブルを起こしたりする等してなかなか仕事を続けられないが，そのつど，再就業にチャレンジすることになる。失敗を何度も繰り返しながら，安定して仕事ができるようになり，ホームでも社会でも充実した人間関係が築けるようになるまで，約半年間から3年の間ホームで生活し，自立の準備を進める。

ホームでの生活は，原則として，次のようになっている。起床時刻は，各自の仕事に合わせて子どもが自由に決定し，子どもたちの多くは，午前7時頃に起床する。ハル子さんによって各自に用意された朝食をとって出勤し，午後7時半に始まる夕食までに帰宅する。夕食を終え，自分の食器を洗った後は，自室に戻るのでも，ダイニングで林さんを中心にした対話に参加するのでもよいことになっている。10時半までに入浴を済ませ，11時には就寝する。自分の衣類の洗濯や自室の清掃は，各自の仕事となっている。

こうした子どもたちは，本来ならば当然身につけているはずの基本的な生活習慣が欠けていることを，日常生活の中でしばしば露わにする。例えば，家計のやりくりをしている親の姿にほとんど触れたことのない子どもは，今後の生活のためにお金を計画的に使うべき，という価値観を身につけていないことが多く，1ヵ月分の小遣いを一日で使って何の疑問も後悔も抱かない子どもさえいる。ホームでは，他の多くの自立援助ホームと同様，働きながらお金を貯めること，1ヵ月に3万円の食費（＝施設利用料）を納めることが決められている。給料日になると，子どもたちは，ハル子さんと共に，1ヵ月間のお金の使い方を振り返り，ホームに借りたお金や食費等を清算する。小遣いとして3万円を確保し，その他，交通費や昼食代を計算し，残った額を，ハル子さんに預

けて貯金する。子どもたちにとって，こうした作業を毎月繰り返すことは，計画的で適切なお金の使い方と同時に，将来の自分の在り方を堅実に思い描くことそれ自体を学ぶ貴重な機会となっている。

また，ホームに来るまで，入浴する習慣のほとんどなかった子どももいる。この子どもは，単に衛生感覚が欠如しているだけではない。彼は，ホームに入所するまでの十数年間，入浴後の清潔感に伴う気持ち良さや，そうした気分の中で世界や他者と関わる在り方を知るだけの働きかけを，出会ってきた誰からも受けられずに生きてきたことになる。

あるいは，出勤時にハル子さんから初めて「いってらっしゃい」と声をかけられた瞬間に，ぎょっとした表情を浮かべる子どももいる。この子どもには，挨拶が習慣化するのに必要となるはずの，挨拶を交わし合うことを自然なこととみなす他者関係そのものが，また，挨拶の習慣化を可能ならしめる，他者からの日々の何気ない心遣いが，損なわれ続けてきた，といえる。

とはいえ，林さん夫妻は，基本的な生活スキルを身につけさせることや，挨拶の習慣を覚えこませること自体を目指しているわけではない。むしろ，これまで誰にも迎え入れられずにきた子どもたちを心から受け入れ，温かくもてなすことが，ホームにおいて最も重要なケアになる，と林さんは語る。林さん夫妻のこうした想いが最も強く込められているのは，食卓の場面である。というのも，昼間，ホームの外で働く子どもたちに対しては，ゆっくり時間をかけて夕食をとり，対話を大切にしながら時間を共有することが，最大のケアとなるからである。ホームでは，週に1日程度の休日には友人と遊んで遅く帰宅することはあっても，原則として午後7時半までに帰宅し，夕食を全員でとることになっている。林さん夫妻は，多くの言葉をかけるよりも，美味しい食事を一緒に食べ続ける方が，傷つけられてきた子どもたちを癒し，力づけることになる，という考えのもとに，食事の時間を，子どもたちへの最も基本的なもてなしとして非常に重んじている。林さん夫妻のそうした想いは，「子どもは，ただ料理を食べるのではない，作ってくれた人の想いを食べるのである」，という林さんの言葉に如実に現われている。

林さん夫妻のこうした考えのもと，ハル子さんは，非常に豊かな食卓を毎晩整える。例えば或る日の食事のメニューは，「赤飯，ニラの酢の物，マグロの刺身，ブリの照り焼き，牛肉のたたき，ビーフとジャガイモのグラタン，キン

ピラゴボウ，味噌汁。デザートにロールケーキ」，となっている。子どもたちは，約2時間かけて，フルコースのような食事に舌鼓をうち，林さんやハル子さんとの対話を楽しむ。ホームに入居した当初はおとなとの対話に苦痛を感じる子どもたちも，次第に食卓での対話を楽しむようになる[1]。

　ホームで生活する子どもの中には，保護者から十分な食事を与えられてこなかったためか，入所当初に極端な過食を示す子どももいる。あるいは，厳しい施設でしつけられたり，保護者から虐待を受けてきた子どもたちは，しばしば，食事の間中，叱られることのないように緊張している。例えば，刺身を冷やすための氷まで食べてしまった或る子どもにとって，食事は，残すことの許されないものでしかなく，それゆえ，自分が美味しく味わえるようにと誰かが配慮してくれている可能性など思いもよらなかった，と考えられる。

　こうした子どもたちは，それまでの生活で損なわれ続けてきた，美味しい食事を安心して食べるという体験によって，初めて，喜びや感動に満ちた生き生きとした在り方となっていく。例えば，数種類の刺身が出されても，異なる種類であることにさえ気づいていなかった或る子どもは，林さんから「どの魚が好き？」，と問われることによって初めて，刺身の味の違いを気にかける，という経験ができるようになる。また，誕生日をホームで初めて祝ってもらった或る子どもは，「私のために，ありがとう」と涙ぐみながら喜んだ。彼女は，自分の存在を肯われ祝福されることを，初めて体験したのであろう。

　安心して食事を味わえる経験の積み重ねによって，子どもたち自身の中に，ゆったりした雰囲気が育まれていくようになる。過食を示していた子どもも，3ヵ月も経てば，普通の食事量で満足できるようになる。子どもたちのこうした変化に関し，林さんは，子どもたちの過食は，愛情への強い飢餓感から生じるのであり，自分が愛され大切にされているという最も基本的な信頼感が獲得されれば，ぴたりと止まるものだ，と語っている。

気晴らし
　ホームの食卓においては，料理が豊富で美味しいだけでなく，賑やかな対話によっても楽しく雰囲気づけられている。とりわけ，林さんは，しばしば子どもたちをからかったり，皮肉や冗談を言ったりして，食卓に笑いをもたらす。例えば，仮病を使って仕事を休んだ子どもに対し，林さんは，ニヤッと笑いな

がら,「可哀相に,今日はステーキなのに病気じゃ食べられないね」,と言って,当の子どもが慌てる様子を他の子どもたちと一緒に笑いながら見ていることがある。また,林さんにからかわれた子どもからも,「あら？ 私,耳が悪くなったみたい。林さんが何言ってるのか全然聞こえませんよ」,といった言葉が返される等,軽妙なやり取りがしばしばなされる。林さんも子どもたちも,こうした対話を楽しみつつ,時にはお腹が痛くなるほど笑い転げたりするのである。

　サルトルは,冗談やからかい合いに満たされたこうした日常的な営みを,「気晴らし（distraction）」(p. 79, 上109頁),と呼ぶ。われわれは通常,気晴らしをしつつ,楽しみながら,日常生活を大きな齟齬なく送っている。ホームの子どもたちも同様に,気晴らしつつ楽しく過ごす日々の積み重ねによって,それまでの不安定で怯えてばかりいた,あるいは無気力であった様子から,和やかで生き生きとした在り方へと変わっていくことになる。

　しかしながら,ホームでの気晴らしは,一般的な家庭における,冗談を言って楽しむといった気晴らしとは大きく異なる意味をも備えている。というのも,本章以降で詳述するように,深刻な虐待を受けてきた子どもたちにとって,ホームで生活する以前に体験してきた食卓はしばしば辛い思い出を伴うものだからである。事実,或る子どもは,食事を楽しんでいる最中にふと,「うちではご飯っていっても,みんなが食べてる間,私はさ,親に怒られて廊下で立たされてたんだよねー」,と寂しそうに呟く。また,食事中に,自分が昔住んでいた場所や当時の思い出を楽しそうに語り始めた或る子どもが,当時の辛い出来事を思い出したのか,突然口ごもり,泣き出しそうになって慌ててその話題を打ち切る,といったこともある。こうした子どもたちは,不意に露わにされる自分の辛い経験から逃れるために,食事が常に楽しく雰囲気づけられており,いつでもその楽しさへと気晴らしできることを,切実に必要としている,と考えられる。

　ホームにおける気晴らしのこうした意味が如実に明らかとなるのは,いつまたおとなから叱られてしまうかわからない,という恐怖を感じていた樹理さん（16歳）の様子においてである。樹理さんは,或る日,林さんが楽しそうに話し出した,スーパーマーケットでの出来事について,「怒鳴りつけた」という林さんの言葉に触発されたかのように,週刊誌で読んだ芸能人の噂話へと話題

をいくらか強引に変えてしまった。明るい表情の中にも，鋭い視線で場の様子を詳細に把握し，的確に対応しようと振舞っていた。当時の樹理さんの普段の様子からすれば，こうした噂話がホームでは望ましい話題とみなされていないことに，彼女自身が気づいていたはずである。にもかかわらず彼女がこうした話題へと自ら話をずらした以上，彼女は，「怒鳴りつけた」，という林さんの言葉に続くであろう話題によって自分自身が脅かされかねないことを敏感に感じとり，そのことを避けるために，それまでの文脈とは全く関係のない，週刊誌で読んだ話題を慎重に選択していた，と考えられるのである。

このように，子どもたちの明るい振舞いや，気晴らしとしての対話は，同時に，過去の辛い思い出から逃れたい，という想いや，食事の場面においてさえ何らかの辛い出来事に出会わされる可能性を何とか回避したい，という想いの現われであることも少なくない。

他なる可能性の無化による可能性の実現

ホームの子どもたちは時に，楽しく過ごす自分の可能性を，楽しく過ごせなくなる可能性を打ち消し押しやる，という仕方で強く意識させられることになる。例えば親から虐待を受けて育った子どもは，たとえ親と楽しい時間を過ごせた時があったとしても，そうした楽しさは束の間のものでしかなく，いつまた親からの虐待が始まるともわからない，という恐怖に苛まれてきたはずである。それゆえ，そうした子どもにとって，楽しく過ごせる可能性を立てることは，おとなから叱られるとか，過去の被虐待経験が話題となってしまう，といった「他なる（autre）諸可能を立て」，これを退けることにより「背景として，その上に」当の可能性を浮かび上がらせる（p. 68, 上94頁），という仕方でしか可能とならなくなってしまう。楽しさが束の間しか続かないからこそ，こうした子どもたちは，楽しさをより切実に求めずにはいられなくなる。しかし同時に，自分が楽しく過ごそうとする可能性を切実に望めば望むほど，自分が楽しく過ごせなくなる可能性もが際立たせられることになる。すなわち，楽しく過ごす可能性は，楽しく過ごせないという可能性を「保持されるべきではない」可能性として常に退け続けることによってしか，保持されなくなる（p. 68, 上94頁）。こうした時には，子どもたちは，楽しく過ごそうとする可能性とは反対の可能性を，自分自身の可能性として，ありありと意識せざるをえなくなる

のである。

　ホームの子どもたちにとってのこうした可能性において典型的となるように，自分の可能性が自分にとって問題となるのは，安心して非反省的に生きることができなくなる時である。サルトルが述べるように，「行動のさなかにある人間の意識は，非反省的意識である」(p. 74，上 102 頁)。すなわち，われわれは，日常生活の中で行動している限り，自己の在りようを定立していない。例えば朝仕事に行こうとしている時に，われわれは，今自分はどのような可能性を実現しようとしているのか，本当にこの可能性を実現すべきだろうか，等と自問することなしに，目覚まし時計のアラームを消し，ベッドから起き上がる。こうした一連の行為は，私は自分の仕事に対しいかに行動しようとしているのか，この仕事は本当に他ならぬ私の仕事なのか，といった自己に対する「問い〔を立てること〕を回避させてくれる」(p. 75，上 104 頁)。こうした仕方で，「われわれは，諸行為を立てる前に行動している」のである (p. 75，上 104 頁)。とりわけ，習慣化された具体的な行為は，その可能性を実現するよう自分に「要求を……与えるのは自分である，すなわち，自分でありそして自分だけである，という不安な直観から私を守ってくれる」(p. 75，上 105 頁) のである。

　しかしながら，子どもたちは時に，例えば前日職場で大きな失敗をしてしまったり，林さんに強く叱られた後でひどく意気消沈していたり，あるいは，既に関係を断ち切ったと思っていた昔の不良仲間から遊びに行こうと声をかけられたりして，仕事に出かけるのに困難さを覚える。こうした時，彼らは，朝目を覚ませばすぐさま非反省的に起き上がり服を着替える，という仕事に行くための可能性を実現できなくなる。彼らは，仕事に行くという可能性を定立的に意識し，同時にそれとは他なる可能性を，つまり，仮病を使ったり，昔の仲間に会いにいくという保持されるべきでない可能性を，まさに自分の実現しうる可能性として強く意識せざるをえなくなる。

　こうした時，子どもたちは，強い誘惑を伴って訴えてくる，保持されるべきでない諸可能性を，自ら否定し続けなければならなくなる。確かに，仕事を休めば給料が得られないという事実や，林さんに叱られるだろうという予測や，仕事をクビになるのではないかという恐怖は，子どもに自らの職務を果たすことを促す。しかしその恐怖は，職務の遂行を促すだけであって，「何ものも，そうした行動を保持することを私に義務づけることはできない」(p. 69，上 95

頁）。そもそも，対自は自由であることからは逃れられない以上，私の行動を決定するのは私であって，私だけでしかない。しかも，仕事に出かけることが困難であるからこそ，この「自分でしかない」という事態が，当人にありありと実感されることになる。というのも，仕事に出かけることを選択するのが自分でしかない以上，同時に自分は，仕事に出かけないことも選択しうるからである。自分のこうした自由をありありと実感した時に，人間は「不安に陥る（s'angoisser〔＝自らを不安ならしめる〕）」（p. 66, 上92頁），とサルトルは指摘する。

では，サルトルの述べる不安とは，どのような事態のことであろうか。このことを明らかにするために，どうしても万引きが止められないという，ホームの子どもたちがしばしば訴える経験を，不安についてのサルトルの記述に即しながら考察したい[2]。

サルトルにおける恐怖と不安

或る少年は，約百件もの万引き行為が発覚し，ホームに入所することになった。林さんによれば，この少年は，皆に「いい顔」をしようとして，万引きを繰り返してしまった，ということである。林さんのこうした話からは，この少年は，万引きそのものは悪いことと知っていた，と考えられる。しかし彼は，万引きの瞬間には，自ら進んで万引きをするのではなく，万引きをしなければ，例えば，友人たちに弱虫とバカにされ，仲間外れにされる以上，万引きはやむをえない，というように考えていたのではないだろうか。もしも一度万引きを拒めば，万引きする勇気のない弱虫だという友人たちからの評価は，半永久的に自分についてまわる。一度付与されたそれらの評価を払拭するためには，さらに大きな代償を払わなければならなくなる。このように彼は，所属グループにおける人間関係，力関係といった，「普遍的決定論に帰属するいくつかの原因」を考え，そうした原因によって現実となる脅威について「様々な予想」（p. 67, 上93頁）を抱く。この時，彼は，自分を，その決定論に従う「世界の一対象で……ある」と，すなわち自分のおかれているグループ内の一対象であると捉え，自分の行為が決定論に組み込まれた「一つの事物のようなものとして自己自身に与えられている」（p. 67, 上93頁），とみなさざるをえなくなる。

こうした事態に臨んだ時に陥っている際の意識の在り方を，サルトルは，後

に考察する「不安」と峻別し,「恐怖 (peur)」(p. 66, 上91頁), と呼ぶ。この少年は, 友人たちから強制されたから自分は万引きをせざるをえないのだ, というように, 因果論的決定論に従って自己を捉え, 万引きをしなければ仲間はずれにされるといった恐怖を抱いている, と考えられる。もしもそうならば, この時, 万引きという行為の可能性は自ら能動的に選択されるのではなく, 万引きを強制している他者という「〔私の〕外から私のもとへとやってくる」のであり,「私はそれらの諸可能性に殉ずる仕方で受動的に存在する」(p. 67, 上93頁) ことになる。

あるいは, この子どもは, 自分は周囲から強制されて万引きせざるをえなかった, と捉えていながらも, 同時に,「強制されて万引きをしてしまったのは, 自分の意志が弱かったからだ」, というように捉えて, いわゆる道徳的反省を行なっているかもしれない。もしもそうならば, 彼は, 自分の性格が原因で自分の行為が引き起こされた, と捉えていることになる。確かに, 第2章第2節で考察したように, 人間が捉える自分の内面や本質といったものは, 本来確固たるものとして捉えられないはずの在り方を, 自らの安心のために心理的決定論に則って説明する虚構でしかない。しかしながら, そうした捉え方をする時には, すなわち, 万引き行為の原因が自分自身にある, と捉えている時には, その子どもは, 確かにその時の状況は自分に万引きをするように強いていると感じていながらも, 同時に, 自らにそう強いるのは, 自分自身の性格である, すなわち自分自身であることをも捉えていることになる。そうである以上, 彼は, その状況下で万引きをするかどうかは最終的には自分の決定に委ねられている, ということをも漠然と了解しているはずである。すなわち, こうした仕方で反省しようとする子どもは, 自分の性格や動機を手がかりにしつつ, 意識の半透明性により, 自己自身へと向き合っていることにもなる。

自分が悪かった, と反省したならば, 子どもは, 自分の意志が弱いから万引きをしてしまった, と考え, 二度と万引きをすまい, と堅く心に誓うであろう。しかしながら, 反省による真の苦悩は, ここから始まる。というのも, 先に考察したように, 或る可能性を立てることは, それとは他なる可能性を一旦立ててそれを背景へと退かせることによって初めて可能になるからである。すなわち, 万引きをしない可能性は, 再び万引きをしてしまうかもしれない可能性を一旦立てて, それを無化することによってしか, 私の可能性として現われえな

いからである。

　過去において自分に強く言い聞かせた，「もう二度と万引きをすまい，次こそは意志を強くもとう」という決心は，友人から再び万引きを迫られるような状況に至るまでは，自分を万引きから引きとめてくれるように思われる。これほどに強く決心したのだから，そして実際もう二度と万引きをしたくないと彼自身が思っているのだから，彼は，もう二度と万引きをしないはずである。両親や，親身になって自分を心配してくれる人たちの悲しみや怒りを，あるいは自分自身の弱さに対して感じる不甲斐なさや情けなさを，彼は自分自身に万引きを禁じる状況として総合的に把握する。しかしながら，現実に，友人たちを前にして，自分が万引きするかしないかを選択しようとするまさにその瞬間に，彼は突然気づかされる。過去の決心はもはや過去の決心でしかなく，それは今自分を万引きから引き止めることに対しては「全面的に無効なもの」である（p. 70, 上 97 頁），と。なぜならば，万引きをしない可能性は，万引きを「することが〔自分の諸可能の中の〕他の一つである……ことと同様，自分の諸可能のうちの一つでしかなく，もはやそれ以上でもそれ以下でもない」（p. 70, 上 97 頁）からである。彼は，自分が万引きをするかしないかを実際に選択するその瞬間には，万引きをしないというそれまでの決心から切り離されて，自分の行為を新たに選択するしかないからである。しかも，万引きする可能性が自分の可能性である以上，この可能性の無化もまた，私自身によってしか実現されえない。そうである以上，万引きを再びしてしまうという「可能が存在しないことの，途絶えることのない源泉は，私だけでしかない」（p. 68, 上 94 頁）。万引きを二度としない，という既に決定され限定されている未来は，私には与えられていない。万引きをしないという行動を，「可能なものとして……構成する際に，この行動は〔他でもない〕私の可能である，というまさにその由ゆえに」，私は，こうした行動を保持するよう私に強いることができるものは何もないことを，「自分に了解させることになる」（pp. 68-69, 上 95 頁）。そして，万引きをしないという「その可能性についての意識を私がもっているというまさにその事実によって」，過去のこの決心は，自分を万引きから引き止めるには何ら効力を発しえないがゆえに，「凝固させられており……超出されている」（p. 70, 上 97 頁）ことになる。彼は，再び自ら万引きをしてしまうのではないか，と感じ，不安に陥る。

第 3 章　現在において脱自する対自　　　　　　　　　　　63

　以上の考察からすれば，万引きをしない可能性を立てることは，万引きをしてしまうかもしれない可能性を立ててこれを背景へと退かせる，すなわち無化することと裏表の出来事であることが明らかとなる。それゆえ，彼は，万引きをしないことをより一層強く決心すればするほど，万引きをしてしまうかもしれない可能性をも，同時により一層強く意識せざるをえなくなる。あれほど強く自分に言い聞かせたにもかかわらず，あれほど強固な決心を固めたにもかかわらず，いやむしろ，あれほど強く自分に言い聞かせ，強固に決心を固めたからこそ，万引きすることを「自分に禁じるものは何もない（rien）という気づきと共に，不安が訪れる」(p. 70, 上98頁)ことになる。
　第 2 章第 2 節で述べた「無（néant）」という術語は，この「何もない」という事態を表している。万引きをすまいという過去の決心は，すなわちこれからなす自分の行為は，「それが私の意識にとって存在しているという事実によって，もはや自分ではない」(p. 70, 上97頁)がゆえに，無によって，自分から，また自分の性格や動機といった説明からも切り離されている。不安において子どもたちが捉えざるをえないのは，無によって，あらゆる決心から切り離されている自分の行為，あらゆる説明から切り離されている自由な自分自身なのである。

不安からの逃避
　自己に向き合わされた際に人間が陥るこうした不安を考慮すれば，楽しく過ごす可能性を実現しようとしながら同時に味わうであろうホームの子どもたちの辛さが，より一層明らかになる。彼らは，どのような楽しい可能性を立てても，その可能性と相反する辛い可能性を意識せざるをえないのであり，自らの自由でもって，そのいずれかの可能性を選択しなければならない。サルトルが述べるように，そもそも可能性は，「必要条件として，〔その可能性と〕相反する（contradictoire）諸行動の可能性や……逆の諸行動の可能性を備えている」(p. 68, 上93-94頁)。しかしながら，通常われわれは，自分の可能性や，その可能性と相反する可能性について意識しないですむ。というのも，日常的な営みの中で非反省的に可能性を実現している時の人間は，「その可能性〔が何であるのか〕を把握することができる状態にあるのではなく」(p. 75, 上105頁)，自分の可能性を存在するという仕方で非定立的にその可能性を意識しているだ

けでしかないからである。こうした在り方においては，「私の行為は，私の諸行為が私の諸可能性を実現する瞬間に，その可能性が何であったのかを」，行為している私自身が実感するという仕方で，「私に開示してくれる」(p. 73，上102頁) のである。

　しかしながら，自分の可能性を問題とせざるをえない場合には，その可能性と同時に，相反する可能性までもがありありと実感させられることになる。子どもたちは，自分の可能性を深く捉えれば捉えるほど，不安に陥らざるをえなくなる。そうであるからこそ彼らは，自己自身と向き合い不安に陥ることによる辛さを避けようとして，自己の在り方そのものから，様々な仕方で逃避せざるをえなくなる。例えば，週刊誌で読んだ話題に興じていた樹理さんは，「怒鳴りつけた」という言葉によって想起される，彼女自身の過去の行為にまで言及されてしまう可能性を常に意識しながら，その可能性が実現しないようにと，自ら気休め的な (rassurant) 話題を選択せざるをえない。あるいは，過去の辛い出来事に関する記憶に思いがけず触れてしまった子どもは，辛くない話題を選択し続ける，という可能性を自ら実現し続けることによって，かろうじて，自分自身の辛い過去と向き合わされる事態から逃れることになるのである。

　以上のことからすると，気晴らしという在り方は，一見すると，自己に向き合うことのない不誠実な在り方のようにも思われるかもしれない。しかしながら，サルトルが強調しているように，逃避的な在り方自体が，そもそも，「われわれの生 (vie) の最も普通に経過していく (courant) 状況」(p. 73，上101頁) における意識の在り方なのである。

　ホームの子どもたちがしばしば直面するように，われわれも，非反省的な行為の次元に留まり，起床したり，会社に出かけたり，食卓で楽しいお喋りに興じる，といった日常的な営みにおいても，対処するのに困難になる事態にも遭遇することがある。こうした際に通常われわれは，例えば，自分の性質や本質によって自分の行為を説明しようとしたり，「万引きを人から強制された」というような弁解をしたり，自分が生まれ育った環境のせいにしたりするといった，或る原因によって何らかの結果が生じる，とみなす因果論的な考え方をとる。しかしながらこうした考え方も，実は，無によってあらゆる説明から切り離されたところの自己自身と向き合おうとすることからの逃避である。しかし，不安では在らぬという可能性の実現は，不安で在るという可能性を無化するこ

とによってでしかもたらされない限り，やはり不安に陥る可能性に常に晒された在り方で在る，ということにしかならない．ホームで暮らす子どもたちが生きざるをえないのは，こうした可能性に晒された日常なのである．

　以上で考察したように，ホームの子どもたちは，自分は再びいわゆる不良グループの仲間との関係に戻ってしまうのではないか，再び万引きをするような弱い人間になってしまうのではないか，といった不安に陥る可能性を携えている．そして，そうした可能性を携えている自己へと適切な仕方で現前し，その自己を乗り越えていくことが求められる．しかし，自己と向き合うことは容易でないばかりか，そもそも，第2章第2節で考察したように，自己へと現前する対自は本来，自己を決して捉えられないという苦悩の中に在る存在である．とりわけホームで生活する子どもたちは，現前するべき自己自身が，大切に育てられるはずの家庭で暴力を受け続けた自分であったり，何度も警察に補導されるような自分であったりと，非常にネガティヴな基調で彩られている．それゆえ，ホームの子どもたちは，そうした自己自身を乗り越えていくためには，通常われわれの味わうよりはるかに深い苦悩へと導かれることになる．そうである以上，彼らが自己との向き合いから逃避せざるをえないのは，通常われわれが自己から逃避している以上に当然のことといえる．

　しかしながら，逃避するためには，自分の逃避するべき事態が何であるのかが捉えられていなければならない．したがって，逃避とはそもそも，逃避すべき事柄に一旦臨んで，そこからの逃避であるしかない．この意味で，逃避しながらも，子どもたちは、不十分ながらに，自分自身と向き合っていることになる，といえる．サルトルは，こうした仕方での自己との向き合いとして，「われわれを即自存在の中へと投げ入れる脱自」，すなわち，次節で考察することになる，因果論によって自分の在り方を説明する脱自と，「われわれを非-存在の中に拘束する脱自」（p. 82），すなわち，本章第3節で考察することになる，自己欺瞞によって自己から逃れていく脱自とを挙げる．

　では，これらの逃避は，具体的にはいかなる仕方でなされることになるだろうか．次節以降では，事例に即してこの問題を明らかにしたいが，本節で確認されるべきなのは，以下のことである．すなわち，ホームの子どもたちにとっては，逃避において臨まなければならない彼ら自身の生の辛さゆえに，逃避そのものまでもが非常に辛いことになる，ということである．例えば，何らかの

辛い出来事を思い出した際に，通常われわれは，辛くない出来事を容易に定立しえる。他方，過去の経験の基調全体が辛いものであり，辛くない出来事を容易には定立できないホームの子どもたちは，辛くなかった出来事を強いて取り出し，自分の過去の出来事は楽しかった，というように意味づけざるをえなくなる。事実，子どもたちはしばしば，「お姉ちゃんと遊んで楽しかった」とか，「先生に褒められて嬉しかった」，といった言葉を口にし，思い出話に自ら興じようとする。彼らは，そうすることによって，自分の辛さそのものから何とかして逃避しようとせざるをえないのである。子どもたちに自己自身へと向き合うことを養育者が求め，また，そうした時に味わわざるをえない子どもたちの辛さを受け止め支えるためには，食事や休息といった日々の生活が，養育者によって濃やかに支えられており，冗談を言い合い，楽しく雰囲気づけられていることが，子どもたちにとっては必要不可欠なはずである。子どもたちがホームにおいて体験するはずの喜びや楽しさは，それが自己と向き合う辛さと背中合わせであり，また同時にそうした辛さを体験したとしても自己を保持することを可能ならしめてくれる支えであるからこそ，通常われわれが体験している単なる楽しさよりも，より一層意味深いこととなる。

第2節　因果論に基づく逃避

前節の最後で述べたように，サルトルは，自己を即自へと投げ込む逃避と，自己を非-存在へと拘束する逃避との，二つの逃避の在り方を挙げる。本節では，前者について考察したい。すなわち，因果論的決定論に基づくことで，自分の振舞いを即自の在り方でもって説明しようとしながらも，その説明に安住できない子どもが，養育者の支えによって，自己へと次第に向き合うようになり，またこの向き合いを通して現在の自己を超出していく過程を考察したい。また，後者については，第3節で詳しく考察したい。

自己の本質を捉えることによる逃避

教育や養育場面において，いわゆる道徳的反省が子どもたちに求められる際には，しばしば，自分と向き合い，自分の性格や本質を的確に捉えることが重要である，とされる。例えば，万引きやいわゆるユスリ，違法薬物の使用等々

の非行を表出した子どもたちには，なぜそのようなことをしてしまったのか，そのような行動をとってしまった自分の本質はいかなるものなのかを捉える内省がしばしば求められる。しかしながら，自己の本質を捉えるという，一見すると自己自身と真摯に向き合う在り方に思われる試みも，捉えられる自己と捉える自己との差異を乗り越えていくという仕方で自己へと現前する対自の本来の在り方からすれば，自己を固定的で即自的なものとして捉えることでしかなく，真の意味で自己と向き合うことではない。

では，そうした仕方で自己から逃避している人間の意識の在り方はいかなるものであろうか。この観点から，林さんとの関係への苦悩を垣間見せる，洸君（17歳）の意識の在り方を，事例に即して考察したい。

洸君は，非常に気が利き，人懐っこく，人当たりの良い少年であり，一見して「良い子」といった印象を筆者は抱いた。しかしながら林さんは，洸君がホームで暮らし始めて数ヵ月経つと，彼のいわゆる愛想の良さを強く叱ったり咎めたりするようになった。林さんから幾度も否定され続けるうちに，入所当初はいつもにこにこしていた洸君にも，深刻な苦悩の表情が少しずつ現われるようになっていった。次の記録は，まさにそうした時期に，筆者がホームに行く途中の電車の中で，帰宅途中の洸君に偶然出会った時の出来事である。

【なんちゃって】XXX0年3月9日
「そんで昨日また怒られて，こっちはそれ以来林さんと会話してないんですよ。せめてもの抵抗」。洸君は笑いながら言ったけれど，その言い方には，隠しつつも，かなりの悔しさが滲んでいるように私には感じられた。(略)「でも〔口をきかなくても〕林さんには堪えないかもねえ」，と私が言うと，洸君は苦笑していた。そして，唐突に，「大君〔＝当時ホームで暮らしていた別の少年〕(17歳)と林さんって性格が似てるんですよ」，と洸君は言う。「おれは正反対」。洸君は，淡々と言う。「おれ，人良さそうに見えるでしょう」，と洸君が言うので，私は頷いた。「『なんちゃって』ですよ」，と彼は言って，自嘲気味に笑った。「でも『なんちゃって』でもいいかなって，このまま人良さそうに，世渡り上手になっておこうかなって思うんですよね」，と洸君は言う。「林さんにはそういうのすぐに見破られちゃうでしょう」，と私が言うと，「はい，林さんはもう全然だめ。すぐにばれた」，と言って洸君は笑った。

この場面において，洸君は，筆者に問われるより先に，この記録場面の前日に林さんに叱られた話を始める。この時の洸君は，確かに笑っているものの，その表情や言葉の端々には，林さんとの「喧嘩」に対する悔しさが滲んでいるように筆者には感じられた。

　林さんによれば，筆者が洸君に対して抱いたのと同様，洸君は，家庭裁判所や保護観察官等々からも，「良い子」と言われてきた，という。それゆえ，自分と向き合うことなく生きてきてしまったことや，また「良い子」として振舞わずにはいられないことこそ洸君の課題である，と林さんは考え，洸君に対して厳しく接した，ということである。林さんの知る限り，洸君にとって家族以外のおとなからこれほど厳しく接され，強く否定されたのは，初めての体験であっただろう，という。そうであるならば，この時期に洸君が味わっていた辛さは，林さんから叱られたり咎められたりする辛さだけには留まらないはずである。洸君にとっては，そうした体験自体が未知のものであり，それゆえ，林さんの言葉によればいつも器用にそのつどの場面を切り抜けてきたそれまでとは異なり，彼は，この事態にいかに臨み対応したらよいのかさえわからない困惑に放り込まれたことになる。さらにまた，林さんの叱責は，洸君の行為の一つひとつを個別に否定するだけでなく，「良い子」という，彼自身が自己を支える基盤として捉えてきたであろう，自身の在り方そのものを否定し，彼の実存までをも揺るがしたはずである。

多様な仕方での逃避

　洸君のこうした状況を考慮すれば，洸君が上述の場面において，筆者に自ら自分の体験を語ろうとすることは，こうした深い辛さから彼なりに逃れようとすることであった，と考えられる。とりわけ，林さんの働きかけが，自己自身と向き合うことを求めるからこそ，洸君は，自己と向き合う在り方から何とかして逃れていかなくては自らを支えきれなくなっている，と考えられる。事実，洸君のこの時の振舞いからは，以下に記述するような複雑な逃れ方が窺える。

　洸君が試みた一つの逃避は，林さんとの間で生じた辛いはずの体験を，筆者のような，まだ出会って間もない他者に向かって語る，という仕方での逃避である。この日が洸君に会う4度目であった筆者は，この時の洸君にとって，深い信頼をもって接する他者とはなっていない。にもかかわらず，洸君は，林さ

んとの関係において最も重大となっているはずの出来事を，その程度の関係でしかない他者に吐露するのである。人間は多くの場合，自分自身の在りように深く関わる切実な問題は，他者には隠しておきたいと感じ，時に，自分の実存を支えてくれる他者にだけ，その問題を預けようとするであろう。

　しかし，林さんとの出来事をそうした他者に語るからといって，他者から初めて強い否定を蒙っているこの時の洸君が，林さんに叱られ続けることを自分にとって切実な問題としていなかった，とは考えにくい。にもかかわらず洸君が筆者にこの体験を語るのは，林さんとの間での問題によって蒙る責めに自分一人で苛まれ続けることは洸君にとってあまりにも辛いからではないだろうか。すなわち，「良い子」では在らぬ自己に直接向き合い，自分は，本当はいかなる在り方をしているのか，という問いへと導かれることが，この時の洸君には耐えがたかったからではないだろうか。

　そうであるからこそ彼は，この体験を言語化することによって，自分自身からその体験を切り離し，自分自身の蒙る辛さから逃れようとしている，と考えられる。林さんとの齟齬は，他者に語られたならば，語られた対象となり，洸君はその出来事に対して距離をもち，当の出来事を眺めることができるようになる。彼の味わっている辛さは，対象となることによって，自分の在り方を問うよう洸君に迫ってくるという効力を失することになる。しかしながら，彼がそのようにして辛さから逃れようとしていること自体が，こうした問いが成立しうることを，すなわち，実は既に自分に対してその問いが突きつけられていることを，洸君自身も実感している，ということを物語っているのである。

　そうである以上，洸君が，彼に深く関わる他者ではなく，筆者のような関わりの薄い者を相手に語らざるをえなかった理由も明らかになる。すなわち，洸君は，語ることによって即自化してしまうところの自身の体験の意味を，何かの拍子に再び自分に突きつけてくる可能性を備えていない筆者という他者に語りかけることを必要としていたのである。

　また，林さんに叱られた辛さや惨めさを，笑いながら語ろうとすることにも，洸君の逃避的な意識が現われている。洸君の言葉は，出来事を事実に即して述べながらも，その出来事に対する自分の在り方を，笑いながら語りうる，という仕方で規定する。そうしなければ，洸君は，自分の臨んでいる問いが，自分から逃れ難い深刻なものであることを認めざるをえなくなるであろう。

また同時に洸君が，自分の行為を笑い，茶化すことによって，自分の悔しさを押し隠そうとせざるをえないことからは，彼が，単に自分の臨み難い辛さをずらしてしまおうとしているだけではないことが窺える。彼は，筆者にこうした体験を話してしまうことで，本来求められているところの自己と向き合うことから自分は逃れようとしている，ということにも，非定立的に気づいているはずである。そうである以上，他者に語ることによる逃れ方は，他人にいわゆる良い顔をすることによって自分自身と向き合うことから逃避しているという，林さんによって問題とされ続けている自分の在りようそのものであることにも，洸君は非定立的に気づいていることになる。

　行為を性格で説明すること
　自己の逃避的な在り方を非定立的に捉えつつ，そこから逃れざるをえない苦しさの中で，洸君は，林さんとの齟齬の原因を，自分の性格にみいだそうとする。すなわち，自分とは異なり，林さんに叱られることのない大君という少年は，林さんと「性格が似てる」のであり，他方性格が林さんと「正反対」であるからこそ，自分は林さんとぶつかってしまう，と語るのである。
　自分の性格をこのように捉え，それを自己の本質とし，こうした本質によって自分の行為を理解しようとすることもまた，サルトルの述べるように，因果論によって自己の行為を説明することでしかない。というのも，「本質とは，行為を説明する諸性格の全体のこと」(p. 72, 上 100 頁) でしかないからである。それゆえ，サルトルはさらに，「行為は，人間がその行為について与えるすべての説明を，当の行為が超出する限りにおいてしか，人間的行為ではない」(p. 72, 上 100 頁)，と指摘する。自己の本質として捉えられるものがいかなる内実であれ，本来，そうした本質とは切り離されたところで，人間は行為している。つまり，洸君の性格がどのようなものであれ，林さんと対峙し，林さんに叱られるように振舞うか，叱られないように振舞うか，という選択を決定するのは，その時の洸君に他ならない。したがって，自分の性格が原因となって，自分は今林さんと辛い関係に臨まざるをえないのである，という捉え方は，自分の「本質の常に彼岸にある」はずの「行為」(p. 72, 上 100 頁) を，本質という虚構で説明しようとすることに，つまり，やはり自己から逃避することに他ならない。洸君が拠り所とせざるをえなかった「こうした……決定論とは，理

第3章　現在において脱自する対自　　71

論的な考え方であるよりも前に，まず何よりも弁解を導くこと（conduite d'excuse）である」（p. 78, 上108頁），とサルトルも述べる。すなわち，この時の洸君には，その問いへの向き合いに耐えることができないからこそ，本質によって自分の行為を説明することへと，逃れていかざるをえないのである。

　ここで注意しておきたいのだが，既に確認したように，不安からの最もありふれた態度とは，逃避的な態度なのであった。つまり，何らかの仕方で自己の本質を捉えようとしたり，捉えられた本質によって自分の行為を説明しようとすることは，弁解を導くことであるが，実際には最も日常的でありふれた態度なのである。われわれは，例えば自分がつい約束の時刻に遅れてしまったのは，自分が時間にルーズな性格であるからと捉えたり，あるいは，あの時ふと，約束の時刻に間に合うよりも大切なことがあると考えたから，というような動機を導き出したりする。こうした仕方で性格や動機に頼りつつ自己の行為の原因を捉えることは，自己から「逃避するための最も具体的な努力」（p. 79, 上109頁）であり，自己を捉える際のわれわれの最もありふれた在り方なのである。

　自己自身と向き合うことから逃避するという在り方は，通常の生活においては，問題とされることさえない。それどころか，何らかの仕方で自己の本質を捉えようとする試みは，内省的な試みでもあり，むしろ肯定されることさえある。それゆえ，われわれは自己の行為について，何らかの説明をすることにより，己の在りようから絶えず逃れつつも，逃れつつあることを問題とせずに生きることができるのである。自己の行為を説明してくれるその説明は，サルトルによれば，自己の在り方にとっての「拠りどころ（refuge〔＝隠れ家〕）」であり，われわれの「理想的な目標として……与えられており，われわれは，そこへ向かっていくことにより，不安から逃れることができるのである」（p. 78, 上108頁）。もしもこうした隠れ家がなかったならば，われわれはあらゆる瞬間ごとに自己の在りようを問題とせざるをえなくなり，日常生活そのものに大きな支障をきたすことになってしまう。

　他方，ホームにおいて子どもたちは，こうした逃避的な在り方も含めた，自己の在り方自体を問題とすることを求められる。自分の性格を捉えるという営みにおいてさえ，その捉え方の妥当性が常に問題とされるだけではなく，実は，そうした本質では説明されないはずの自己へと，向き合わされることになる。上述の事例時の洸君もまた，こうした仕方で自分の在り方に直面し，立ち止ま

らざるをえなかったはずである．すなわち，洸君はいつも人に良い顔をすることで「自分と向き合うことなく生きてきた」，という林さんの指摘に従うならば，この時の洸君は，自己と直面することから逃避するという仕方ではありながらも，少なくとも，林さんとの離齬はなぜ生じたのか，そうした離齬を生じさせるような自分の性格とはどういったものなのか，という問いを介して自己に向き合おうとしていたことになる．事実，洸君は，自分の性格は林さんと「正反対」である，と語るように，何とかして自己の在り方を捉えようと必死に努力しているのである．

そして，前日の出来事を茶化しつつも，自己の向かうべきところにそれとなく気づいているのと同様，自分の性格によって林さんとの離齬を説明しようとすることが逃避的な在り方であることにも，この時洸君は気づいていたであろう．というのも，洸君は続けて，「おれ，人良さそうに見えるでしょう」，と自ら語るからである．この語り方は，洸君が，自分の在り方を言語化することによってそうした在り方から距離をとっているだけではなく，他者の視点からすれば人が良さ「そうに見える」が，実は「なんちゃって」である，というように，自己の捉え方からも距離をおかざるをえない，ということを表している．

「なんちゃって」と語ることの内実

「なんちゃって」とは，「或るものを模倣しているけれども偽者にすぎない」，というような意味合いをもつ若者言葉である．洸君は，一見すると自分は人が良さそうに見えるけれども，それは人の良さを真似ているだけであって，自分の人の良さは実は偽物である，と語っているのである．洸君のこの語り口からは，次のことが窺える．まず，洸君は，自分では自分のことを「人が良い」とは捉えていない，ということである．林さんは，洸君が，表面的には人付き合いが良く，そのことによって自分を支えてきた，と指摘するのであるが，その指摘に従えば，この時の洸君は，人付き合いが良いというそれまでの自己の捉え方に関して林さんから迫られた変更を，何とか受け入れようとしていることになる．

このことは，これまでの自分の実存の支えを，彼自身が切り崩し，新たに自己を生成しようとしつつある，ということを意味している．先に考察したように，行為は本質から切り離されているのであった．とはいえ，自己の行為と本

質とは，全く相容れないのではない。むしろ，人間が本質から切り離された仕方で行為するためには，切り離されるべき本質が既にあるのでなければならない以上，やはり「行為は本質よりもはるか遠くまで進んでいくが，しかし，同一の経路をたどって進んでいくのである」(p. 81, 上 112 頁)。洸君は，したがって，これまで，他者に受け入れられる良い子として自己を安心感をもって捉え，しかも，自分の本質と捉えてきたものと同じ経路をたどるものとして実現することによって，自己の「本質に対し，安心できるような関係を……維持して」(p. 81, 上 112 頁) きたはずである。つまり，林さんからの働きかけによって，自己の本質を捉える仕方に変更を余儀なくされるということは，洸君が単に自己の在り方に否定的な意味を付与するだけではなく，これまで安定していた自分の振舞い方をも揺るがされる，ということになる。

　洸君は，このような体験をしながら，自分は，本当に人が良いのではなく，人が良いふりをしているにすぎない，ということを筆者に対して自ら認める。認めることによって，洸君は，自分が人の良いふりをしているところの即自存在から逃れ出ることになる。というのも，人間は，「それが在るところのものとして，自己を構成する」ことによって，すなわち，自分が非難されたところの者で在ることを一旦自己に対して認め，「その人はその人が在るところのもので在る」，という即自存在の仕方をすることによって，それが在るところのものから逃れ出ることができる (p. 105, 上 147 頁) からである。そしてまた，そうした者となることによって，洸君は「自分の過ちを認めるが」，しかし同時に，自分の過ちが彼の「運命を構成する，という自分を押し潰すような (écrasant) 見方に対しては，全力で闘う」(p. 104, 上 144 頁) ことになる。なぜならば，自分自身が過ちを犯した者という即自的な存在であると一旦認めることによって，洸君は，そうした即自存在を「……眺める者で在る」(p. 105, 上 147 頁) ことになるからである。

　この時，洸君が筆者のような関わりの深くない他者に対して，「『なんちゃって』ですよ」，と自分の在りようを語らざるをえないのは，否定されるところのものへと自己を即自化して乗り越えようとしつつも，自分は実は，即自的にそれで在るところのもので在らぬという在り方をしていることに，洸君自身が気づいているからではないだろうか。洸君がもしも林さんに対して自分の過ちを認めるならば，その認め方も，林さんが求める仕方でなければならなくなる。

つまり洸君は，自分は本当に反省をしているのか，ただ林さんにそう指摘されたから再び「良い子ぶって」素直なふりをしているだけではないのか等々と，林さんから迫られる可能性を感じるのであろう。他方筆者は，いまだ彼との関わりが浅く，洸君が反省し自己を乗り越えようとする仕方までも誠実でなければならない，といったことを突きつけることがない。そうであるからこそ，筆者に，「『なんちゃって』ですよ」，と語ることによって，洸君は，人が良いふりをしている，という自己の在りようを乗り越えようとするのではないだろうか。

　また，「なんちゃって」，という若者言葉は，確かに洸君の年代の子どもが用いるのに自然な言葉ではあるが，事態を茶化すニュアンスが込められていることも確かである。このことからすれば，筆者に語ることによって，自分が林さんから非難されているところのものから実は逃れようとしていることにさえも，洸君は気づいてしまっている，ということが窺われる。つまり，洸君は，自分のそうした試みの意味までをも捉えており，その行為そのものを実現することができないがゆえに，茶化すような仕方で，自己を乗り越えざるをえない，と考えられるのである。

　さらに洸君は，「でも『なんちゃって』でもいいかなって，このまま人良さそうに，世渡り上手になっておこうかなって思うんですよね」，と語る。この言葉は，自分の人の良さが実は表面的なものでしかなく，それによって世渡りをうまくするようなものでしかない，という点こそ林さんが問題としていることを，洸君が十分に知っていることを含意している。しかも，この言葉は，洸君が，二重の意味で自己を即自化しようとしていることを明らかにする。確かに，自分が人の良いふりをしているだけであることを認めるという仕方で，「過ちを定立し，その過ちを認めた途端に，自分があらゆる過ちから逃れている」（p. 104, 上144-145頁）ように，彼には思われるであろう。けれども，彼がこのようにしてそれが在るところのもので在ろうとした即自存在は，彼がこれまで生きてくる際の自信の根拠となっており，彼の体験の基盤であったはずである。そうである以上，こうした即自存在を自ら超越していこうとすることは，彼の体験を可能ならしめてきたもののすべてを否定することにもなる。それゆえ，彼が逃れようとするために自己に過ちを認めることは，非常に大きな否定を自己自身に対して差し向けることになる。そうであるからこそ，「でもいい

かなって」，という言葉を語りながら，彼は，「こっそりと，《在る》という語に備わるもう一つ別の意味へ向かって滑り込んでいく」（p. 104, 上 145 頁）。洸君は，人が良いところのものでは「《在らぬ》という言葉」を，人が良いところのものでは「《即自的に在らぬ》という意味で言おうとする (entendre)」（p. 104, 上 145 頁）。事実洸君は，林さんの働きかけに対し，「『なんちゃって』でもいいかな」，と結論づけることによって，この問題に終止符を打つのである。

　この場面において洸君は，林さんとの齟齬の原因を自らの性格にみいだし，自らを即自の中へと投げ入れることによって，本来は説明しえないはずの自分の在り方に向き合うことから逃避していることが窺える。しかし，逃避しつつも洸君は，自分の在り方に漠然と気づかされている。洸君は，この事例場面の後も，林さんから厳しい働きかけを受ける中で，深い苦悩へと導かれていった。そして，この事例の3ヵ月後，2週間にわたって無断外泊をし，警察に保護されて帰ってきた。筆者は，ホームに再び帰ってきた後の洸君に直接会う機会をもてなかったが，他の或る子どもから，「洸君はすごくすっきりした顔になって，嫌なことは嫌と言うようになった」，という話を聞いた。

　この場面の洸君に典型的となるように，人間はしばしば，因果論に頼ることで，自らの在り方から逃避する。しかし彼らは，その逃避において同時に，自分自身へと向き合わされているのでもある。ホームで子どもたちは，いわゆる道徳的反省をしばしば促されるが，その際には，それぞれ，苦悩に満ちた過程を経ることになり，この苦悩が十分な重みをもつからこそ，本当の意味でこれまでの自己を乗り越えていけるのである。

　ところで，先に確認したように，サルトルは，因果論によって自己の行為を説明づけることによる逃避とは異なる逃避の仕方として，自己欺瞞による逃避を挙げている。この逃避においてわれわれは，因果論に基づくよりも一層根源的に，自己自身へと向き合わされることになる。

第3節　自己欺瞞による逃避

気を逸らす在り方

　ホームで暮らす子どもにとっては，自分の投げ込まれている境遇そのものが，他の子どもたちではなくなぜ自分がホームで暮らさなければならないのか，友人たちには当然のごとく与えられている，安心して住まうことのできる家庭が，なぜ自分にはないのか，といった説明されえない問いに直結してしまう。それゆえ彼らは，時に，本章第2節で考察したような因果論では決して説明されることのない事態へと向き合わなくてはならなくなる。

　それでもなお子どもたちは，その境遇を受け入れなければならないからこそ，ホームにおいては，本章第1節で考察したような，寛いで，冗談を言い合ったり，気休め的な話題に興じるといった体験が重要な意味をもつ。こうした気晴らし的な在り方をすることは，子どもたちが自己へと向き合う辛さを，束の間和らげてくれる。

　しかしながら，気晴らしをして楽しく過ごすことは，自己の在り方から目を背けさせてくれるだけではない。因果論による逃避を試みることのうちに，その逃避そのものにおいて，自己自身と向き合わねばならなくなるのと同様，気晴らしをしながらも，人間は，自己と向き合うことになる。このことを明確にするために，サルトルは，気晴らし（distraction）と同じ語でもって，「気を逸らすこと（distraction）」（p. 80, 上111頁），という事態をも表す。というのも，気を逸らすことが可能となるためには，人間は，逸らされるところのものへと一旦臨まねばならないからである。

　例えば次の記録からは，本章第1節で週刊誌の話題にばかり興じていた様子を考察した樹理さん（16歳）が，ホームでの生活が落ち着きつつある入所4ヵ月後，小刻みに話をずらすことによって，対話を生きる辛さから逃れようとしている様子が窺える。

【エジソン①】XXX2年4月2日
　林さんは，樹理さんをじっと眺めて，「あなた，自分は親に虐待されたと思ってないだろうけど，あなたは虐待ケースですよ」，と言う。樹理さんは，驚いて顔を上げた。「別に虐待って殴るとか，死ぬほどご飯をあげないとか，それだけじゃない

んだよ。虐待っていうとわかりにくいかな，親からの不適切な関わり，そういうのはみんな虐待なんですよ」，と，樹理さんを見ながら林さんは言う。樹理さんは，困ったような表情になった。「思ってなかったでしょう」，と林さんが言うと，樹理さんはおずおずと頷いた。「お兄ちゃんは優秀で良い子だった。だから好き。あなたは嫌い。そういうふうにあなたは言われたの。扱われたの。たまらないよね。冗談じゃないよね。そんなの自分のせいじゃないでしょ」。林さんはきっぱりとした口調で言う。「親っていうのはさ，子どもをちゃんと愛してくれるわけじゃないんですよ。そうでしょ。出来がいいから好きになる。親なんてそんなものだよ。だけど小さい頃の能力なんて，勝手な判断でしょ，わからないんだよ。できることとできないことが人によって違うだけ。才能の場所が違うの。芸術だったり音楽だったり性格だったり。アインシュタインとかエジソンとかなんて，本当に小さい頃は学校の勉強なんて全然できなかったんだから」，と林さんが話を続けると，樹理さんは何か言いたげな表情になっていた。林さんは，「ね，天才だよ」，と続ける。樹理さんはおそるおそる，「あのね，エジソンってよくわからないんだけど」，と言った。その途端に林さんは呆れたように口を閉じてから，「まったくこの子は，何だね」，と言う。樹理さんは，表情が明るくなって，肩をすくめた。そして，「名前とか聞いたことあるけど，何した人かはよく知らない」，と言う。「いろんなもの発明した人ですよ。電気とか。今の生活のほとんどはエジソンが発明したものでなってるの。呆れたなあ」，と林さんは言う。樹理さんは林さんの説明に素直に頷いた。「でもエジソンなんて，小学校の時の成績なんてひどいんだよ。学校に来なくていいって言われたくらいなんだから。それが，世界の誇る大天才だからね」，と林さんは言う。樹理さんは興味深そうに頷く。「エジソンなんて，まだお母さんが良き理解者で，この子には人にはない何かがあるって認めてくれたからこそ良かったけどね。でもあなた方の親は違った。出来が悪かったから，あなたを認めてくれなかった。それは，虐待なんだよ」，と林さんはもとの話に戻す。樹理さんは，段々と疲れてきたような表情になってきた。小さくあくびをしている。林さんが言葉を切って考え込んだのをみて，「今日ね，CD もらったの。GAO って知ってる？」，と房江さん（17歳）に話しかける。房江さんは，「知ってる。女の人でしょ」，と語りかけに応じた。しばらく二人が音楽の話をしていたが，林さんが「ほらほら，話を逸らさないでよ。今大事な話してるんだからさ」，と言うと，二人とも黙ってまた林さんの顔を見た。「あなた，前僕に言ったけど，あなたの説に従うなら，虐待は繰り返すし，虐待された子は親になって虐待するんだから」，と林さんが言うと，樹理さんは小さく頷いた後，「あ」，と小さな声を出した。「私もやるかも」，と樹理さんが言うのと，「樹理説によれば，あなたも虐待するよ」，と林さんが言うのが同時だった。樹理さんは頷いた。

多くの福祉施設では避けられることであろうが、この場面における林さんは、樹理さんが親から虐待されてきたことを、樹理さん自身に直接伝える[3]。樹理さんは、この場面の以前には、無断外泊を繰り返したり、或る子どもの私物を無断で使ってしまったり、別の子どもと齟齬をきたしてその子どもがホームから出て行ってしまうという事態を引き起こしたりする等、非常に多くの由々しい問題を起こしていた。林さんは、樹理さんのこうした振舞いには、ただ単に友人と適切に付き合えないだけではなく、他人を巧みに「操作する」という根深い問題が現われている、と感じていたそうである。そして、樹理さんがそうした問題を抱えているのは、彼女が、母親からの非常に深刻な虐待を受けてきたことと深く関わっている、と考え、樹理さんに、被虐待の事実を告げたそうである。後に筆者が聞いたところでは、樹理さんは非行を主要な措置理由としてホームに入所したが、その際に、母親からの虐待を受けてきたことも、林さんは児童相談所から通知されていた、という。彼女の被虐待の問題は、彼女がまだ小学生の頃に、学校から、心理判定を受けるようにという通告をされ、児童相談所の調査によって明らかになった、ということであった。小学生に心理判定を受けるよう指示されることはあまり例のないことで、それだけ虐待が深刻であったことが窺える。

　本章第1節でも考察したが、樹理さんは、ホームで生活し始めた当初、週刊誌で読んだ話題にばかり興じていた。彼女のこうした振舞いからは、自己自身と向き合うことを何とかして避けようと、彼女が常に強く意識していたことが窺えた。林さんは、そのようにして自ら常に話をずらしている樹理さんに、本当の意味で自己と向き合い、現在の自己を超出させていくためには、事実を直接指摘するという、樹理さんにとって非常に辛い働きかけをせざるをえないのではないだろうか。

　樹理さんは、「あなたは虐待ケースですよ」、という林さんの言葉に、驚いたように顔をあげる。自分が親から虐待された子どもであるという指摘は、樹理さんの存在は親からは拒絶されてきた、という非常に辛い意味を含んでいる。そうであるがゆえに、この場で交わされている話題全体は、樹理さんにとって、いたたまれない想いを抱かざるをえなくなるようなものになる。気休め的な話題をしばしば自ら提示する樹理さんの普段の振舞い方からすれば、この時も樹理さんは、何とかして話題を転じようとしていた、と考えられる。しかし、林

さんの口調は真剣であり、雰囲気は張りつめ、樹理さんにはこの対話の流れを変えることができない。

そうであるからこそ、「エジソンってよくわからない」、と林さんに話しかけ、「まったくこの子は」、と呆れられることが、樹理さんにとっては必要なのであろう。林さんが呆れることによって、樹理さんの問題の中心は、彼女の母親との関係や彼女の存在そのものから、彼女の知識へと、一瞬、移動することになる。この時に樹理さんは、エジソンを知らないことは、林さんに呆れられることはあっても、彼女の存在そのものは否定されることにはならない、ということまで、十分に理解している。というのも、彼女はエジソンを知らない者で自ら在るのであり、安心しつつそう在ることによって、虐待されたもので在るところから自己をずらし、不安から逃れ出ようとしているからである。

中心を外す在り方

この時の樹理さんのような在り方を、サルトルは、「自分がそれで在るところのもの (ce que je suis)」から、「中心を外す (décentrer)」(p. 82, 上114頁) 在り方、と記述する。中心を外すことこそ、それが在るところのもので在らぬのであり、それが在らぬところのもので在る、という対自の根源的な在り方なのである。とりわけ、何かの中心から自己を逸らしつつ、そうした在り方をしていることを自己自身に対してまでも隠そうとする対自のこうした在り方を、サルトルは、「自己欺瞞 (mauvaise foi)」(p. 82, 上114頁) と呼ぶ[4]。自己欺瞞において、私は、自分自身の在り方から目を逸らすことになる。しかしながら、サルトルが指摘するとおり、私が或るものを見ないでいるためには、「自分が見たくない側面に関し、私は、〔その側面を〕正確に存在している (je suis précisément)」(p. 82, 上113頁) のでなければならない。樹理さんは、家庭の問題や、また自分がそこから逃れていることを「……考えないよう用心するために、……その側面を常に考え続けなければならない」(p. 82, 上114頁)。それゆえ、この時、林さんからの話題に向き合うべきでありしかもそこから逃れようとしている、という樹理さんの「不安は、実をいえば、覆い隠されえないし、回避されえない」(p. 82, 上114頁) のである。この時の樹理さんにおいては、自分が向き合わなければならない状況を前にしての「不安」と、「不安のうちに志向される目標」と、エジソンの話題へとずらすことによる「不安か

らの逃避」とが,「同一の意識の統一性において与えられていなければならない」(p. 82, 上 114 頁)。それゆえ彼女は,「不安から逃れるために自ら不安を存在する (je suis mon angoisse)」(p. 82, 上 114 頁) しかなくなるのである。

　樹理さんが話の中心をずらしつつ会話を進められるのは,彼女が,この時話題になっていることの核心を見抜いているからに他ならない。このことが端的に明らかとなるのは,音楽の話を始めた樹理さんに向かって,林さんが,しばらくその様子を見守った後に,「話を逸らさないでよ」,と言うことからであり,さらには,そう言われた樹理さんがすぐにもとの話題に戻れることからである。樹理さんは,戻るべき話題が何であるかを正確に知っているからこそ,そのこととは何ら関わりのない話題が何であるかをも的確に捉えたうえでその話題をもちだし,それに興じることができるのである。

　また,「話を逸らさないでよ」という言葉からは,戻るべき話題が何であるかを樹理さんが知っていることや,彼女がそこから逃げ出したがる理由を,林さんが十分に配慮している,ということも明らかとなる。林さんの考えでは,母親との関係は樹理さんにとって重要であり,避けては通れない問題だったはずである。実際林さんは,樹理さんが話をずらそうとしても,当の話題を変えることなく続けていく。しかし同時に,この時樹理さんが蒙っていた辛さは,「たまらないよね。冗談じゃないよね。そんなの自分のせいじゃないでしょ」,という,彼女の立場に寄り添う言葉と共に語られているとしても,決して拭われうるものではないことを,林さん自身が痛感しているはずである。そうであるからこそ,林さんは,樹理さんがエジソンの話題をもちだして中心を外すことを,すなわち話題を少しずつずらしながらその話題の周辺に留まることを,許しているのであろう。ただし,樹理さんが,音楽の話へと話題を変えた時には,林さんはしばらくその対話を聞いたうえで,自ら話題をもとに戻す。「エジソンってよくわからない」,という樹理さんの言葉も,音楽の話を始めるという彼女の行為も,同様に,この対話の辛さから逃れたいという彼女の想いの現われであるであろう。ただし,後者の話のずらし方は,そのままにしておくならばもとの話題に戻ることができなくなるようなずらし方となっている。樹理さんは,エジソンの話へと少しずつ対話をずらしながらも,ずらすためにずらされるところの虐待という話題を考え続けなければならないがゆえに,ずらす行為そのものによって,より一層深い辛さへと陥ることになる。そうである

からこそ，彼女は，話題そのものを，音楽へと，根本的に転換しなければならなくなったのではないだろうか。また，林さんによる話の戻し方も，「樹理説によれば，あなたも虐待するよ」という，聞く者は思わずどきりとさせられるような，強い意味の言葉でなくてはならなかった，と考えられるのである。

あなたは被害者であるだけではなく，加害者にもなりうるという指摘は，樹理さん自身の在り方に対する，非常に強い否定である。しかもこの言葉は，林さんに誘導された形で，樹理さんが自ら，「私もやるかも」，と述べるのと同時に発されている。自らもこの言葉を発することは，樹理さんにとって，この話題から逃れられなくなる，ということを意味している。事実，樹理さんは，もはや話をずらすことができなくなり，黙り込んでしまう。

【エジソン①】の場面は，次のように進んでいく。

【エジソン②】XXX2年4月2日
少しして，「さっきからあなたの例を出して悪いけどさ」，と林さんが言った。樹理さんは戸惑ったような笑顔になり，「いや，別に全然いいんだけど」，と言う。林さんもにやっと笑って，「そうだと思うから出してるんだけど」，と言うので，樹理さんもいつもの冗談めかした調子で，「まあね」，とおどけて見せる。林さんはすぐにまじめな口調になって，「でもね，本当は平気じゃないんだよ。自分は平気だと思ってるけど，あなたの拠点はそこにあるの。それは覚えておいて」，と言う。樹理さんはまた戸惑ったような表情になり，「拠点って意味がわからない」，と言った。林さんは少し考えて，「拠点っていうのは，そうだねえ，あなたの心の問題は全部そういう親の虐待だったっていうこと。あなたの親があなたに対して正しい関わりをしていなかったことに，あなたのひずみは全部出てきてるの」，と言う。樹理さんは「ひずみって何？」，と尋ねる。「あなたが人に対して操作したり，悪口を言ったり，そういうのがみんな，もとは親から可愛がられなかったことからきてるっていうこと」，と林さんは言葉を選びながら言う。樹理さんは，少し考え込むように遠い目になった。そして，「なんか，小さい頃から慣れっこになってたからわかんない」，と言った。林さんは目を細めて，「うん，そうだろうね」，と言った。（略）「あなたは5人兄弟だったっけ。下に？」，と林さんが言うと，「下に妹と弟」，と樹理さんは答える。「小さい子っていうのはさ，下に妹とかできるとぐずるの。寂しいからね。今までずっと可愛がってくれたお母さんが急に下の子にかまいだすでしょ。そうするとね，注意引き行動っていってね，必ずお母さんの気を引こうとするんだよ。だけどそれは，全部悪いことをするわけ。（略）本当は親はそれは認めて

あげなきゃいけないんだけど，それが親は我慢できない。だからあなたはダメな子みたいに思われたんじゃないの」，と林さんはゆっくりと言う。樹理さんはぐるりと目を回して考え込んでいたようだが，「そう。おばあちゃんは，そうだったって言ってました」，と言う。林さんは「そうでしょう」，と頷いた。「なんか，私小さい時はすごい可愛がられたらしいんですよ。(略)それが，下に妹が生まれてからね，すごい悪い子になったみたい」，と樹理さんは説明する。(略)「子どもはみんなそういうのを抱えて生きてるんだよ。反抗はして当然のことなの。そういうのをおとながきちっと受け止められない時に，子どもの方はどんどんひずみが出てくる。そういうのがあなたの拠点なんだよ。それを忘れないで」，と林さんは言う。

　樹理さんは，話をずらしつつも，自分がずらしたいと感じざるをえない当の事柄を，的確に了解していたであろう。しかも，【エジソン①】の最後で「私もやるかも」と自ら語っているように，樹理さんは，少なくとも林さんが樹理さんの生い立ちを虐待と捉えていることは否定できない，と感じつつある。林さんの言葉の一つひとつを確認しつつも，「よくわかんない」と語る彼女の言葉は，そうはいっても，彼女自身は虐待と認められずにいることを何とか表明したいという，彼女の必死の想いの現われなのではないだろうか。

　樹理さんが自分の体験を虐待とは呼べないまでも，徐々にその辛さを認め始めると，林さんは，彼女の体験が，妹の誕生という，誰の非でもない出来事に起因する，と説明する。この言葉によって樹理さんは，母親から厳しくしつけられてきた自分を責めることからも，また母親を咎めることからも解放されつつ，自分の体験を捉えることが可能になる。

　幼児期は母親から可愛がられたという樹理さんの言葉は，親から虐待されたという林さんからの指摘をもはや否定しきれなくなった樹理さんが，自分の体験におけるより幸福な場を照らし出そうとするものである。樹理さんは，この試みによって，林さんの指摘を否定できないまでも，彼女自身による彼女の体験の意味づけが異なる，ということを示そうとしているのではないだろうか[5]。

　この一連の事例で典型的となるように，ホームでは，子どもたちの核心的な問題について直接的に話し合うことが重要な働きかけとなっている。そして，本書を通じて考察することになるが，こうした対話によって，子どもたちは，確かに変化していく。しかし，実際には，こうした会話によって子どもたち自

身は深刻な辛さを体験せざるをえない。また林さん自身も，そうした子どもたちと関わることから生じる辛さを体験している，と考えられる。そうであるからこそ，こうした辛い対話を可能にするために，共にずらし合う，という関わりがなされなくてはならないはずである。

　林さんは，たとえ問題とされるべき振舞いを子どもがしてしまった時にも，その子どもを問いつめてはいけない，と筆者に語ってくれたことがある。なぜならば，問いつめると子どもは逃げ場を失ってしまうからであり，一度叱った後は，その子どもが気持ち良く過ごせるようにしてあげることが養育者の勤めである，というのである。林さんのこうした言葉の内実は，サルトルがまさに「中心を外すこと」という言葉で述べたところのものであろう。子どもたちに逃げ場を失わせることは，子どもたちを当該の問題に向き合わせることにはならないのである。むしろ，子どもたちは，林さんとの間で互いにずらし合うことによって，辛さを逃れつつも，辛さを生じさせる当のものを十分に了解しているのであり，こうした了解に支えられた関わりが，林さん自身重要と考えているであろう，子ども自身の核心的な問題について話し合うことを可能ならしめている，と考えられるのである。

　本章では，自己から逃れるという仕方で自己へと現前する対自の在り方に着目し，現在において自己を超出していく子どもたちの在りようを考察した。子どもたちがそのつど現前する自己は，それぞれに固有の過去を抱えたものとして今ここに在るものである以上，彼らの生を彼らの過去と切り離して捉えることはできない。そこで次章では，子どもたちにとって過去はいかなる仕方で経験されるのかを明らかにしたい。

1) こうした対話を子どもたちが集中して楽しめるようにと，児童福祉施設としては非常に珍しいことであるが，ホームには，テレビが設置されていない。
2) 以下で考察する，万引きを二度とすまいとする過去の決心に対して子どもが抱く不安は，賭博台に向かう男の不安としてサルトルが考察している，過去に対する不安という事態を，本書の文脈に合わせるべく変更して記述したものである。
3) この場面で行なわれているような，被虐待の事実を子ども自身に伝えるといった働きかけは，臨床心理学の立場から，望ましくない，とみなされるかもしれない。また，本書でいくつかの事例に即して考察することになる，子どもを厳しく叱責したり，子どもに

強い否定的言葉を投げかけたりする等々の子どもにとって非常に辛い体験となる関わりも，教育や養育の立場から，なされるべきでない，とする見方もあるかもしれない。しかし，それぞれの事例についての考察でも述べるように，こうした関わりが子どもを大きく変えることもある。それゆえ本書では，こうした関わりが子どもの意識にどのような作用を及ぼすのかを明らかにすることにより，これまでは避けるべきとされていた関わりについて再考するための手がかりを探ることも目指したい。

4) mauvaise foi について，『存在と無』の訳者である松浪は，訳註において，一般に「『不誠実』あるいは『不誠意』とでも訳せば通るのであるが，サルトルの場合には，『自己に対する不誠実』の意味で」用いられているために，「自己欺瞞」という訳語を充てている，としている（サルトル，1999，上 542 頁訳注）。そして，「内容的にいえば，みずからそれと意識しながらの，自己欺瞞であり，気やすめであり，盲信である」（同所），としている。さらに，ドイツ語訳者ハウス・シェーネベルクは，この語に「Unaufrichtigkeit」（S. 119）という訳語をあてている。『Sagara Großes deutsch-japanisches Wörterbuch』によれば，Unaufrichtigkeit は，「まっすぐに起す，直立させる」という意味の動詞である aufrichten に形容詞の接尾語 -ig と，「否定，欠乏，反対」の意味をもつ接頭語 un をつけた unaufrichtig が，さらに接尾語 keit によって名詞化されたものである。形容詞 unaufrichtig は，相良守峯（同書）によれば，「不正直な，不誠実な，ずるい」といった意味をもっているとされており，それゆえ Unaufrichtigkeit は，不正直なこと，不誠実なこと，ずるいこと，といった意味をもつことになる。しかし，Unaufrichtigkeit という言葉は，上述したような仕方で成り立っているため，その語感として，まっすぐに立っていないこと，直立していないこと，といった意味を含意していることになる。そして，『存在と無』における「自己欺瞞」は，自分を不安たらしめるものが何であるかを見ないことによって，不安から逃れようとする意識の在り方であり，私が私の在るところのものに対して中心を外すこと，中心をずらすことである，といえる。こうしたことから，「自己欺瞞」とは，不安から逃れようとするために，意識を不安ならしめているものの中心から自己をずらそうとすることである，と解釈することができる。したがって，本書では，日本語の「自己欺瞞」という言葉がもつ否定的な含意を不適切に与えることを避けるために，文脈に応じて，「自己欺瞞」という言葉の代わりに，「中心を外すこと」，あるいは「ずらすこと」という言葉を用いたい。

5) 樹理さんが自分の家庭での経験をその後いかにして引き受けていくことになるかは，第 4 章第 3 節で考察したい。

第4章 過去を自己の事実性とする意識

第1節 サルトルにおける過去とホームの子どもたちの過去

ホームの子どもたちの過去経験

　前章で考察したように，ホームで生活する子どもたちは，日常的な営みの中で，また時には養育者からの密接な働きかけの中で，自己へと向き合い，自己を超出していく。この時に超出される自己とは，子どもたちが過去におけるそれぞれの経験を積み重ねてきた結果として，彼ら自身に備わっている今の在りようである。ホームの子どもたちの過去における経験の内実は，各々の背負っている様々な経験の内実の多様性をあえて捨象し，ホームで暮らすという観点から一言でまとめれば，生まれ育った場所から幼くして切り離されなければならなかった，という辛さに要約されるであろう。

　本章で詳しく考察するように，人間がいかなる仕方で自己と向き合えるかということは，当人が自分の過去をどのように捉えるかということと，密接に関わっている。そうである以上，ホームにおいては，子どもたちが，辛く時には凄惨ですらある自分の過去を，より適切な仕方で捉え超出していくことが，自立に向けての重要な課題となる。

　確かに，ホームの子どもたちに限らず，どのような人間にとっても，自分自身の過去と向き合うことが，しばしば非常に困難となるのは明らかである。しかし，ホームで暮らす子どもたちにとってはとりわけ，向き合わなければならない過去が，本来ならば愛情豊かに自分を育ててくれるはずの親に育てられなかった，という重く辛い内容であるだけに，より一層困難になる。例えば，自分の両親を知らない子どもや，親の繰り返しの結婚の結果，継母も合わせて母親と呼ぶべき相手が4人もいる子ども等，ホームの子どもたちの多くは，非常に複雑な環境の中で育っている。そうした複雑さを反映するかのように，自分の育った家庭や施設で出会われてきたおとなを，「ジジイ」「ババア」と呼ぶことしかできなかったり，それぞれの過去に関する話題になると不機嫌そうにダ

イニングを出て行き，自室に籠ってしまうような，自分の過去を非常にネガティヴに捉えている子どもが，ホームには多くいる。しかしまた同時に，彼らの多くは，自分の過去に対する否定的な態度を示しながらも，自分のかつての体験に対する強い愛着をも示す。例えば，次節および第5章第2節で詳しく考察するが，いわゆる不良グループに属していた晃君（16歳）は，自分のかつての問題行動を反省しながらも，そうした問題行動の背景とされる不良グループ文化に愛着を感じているようであった。彼は，林さんから「お前も昔は相当悪かったなあ」，とからかうような口調で言われると，褒められたかのように嬉しそうな様子を見せることもある。自分の過去に対するこうした愛着は，当人が自分の過去を冷静に見極めることを妨げてしまうこともしばしばある。

　多くの子どもがこうした撞着する仕方で自分の過去を捉えていることからも明らかであるように，そもそも過去は，非常に微妙で多様な仕方でわれわれに現われる。例えば，自分にとって望ましい過去は思い出として強く記憶に残り，他方，思い出したくない過去は，半ば忘れられてしまうこともある。あるいは，思い出したくないからこそ逆に強烈に記憶されることもある。すなわち，われわれは，或る出来事に対して今の自分が臨んでいる主観的な態度でもってしか，過去を振り返ることができない。それゆえ，第3章第2節において事例に即しつつ考察したように，因果論的に自己の行為を説明することは自己に対する逃避的態度であるにもかかわらず，われわれはしばしば，自分の過去に対しても，何らかの因果論的説明を携えている。とりわけ，希望に満ちた気分づけや強固な因果論的説明がなければ耐えるにあまりある辛い経験をしてきたホームの子どもたちは，しばしば，非常に楽しい思い出として自分の過去を語ったりする。あるいは，そうすることさえ不可能になり，自分の過去の辛さを一貫して説明づけざるをえなくなることもあるのである。

　例えば，親から虐待を受けてきた或る子どもは，明るく楽しい雰囲気に満ちていた家族の話をし，自分の両親についても，真面目で，教育熱心で，優しかったといった，非常に肯定的な言葉をしばしば口にする。この子どもにとって，自分の体験は，被虐待という，何ら因果論的説明を付与することのできない不合理な体験ではなく，自分が悪かったがゆえに親からしつけられた，という十分理に適った体験となっているのである。しかし同時に，他者への当の子どもの接し方は，極端に攻撃的であったり，他方で極端な愛着を示したりするとい

第4章　過去を自己の事実性とする意識　　　　　　　　　　　　　　87

った，両義的で不安定なものであることが多い，とも林さんは指摘する。

　あるいは，小学校低学年までの記憶や，中学校時代の記憶といった，或る一定の時期に関する記憶をほとんどもたない子どもにもしばしば出会う，と林さんはいう。林さんによれば，記憶の曖昧な，あるいは抜け落ちている時期は，親からの虐待や，親との離別といった，当人にとって最も辛く耐えがたかった体験をした時期に相当することが，多くの場合後になって判明するそうである。そうした子どもたちの多くは，無気力で，つかみどころがなく，仕事を怠けることもないが，何事に対しても積極的にならず，或る時不意に，タコの糸が切れたようにホームとの連絡を絶ってしまったりすることさえある，という。こうした子どもは，自分の過去について何らかの因果論的説明を加えることさえままならず，ただ茫漠と時間を過ごすことしかできずにこれまで生きてきたのであろう。

　ホームにおいて子どもたちは，より安定した豊かな未来を生きていけるようになるために，自分自身の過去を適切に捉え，受け入れていくことが求められる。本節では，対自にとっての過去に関するサルトルの記述に即しながら，子どもたち自身による自分の過去との出会いをまず一般的に明らかにし，過去を乗り越えていくことがいかに困難であるのか，また，過去を乗り越えていくことにいかなる意味があるのかを考察することにより，本章第2節以降の事例研究のための基盤を提示しておきたい。

サルトルにおける過去

　自明のことであるが，過去は現在ではなく，現在の対自は，時間的に，無によって，過去から切り離されている。しかしながらわれわれは，過去の経験と無関係に今現在を生きているわけでは決してない。サルトルは，このことを，「過去は現在的である」（p. 577, 下928頁），という言葉で表す。では，過去と現在との間には，いかなる関係があるのであろうか。

　既に第2章第2節において，サルトルと共に，対自の根源的時間化作用について考察した。この考察からも当然導かれることであるが，過去について考察するうえでまず確認されなければならないのは，「最初に普遍的な過去があり，そのうえで，この普遍的過去が，具体的な過去へと個別化されるのではない」（p. 155, 上217頁），ということである。そうではなく，「われわれがまずみいだ

すのは，個々の過去（des passés）である」（p. 155, 上 217 頁），とサルトルは述べる。

以上のことを確認したうえで，過去に関するサルトルの思索を考察したい。

サルトルはまず，過去とは，「それは……誰の過去なのか」という「問いを立てうる」ものである（p. 155, 上 218 頁），と述べる。すなわち，過去は常に誰かにとっての過去であり，このことが，われわれが過去を捉え問題とするうえで，不可欠な構造なのである。そうであるからこそ，経験的にも明らかなように，人間は，誰かのよりも自分自身の過去を問題とせざるをえない。当事者以外にはその過去の重さがいかに判断されようと，自分の過去としての出来事は，比類し難い重さを伴って，当人へと切実に迫ってくることになる。

また，過去は，確かに現に在るものとしても経験される。例えば自分が○年○月○日に誕生したことや，自分がかつて万引きをしたことや，自分がかつて親に叩かれたことを語りうるように，「対自は，出来事として在る」（pp. 121-122, 上 169 頁）。対自は，現にここで，変更し難い出来事を事実として積み重ねてきた歴史を絶えず背負っている，という在り方で存在している。実際のところ，人間には，「過去なしには，自分というものを思い描くことができない」（p. 577, 下 929 頁）。たとえ過去における出来事が，一見すると何ら問題になっていないような場合においても，私という存在には，私がそれで在ったところの歴史が溶け込んでいる。

そうであるからこそ，対自にとっての過去は，現在では在らぬものであるにもかかわらず，自分自身に作用を及ぼす。すなわち，対自は，「自分の過去との連帯から切り離されて（se désolidariser）いない」（p. 158, 上 222 頁）のである。このことは，対自にとって過去は現在的である，という先の記述の意味を，端的に表している。

しかしながら，こうした記述にとどまらずさらにサルトルは，私の過去は，「変わりえない（immuable）」（p. 578, 下 931 頁）と同時に，「変わりうる（variable）」（p. 579, 下 931 頁）ものでもある，という逆説的な言葉で過去を記述する。例えば，或る子どもが 5 歳の時に親からひどく叩かれ，骨折した，という事実は，変わりえないものである。彼が骨折したのは，自分で階段から落ちたからでも，交通事故に遭ったからでもない。この出来事という事実的存在は，それが在るところのもので在るという仕方でしか，すなわち即自としてし

か存在しえない。しかし，当人がその出来事を思い出す仕方は多様である。例えば，親から叩かれて骨折したという出来事を，親からのしつけによるものと捉えるか，たまたま親の力が強すぎたために生じた事故と捉えるか，あるいは親と自分との良好ならざる関係を象徴する出来事と捉えるかは，当の子どもが親と自分との関係をどのように捉えるのかに依る。自分の過去における自分自身の行為について思い出す場合でも，同様のことがいえる。例えば16歳の時に暴走族に属していて警察に補導された，という出来事は事実であって今後変わりえないとしても，その出来事を，暴走族で頑張っていた時期の思い出とするか，自分の弱さゆえに引き起こしてしまった事件とするかは，当の子どもが，自分の経験した過去を背景として背負っている今現在の自分自身といかに向き合っているか，ということに依っている。このように，過去は，その時どのような仕方でその過去に向き合っているかに応じて，時には全く正反対の現われ方をすることさえあるのである。

確かに，親に叩かれて骨折した子どもには，自分の親は自分を叩いて骨折などさせなかった，等という具合に，「気ままに自分に過去を与えることはできない」(p. 577, 下927頁)。しかし，その過去がいかなる意味をもつのかは，当の子ども自身によって規定されるしかない。というのも，「対自は，自らが〔投げ込まれている〕状況の意味を選択しつつ，同時に，状況における自己自身の根拠として自己を構成する」(p. 126, 上174-175頁) からである。

人間の成長過程において，自分自身の過去と向き合うことは，しばしば困難でありかつ重要な課題となる。とりわけ，以下で考察するように，ホームの子どもたち一人ひとりが携えている過去はあまりに苛酷であり，彼らにとって，過去と向き合うことは，自分の過去をいかに諦めるか，という課題へと直結する場合が非常に多い。しかも同時に，何とかして諦めなければ新たなる未来へと生きていけないほど，子どもたちの過去はそのつどの今における当人を深くからめとってしまっていることも多い。

ホームの子どもたちにとっての過去のように，その内実が当人にとって辛い時にはより切実に現われることになるが，過去は，それが自分自身の過去であることに，何の必然性をも備えていない。というのも，人間は，その誕生において，根源的に受動的でしかありえないからである。すなわち，人間には，自分の生まれる時代も，国も，両親も，選択しえないからである。例えば被虐待

児にとって，虐待する両親のもとに生まれたことには，何の必然性もない。人間がおかれているこうした必然性のなさを，サルトルは，「偶然性（contingence）」（p. 125, 上 173 頁）という語で表す。すなわち，「意識が存在していることは……偶然的であり」（p. 125, 上 173 頁），人間は，「完全に正当化されえないものとして」（p. 126, 上 175 頁）自己を捉えるしかない。「対自は，絶え間ない偶然性に支えられている」（p. 125, 上 174 頁）ものとしてしか，存在しえないのである。

そして，あらゆる人間にとって自分の境遇は偶然的であるからこそ，時には，自分の生きている状況を何とかして必然的なものにしようとしたり，自分自身にとってより良い状況とみなそうとしたりすることもある。例えば，林さんが筆者も居合わせた場で子どもたちに語った話であるが，或る子どもは，両親の離婚を体験し，離れて暮らす母親への強い愛着を示していた，という。しかし，母親は再婚して新たな家庭を築いており，彼が母親に会いに行っても，彼が望むような温かい関係は築けずにいた。彼は，母親から何度冷たくあしらわれても，母親と良い関係を築くことを諦めきれず，母親の再婚先の近隣で，様々な問題行動を示し，いわゆる警察沙汰を引き起こしてしまったそうである。

当人にとっては受け入れ難いことであるにもかかわらず，林さんの判断によれば，そして実際の結果からも明らかであるが，他ならぬ彼の偶然性ゆえに，彼の母親が彼に対して良好な関係を築いてくれることは，当初から期待し難かった，という。しかしながら，ホームでは林さんが感心するほど仕事を頑張っていたにもかかわらず，母親との関係を諦めるようにとどれほど林さんから説得されても，そして，母親にどれほど冷たくあしらわれる体験を積み重ねても，母親との関係を諦めきれないがゆえに，彼は，社会的に認められるような仕方で，いやそれどころか彼自身にとって納得のいくような仕方で自分の過去や状況を受け入れることができないまま，結局は，警察に逮捕されるに至ってしまう。

彼が母親との関係を諦めきれないのは，会いに行くたびに母親が彼に示したそっけない振舞いが，出来事としては存在しているが，彼にとっては，既に過ぎ去った出来事として以上には作用を及ぼすことのない，単なる即自的な存在でしかないからである。その日は，母親はたまたま疲れていたのかもしれない。あるいは，単に，いわゆる機嫌が悪かったのかもしれない。彼には，自分の体

第4章　過去を自己の事実性とする意識　　　　　　　　　　　91

験にそうした説明を付与することが可能であり，そうするならば同時に，彼はその体験に，母親と自分との関係を何ら明らかにするものではない，といった意味を付与することになる。そしてまた，母親が自分に一瞬示した愛情深い表情や，優しい言葉こそを，母親と自分との関係の本質を表すものとして選択せざるをえなかった，と考えられる。

　彼は，母親から冷たい言葉をかけられて帰宅した際に，例えば，林さんから説得され，その瞬間には母親への望みを断ち切ろうと決意したかもしれない。しかし，一週間後に再び母親に会いに行ってしまえば，一週間前の出来事も，林さんと話しながら固めた決心も，彼をして再び母親に会いに行くことを押し留めてくれなかったことになる。このように，彼にとって，一週間前に母親に会いに行ったという出来事の本当の意味は，すなわち彼にとって「現に在るところのもの」は，過去を反省することによってではなく，この日再び母親に会いに行くかどうかという選択において，この選択の目指す「目的」が「それを照らし出して明らかにする」ことによって，「超出される」（p. 578，下929頁）のである。ただし，彼が自分の体験に付与しようとする意味が，彼の母親には受け入れてもらえないがために，彼は，自分の付与する意味を何とかして確かなものにせざるをえない。繰り返し母親を訪ね，その場所で問題行動を起こすのは，そこに住んでいた母親に母親らしい何らかの対応をしてもらうことで，母親と自分との関係に対して彼が付与していた温かな意味を，確固たるものとしたい，という切実な想いの現われであったのだろう。

　自分がそれで在ったところのものである過去と向き合うことで過去を乗り越えていく事態を，サルトルは，次のような言葉で記述する。人間は，「その人自身の過去で在り」（p. 157，上220頁），また，「個々の存在が」「個々の過去を《もつ》」（p. 156，上219頁）。にもかかわらず，「私は私の過去ではない」（p. 160，上225頁）。一見すると撞着するこの記述は，次のように解釈しなければならない。

　私は私の過去で在らぬにもかかわらず，私が私の過去で在り，私の過去をもっているということは，私は，自分の背負うあらゆる過去の中から，具体的な行為によって，自分の過去を選択する，ということである。すなわち，「自分自身の過去を選択しないでいることはできない」（p. 578，下930頁），という在り方において，私は過去で在ったところのものとして存在している。上述した，

母親を繰り返し訪ねる子どもは，自分自身の経験した数多くの過去の出来事の中から，例えば，母親からの愛情を感じられた体験こそを彼自身の過去として選択し，「自分自身の過去で在らねばならない」（p. 578, 下930頁）という仕方でその過去を存在する。彼は，自分の「過去を〔受動的に〕受け取る」のではなく，「自分自身の投企によって〔能動的に〕その過去を現に存在するものとして支える」（p. 578, 下930頁）ことになる。しかも，彼は，自分の過去を定立し，理念的に選び取るのではなく，未来へと向かって何らかの行為をすることにより，例えば母親に会いに行くという具体的な行為により，自分自身で選択した過去の存在を実現する。それゆえ，サルトルも述べるように，「過去を選択することと，自分の行動によって過去を〔実感しつつ〕実現することとの間には，何ら差異がない」（p. 584, 下938頁）。すなわち，私が私の過去で在り，私が私の過去を選択するのである。そうである以上，彼は，母親と自分との関係に自ら意味を付与することにより，不和な両親のもとに生まれたという，彼の選択によるのではない出来事を，自ら選択した状況として，自分自身で引き受けていかなくてはならない。

　他方，私は，即自存在としての過去そのものでは在るはずがない。そうではないのは，「私が既に変わってしまったからではなく……在らぬという内的なつながりの様相で，私の存在に対応しつつ存在するからである」（p. 161, 上227頁）。そして，そうした様相で存在できるがゆえに，人間には，過去から完全に切り離されることなく，また過去そのものに囚われ続けることもなく，いわゆる過去を乗り越えていくことが可能になるのである。

　そしてまた，何らかの仕方で「過去が一旦選択されると……〔その選択に応じた〕対自の諸行動が，その過去を実現する」と共に，その過去が自分の過去であることが実感される（p. 584, 下938頁）ことになる。例えば仮に，彼が，母親のもとへと赴くことをやめるという彼自身の行為によって，母親は自分を決して受け入れてくれないことを自分自身の事実として選択する，とする。この時に初めて，彼にとって，母親との辛い体験は，過去になったものとして経験されることになる。このようにして，「対自は〔自分の〕偶然性を自分の責任で取り戻し，この偶然性を自分の中に摂り入れる（s'assimiler）」（p. 125, 上174頁），すなわち私の過去を他の誰でもない私の過去とするのである。しかも同時に，自分が決して選択してこなかったはずの境遇を，自分自身で背負うも

のとして，自分の中に摂り入れる対自には，「この偶然性を取り除くことは決してできない」(p. 125, 上 174 頁)。サルトルは，この偶然性を，そしてまた，自らの偶然性を自らの選択として引き受けていかなければならない人間の在り方を，「対自の事実性（facticité du pour-soi）」(p. 125, 上 174 頁)，と呼ぶ。

過去を超越するための手助けとしての養育者の関わり

　ホームで暮らすような，いわゆる非行を表出した子どもや，被虐待児である子どもたちが背負っている過去は，他者から肯定的に受け入れられる経験が極端に乏しいという，悲惨で辛い内容に満ちている[1]。他者に肯定的に受け止められることが少なかったという辛さは，思い出すのが辛いけれども既に手の届かない単なる過去として存在するのではない。当人にとっては，自分は誰にも肯定的に受け止められてこなかった，ということそのものが，まさに自身の本質であるように感じられ，その実感は今なお彼らを苦しめる。そして，過去に対するネガティヴな捉え方は，より希望に満ちたものとして未来を捉えることをも困難にしてしまう。それゆえ，子どもたちには，いかに過去を乗り越えるかという課題以前に，子どもたち自身が囚われてきたであろう，自分の過去に対する他者からの，また自分からの過度に否定的な見方から解放されることが，まず必要となるのである。

　或る時林さんは，子どもたちに，「皆の過去なんて関係ない，これから良く生きていけばよい，僕たちは過去にどんなことをしてきたのか一切気にしない」，と言い，ハル子さんは，措置に際して送られてくる子どもたち一人ひとりの成育歴等々もあえて読まないことにしている，と語った。ハル子さんは，「私は今ここで，あなたたちと出会って，あなたたちと一緒に暮らして，楽しい。それがいいじゃない。あなたたちが過去にどうだったっていうのは，関係ないのよ」，と子どもたちに力強く語りかけた。

　ホームで暮らすような，親からの愛情を適切な仕方で十分に受けられなかった子どもは，いわゆる「自己評価」が低い，としばしば指摘される。例えば，或る子どもが頻繁に，「だから私はこんななんですよね」，「こんな話を平気でする私もどうかしてますよね」，と暗い表情になって呟くのを，筆者は何度も目にしたことがある。このような仕方でしか自分自身を捉えられなくなる時，子どもたちは，自分の今現在の本質そのものになっているだけでなく，いまだ

実現されていない将来をも決定してしまうものとして，自分の過去を捉えてしまう。その結果，過去を乗り越えて新たな未来を生きようとするのではなく，過去をもはや乗り越える必要などないようにと，自分の将来に期待することまでをも諦めてしまう。そして，諦めてしまうことで，自分の辛さを超越したかのような在り方にさえなる。

　実際には，ホームで暮らす子どもたちは，過去と無関係に生きていけるわけではない。例えば或る子どもにとっては補導歴が，或る子どもにとっては少年院での在籍歴が，或る子どもにとっては家族との不和が，そしてまた多くの子どもにとって中卒という学歴が，ホームを出て社会に出た時に，一つひとつ，否定しがたい事実として，社会的にも経済的にも，彼らの未来に「障壁」となって現われてくる可能性は非常に高い。それゆえ，林さんやハル子さんは，ホームで共に暮らすわずかな期間の間に，こうした障壁をも乗り越えていく力を子どもたちの中に育まねばならない。そのためには，子どもたち自身がこれから生活する際に障壁となるものとして存在している過去と向き合うことが必要となる。そしてまた，本章第3節で考察するように，林さんは，子どもが過去を乗り越えていくために，当の子どもと共に，その子どもの過去を直接問題として取り上げ話し合いを重ねることもある。

　しかしながら，ホームの子どもたちの過去のように，その過去があまりにも辛い時，過去は十全な過去として，すなわち，即自化された過去として現われてこない。そうであるからこそ，林さんやハル子さんは，子どもたちに向かって，少なくとも自分たちは，子どもの過去のいわゆる非社会的行為や，そうした行為に対するネガティヴな評価や評定から，彼らを判断したり捉えたりしていないことを，強調するのであろう。そして，これまでは肯定的に見守られていると十分に実感できる体験のあまりに乏しかったであろう子どもたちに，自分をポジティヴに受け入れていく可能性を示すのであろう。

第2節　子どもたちそれぞれにとっての過去

　第1節で素描したように，ホームで暮らす子どもたちは，ホームで暮らすことに不可避的に含まれている，それぞれに固有の辛い過去を抱えている。しかも，すべての子どもたちにとって，過去は，辛い内容を含みながらも，同時に，

第4章　過去を自己の事実性とする意識　　　95

ホームで暮らしているという事実を含め，今自分の在るところを支えるもの，あるいは，今自分をそう在らしめているものでもある。それゆえ，この過去を適切な仕方で引き受け乗り越えていくことこそ，ホームで暮らす子どもたちにとっての大きな課題である。

　本節では，子どもたちに固有のそうした過程を，4人の子どもの在り方に即しながら考察したい。

自分の本質を規定するものとしての過去
　彩子さん（16歳）は，ホームに来て間もない頃，何かの折に，ふと，「どうせ私はヤクザの娘だから」，と呟いたことがある。彩子さんは，林さんから見ると，自分自身に対する絶望感に苛まれており，どれだけ頑張っても自分には意味がないと感じている，ということである。そうであるならば，彩子さんには，自分の育った家庭環境や生育歴といった，自分が背景として背負っている諸々の事柄が，まさに自分自身の本質や将来を規定するものとして現われてしまっていることになる。

　しかしながら，第2章第2節と第3章第2節において考察したように，自分の本質を捉え，その本質を自分の行動の原因とみなす決定論に従うことは，自己の自由を実感することからの逃避的態度にすぎない。したがって，彩子さんが，自分の育ってきた環境や家族関係を自分の本質とせざるをえないことも，やはり，逃避的で弁解的な態度であることになる。自分の本質をそのように捉えることによって彼女自身が深く傷ついている以上，一見すると，彩子さんはあえてそのように自分を捉えるのをやめることにより，辛い想いを味わわなくてすむように思われる。にもかかわらず，彩子さんが，自分の過去を，あるいは自分の育ちそのものを，自分の本質と捉えてしまうことは，彩子さんの次のような在り方を明らかにしてくれる。

　第3章第2節で考察したように，本質とは，本来は説明のつかないはずの人間の行為を説明してくれるものである。すなわち，「どうせ私はヤクザの娘だから」，という捉え方は，彩子さんがその時々で味わわなければならなかった辛さに対して，或る種の説明をしてくれることになる。こうした説明は，彩子さんが，一個の対自として，実は「無によって自己の本質から切り離されている」（p. 72, 上101頁）ことを彩子さん自身に対し覆い隠してくれる。彼女は，

例えば友人関係や，学校や施設の内外における行動の仕方等，日常生活の隅々にまでわたって，彼女の可能性を規定してきたであろうところの自分の生い立ちを彼女の本質とみなす。このことにより，自分の生い立ちを乗り越えてやり直すために，諸々の状況を押しのけていくという可能性を自分に与えることから，彼女は逃れようとする。というのも，彩子さんが自分の状況を変えようとすればするほど，そのために乗り越えねばならない自分の状況を直視することになる以上，状況の困難さは，彩子さんにとってよりありありと実感されてしまうからである。そうであるからこそ，彼女は，「われわれを取り囲んでいる空虚を満たし，過去から現在への，現在から未来へのつながりを復元してくれる」（p. 78, 上108頁）ことになる，自分の生い立ちに基づく説明によって，自分が辛い境遇に甘んじているだけの無規定な存在でしかないことから逃避できるようになるし，また逃避せざるをえないのである。

しかも，自分の過去を自分の本質として捉えることは，彩子さん自身が自分の過去を，自分自身のものとして選択している，ということでもある。彩子さんが林さんに対して徐々に漏らすようになった彼女自身の過去にも，筆者自身が彩子さんから直接聞いた思い出の端々にも，家庭や養護施設で彼女の味わってきた言いようのない辛さが滲んでいる。そして，自己を或る存在として立てるやいなや，その定立そのものによって，われわれはその存在を超出せざるをえなくなるのであるから，彩子さんは，ヤクザの娘が在るところのものとして自己を立てることにより，そうした存在そのものからは逃れることができる。彩子さんの体験してきた辛さは，彩子さんをして，彼女が「生きるために」，自己の「絶え間ない再生（renaissance）」を，自分が在るところのものからの「常なる逃亡（évasion）」を必要とせしめるのである（p. 104, 上145頁）。

しかしながら，彩子さんの逃避を可能ならしめるこうした本質は，彩子さん自身からもまた他者からも，ネガティヴに捉えられるものでしかない。通常われわれは，自分の行為を説明してくれる自己の本質を捉えることで，辛さから逃れられるのに対し，彩子さんの捉える本質は，さらなる辛さを彼女自身に蒙らせる。彩子さんが，「どうせ」という表現でしか自己の本質を語ることができないことには，自分の在り方がネガティヴな仕方で捉えられていることに対する彼女の抗い難い絶望感が如実に現われている。

しかも，彼女の生い立ちが彼女自身を責めるのは，単に彩子さんが彼女自身

第4章　過去を自己の事実性とする意識

の「過去で在る限りにおいてだけではなく」，さらには，彩子さん自身が「自分の過去に対して責任を負う限りにおいて」（p. 159, 上 223-224 頁）でもある。こうした事態にこそ，人間は過去を選択する，というサルトルの記述の根源的な意味が含まれている。すなわち，かつての彩子さんにとって，自分の親を「ヤクザ」ではあっても受け入れることは，それに頼り依拠せねば生きていけない不可避的な事態であり，それ以外の選択肢もないことである。にもかかわらず，自分の過去を自分の本質として自ら選択するからこそ，彩子さんは，現在の自分が，ヤクザの娘であるという自分の育ちに対する責任者である，と感じずにはいられなくなるのではないだろうか。彼女にとって，自分自身の過去を深く責めたてるのは，過去の責任者たろうとする彩子さん自身なのではないだろうか。だからこそ彩子さんは，「自分の過去を取り戻し……その過去を存在せしめるべく支え」，自分の過去に向けられた様々な非難を，過去を思い出している現に今の自分への非難として，ありありと感じざるをえなくなっている（p. 159, 上 223-224 頁），と考えられる。

アンビバレントに現われる過去の経験

彩子さんのこうした体験に典型的に現われるように，ホームの子どもたちにとって，過去は，しばしば自分自身をネガティヴに規定するものとなっている。他方で，当時の彩子さんとは異なり，自分自身の過去を否定的に捉えながらも，自己自身を支えるために，自分の過去に対して，非常にアンビバレントな臨み方をせざるをえない子どももいる。

次の記録は，ホームで生活するようになって2ヵ月半頃の晃君（16歳）が，いわゆる不良グループに属していた時の自分について，林さんと対話する場面である。社会的にみれば，「更正」の必要な，乗り越えられるべき過去と誰にでも容易に判断されうる晃君の過去が，晃君自身にはそれほど単純な仕方では現われえないことが，この対話からは窺える。

【危険な顔】XXX4年6月8日
林さんは，晃君を見て，「晃君，あなただって時々まだ怖い顔するからね。これは危険だっていう顔をするよ」，と静かな口調で言った。晃君は，言われた瞬間，鋭い目つきで林さんを見返した。林さんは，晃君の様子を見ながらも，静かな口調で，

「あなたなんて，それこそどっかで犯罪者になってたかもしれない。あなたは正義感は強いけど，でも一気にガッと行っちゃうところがある。そういう怖い顔をしてる。眉毛をくっとやってね」，と続けた。晃君は，林さんをじっと見ながらも，少し視線を和らげ，納得したように小さく頷いた。そして，「そうですね，ここに来てなかったら，俺今ごろ〔警察に〕捕まってますよ」，と低い声で言った。林さんは，「うん，そうだと思うよ」，とあっさり言った。「結構やばいことやってたし」，と晃君は，半ば自慢気に言う。そして，「そういうのが良いと思ってたし」，と今度は静かな口調で付け足した。

晃君は，この場面以前に，自分が名の通ったいわゆるワルであったことを誇りにしている，とみなさざるをえないような振舞いをしばしばしていた。また他方で，友人との間の喧嘩に涙を流して後悔し，自分は変わりたいのに変われない，と訴えたこともあった[2]。この場面では，以下で詳しく考察するように，自分の過去に対する晃君のそうしたアンビバレントな想いが如実に現われている。

サルトルによれば，変えられ克服されるべき過去として，あるいは，今の自分の在り方を促してくれる肯定的過去として，現在の私に影響を与える「過去の意味作用（signification）は，私の現在的な投企に密接に依存する」(p. 579, 下931頁)。しかも，「私は，自分の目標へと向かって自己を投－企する（projeter）ことによって，私と共に，過去を救い出す，すなわち，行動によって，過去の意味作用を決定する」(p. 579, 下932頁)。つまり，晃君にとって自分の過去の意味作用は，晃君がいかなる行動でもって未来へと自己を超出しようとしているかにより，異なってくるのである。

例えば仮に晃君が，かつて属していた不良文化から完全に抜け出し，いわば回心することを試みるならば，「回心（conversion）というこの投企は」，自分がかつて在ったところの過去に，当時は「自分が真剣には受けとめていなかった〔が，回心を〕予感させてくれる価値を一挙に授けてくれる」(p. 579, 下932頁)。すなわち，回心しようとするその時には，例えば，初めて喧嘩をした際の恐怖感や，自分を気にかけてくれている周囲のおとなを裏切ってしまったという絶望は，かつては全くそのように捉えていなかったが，彼が現在においてこれからなそうとする回心のきっかけとして，すなわち否定されるべき過去として現われることになる。第3章第2節において考察したように，過去を「悪

かった」とみなし本当に乗り越えるためには，人間はまず，自分がいかに悪かったかを深く捉えるいわゆる反省をしなければならない。すなわち，一旦は，自分が過去において悪かったところのものそのものとして自己を構成し，過去に在ったところのもので即自的に在らねばならない。晃君は，過ちを犯したところのものそのもので在らねばならず，しかも，その過ちを常に現在の自分自身の責任によって引き受けるという仕方で，その過ちを犯したところのもので在り続けなければならない。あるいは逆に，例えば仮に晃君が，自分がかつて属していた文化の中に或る美意識をみいだし，この美意識に適う自分で在りたいと望むのであれば，過去は，むしろ自己を超出していく時の目標として，自分がこれから在るべきところの目標としての価値を規定することになる。晃君は，厳しい規律や統制のとれた上下関係といった，かつて自分が属していた不良文化を取り戻し，その文化に適う自分で在ろうとしなければならなくなる。かつて不良グループに属していたという晃君の過去の意味作用は，彼がこれからなそうとする「目的によって自分が照らし出して明らかにするところの，その際の目的に応じて」，他ならぬ晃君自身が「決定する」(p. 579, 下 932 頁）のである。

　この場面の晃君にとって，過去は，以上で述べたような意味で，否定的か肯定的かという点においてさえ，安定した現われ方をしていない。記録場面の冒頭において，晃君は，「怖い顔」，「これは危険だっていう顔」をするという林さんの言葉に，自分に対する否定的なニュアンスを読みとり，まさに指摘されたとおりの鋭い表情を浮かべる。筆者自身何度か居合わせたことがあるが，そうした表情を浮かべた時の晃君には，近寄りがたい緊迫感や凄味が漂っていて，筆者などは，晃君がいつ「爆発」するか，とハラハラしてしまうほどである。こうした瞬間に浮かべている，林さんをあたかも威嚇するかのように睨みつける表情こそ，林さんによって指摘されている「危険」な顔であることが，この時の晃君自身によって定立的に意識されていたかどうかは筆者にはわからない。しかし，少なくとも，林さんの言葉の否定的な響きを聞きながらもその言葉どおりの表情を浮かべる晃君にとって，当のその表情を浮かべる自分の在り方が，乗り越えられるべきものとなっていないのは確かである。むしろ，自分への非難に対して瞬時に相手を睨みつける彼の振舞いが，かつて彼の属していた不良文化における行動様式そのものであると容易に想像されることからすれば，こ

の瞬間の晃君にとって，かつて自分が不良文化に属していたという過去は問題視されていないことになる。

　しかし，「あなたは正義感は強いけど，でも一気にガッと行っちゃうところがある。そういう怖い顔をしてる」，という林さんの言葉を聞くと，晃君の表情はすぐに落ち着きを取り戻す。林さんのこの言葉は，晃君の「危険」な表情が，彼の正義感の強さと撞着するのではなく，むしろ彼の正義感の強さゆえに生じてしまう，と語っている。林さんのこうした語りは，不良文化に属していたことに対して晃君自身が抱いている価値を否定することなく，晃君自身の「怖い」表情を指摘することになる。林さんの言葉を聞いた途端に表情を和らげる晃君の様子からは，林さんが，怖い顔をしている自分の在り方を全面的に否定しようとしているのではない，ということを，晃君はすぐに感じとったことが窺える。そして，自分を否定する言葉ではなく，自分の在り方を適切に指摘してくれる言葉として受け止めることによって，晃君は，林さんの言葉を受け入れられるようになるはずである。事実，晃君は，「そうですね」，と言って林さんの言葉を肯定している。

　しかし，その後に続く，「結構やばいことやってたし」，という晃君の言葉には，落ち着きを備えたそれまでの口調とは異なり，どこか，自分の過去を誇りに思い自慢するような様子が感じられる。このことからすると，この時の晃君は，林さんの言葉から，不良文化そのものに対する肯定的な意味合いを受け取っていることが窺える。確かに，不良グループに属していた過去における自己は，泣いて悔いるほどの彼自身の本質として，彼に現われることもある。しかし他方で，当の不良グループにおいて彼は，「筋の通ったワル」，「いっぱしのワル」という在り方を体得し，「曲がったことの大嫌いな性格」を自認している。事実，仕事の能力が高いことや，仕事に対しても人間関係においても真面目なことを，林さんに何度も褒められているような一面も彼は備えているのである。

　しかも，このことが彼のアンビバレントさを典型的に表すのであるが，これまでの自分の生き方では，社会的な齟齬をきたすだけではなく，晃君自身にとっても肯定することのできないような未来をしか生きられないことが，晃君には既に十分了解されている，と考えられる。事実，晃君は，「結構やばいことやってたし」，という言葉を半ば自慢げに語った後に，「そういうのが良いと思

第 4 章　過去を自己の事実性とする意識　　　　　　　　　101

ってたし」，と静かな口調で付け足すのである。晃君が，「やばいことやってた」ことを良いと思っていた自分について，過去形で語ろうとすることは，晃君にとって，今の自分は「やばいことやってた」自分の過去を良いとみなしていない自分で在ろうとすることである。晃君は，これまで社会の中で否定的な視線に晒されてきた自分の過去を乗り越えたいと願い，それと同時に，林さんが自分の変化に対して寄せてくれる期待に応えたいという想いをも生きている。その後の未来を十全に生きていくための企てが晃君に明らかとならなければ，晃君は，不良グループに属していた過去を本当に乗り越えていくことはできないのであり，ホームから自立するに至っていないこの時の晃君には，過去を乗り越えることをそのつど選択し続けるという在り方となることもできない，と考えられる。それゆえ，この場面における晃君は，過去に浸かることと過去を乗り越えていくこととの間の揺れ動きの中にいまだ在る，といえる。

過去に臨むことの困難さ

　当然のことながら，晃君とはその内実が異なるが，ホームで暮らす子どもたちはそれぞれ過去に対する臨み難さや対象化し難さを抱えている。また，そうであるからこそ，当の子どもが，過度の辛さを味わうことがないようにと，しかし同時に自らの過去へきちんと向き合うことができるようにと配慮しながら，林さんは，様々な仕方で子どもたちに働きかける。

　次の記録は，里親家庭で育てられた後に児童自立支援施設に措置され，退所後にホームで暮らすようになった房江さん（17 歳）に対し，林さんが問いかける場面である。

【家族の話はまだきつい】 XXX1 年 9 月 29 日

　浩美さん（16 歳）の家族に関する話題になると，房江さんは，何となく居心地の悪そうな表情を浮かべていた。どうしたのかな，と私が思いながら見ていると，林さんが房江さんに話しかける。「房江ちゃんの家族のことも考えなきゃいけないんだけれど，今はまだきつい？　自分では冷静に受け止められそうにもない？」。淡々とした中にも，どこかに，房江さんの気持ちを推し量ろうとする配慮と労りとが感じられた。房江さんは最初，少し表情を硬くして，それから努力して作り笑いを浮かべる。しかし林さんはそれを見ても笑わず，房江さんは，すっと，もとの硬い表情に戻って，うつむきかけた。そして，少し上目遣いになりながら，いつもの

癖のように，右手で前髪に触れて，しばらくもてあそんでいた。「うーん，どうかな」と，房江さんがしばらくしてこわばった声を出した。「別に大したことじゃねえや，って思う気もするし……」。房江さんは，いつもどおりの大きな声で喋ろうとしているようであるが，普段のような大きな声にはならない。すぐに，口調に勢いもなくなってしまう。房江さんは，またうつむいて，「なんか，別に平気な気もするんだけど，でももしかしたら，やっぱり冷静にはなれないかもしれない」，と言う。もともとハスキーな声が，さらに低くなった。そして，「実際になってみないとわかんねえや」，とかすれ気味の声で房江さんは言った。林さんは，穏やかな表情で頷き，「うん，きついんじゃないかなあと思う。まだあなたの中には，それだけの準備ができていないような気がする」，と言った。

　この場面の冒頭で，林さんから「今はまだきつい？」，と尋ねられると，房江さんはしばらくの間を置いて，「うーん，どうかな……大したことじゃねえや，って思う気もするし……」，と応える。こうしたやりとりからは，一見すると，房江さんが，家族の話に対する自分の態度の可能性を吟味し，選択したかのようにも思われる。しかしながら，林さんの問いに対してしばらく黙っている房江さんは，表情をこわばらせたまま髪に触れているだけであり，自分が家族の話にどのような態度を取りうるのかを本当に吟味しているようには，筆者には感じられなかった。というのも，話題が浩美さんの家族に関するものになると，いまだ自分の家族の話に及んでいないにもかかわらず，既に表情をこわばらせていた房江さんにとって，家族の話をすることが「きつい」のは自明のことだからである。このことは，林さんに尋ねられると，一瞬作り笑いを浮かべて，話をいわば笑いのうちに紛らわせようとしている房江さんの様子からも窺える。

　しかしながら，家族の話をすることはきつく，拒みたいと感じながらも，同時に房江さんは，「房江ちゃんの家族のことも考えなきゃいけない」，という林さんの考えを強く意識しているであろう。そしてまたそうであるからこそ，房江さんは，家族について適切な態度で林さんと対話できることを，自らの理想的な在り方とするであろう。しかし，この時の房江さんには，理想的な自己となるために，具体的にどのような在り方となればよいかが明らかとなっていない。すなわち，この時の房江さんは，家族の話をすることがきついのかどうかを自分自身に問い，自ら選択しようとしていたのではなく，家族の話をするこ

第 4 章 過去を自己の事実性とする意識

とが「きつい」という想いと,家族のことを考えられるようになってほしいと林さんに期待されているという想いとの間で,彼女のいわば本心である「きつい」ということの内実を自ら言語化できずにいる,と考えられるのである。

サルトルにおける選択

一見すると二つの選択肢の中から一つを選択したように思われるこの時の房江さんの言葉が,実は選択となっていないことは,選択に関するサルトルの以下の思索を追うことによって,より明らかになる。

サルトルは,或る事実的所与がまずありそれに対して自分の態度の取り方を選択する,という考え方を否定し,「事実〔としての〕所与は」,そもそも,それ自体が対自に対し「自らを開示する」ものでしかなく,「一つの選択でしかない」(p. 532, 下 861 頁),と述べる。すなわち,房江さんは,かつての家庭における体験という事実的所与がきつすぎるために家族の話をしないことを選択するのではない。そうではなく,房江さんが「きつい」と言うこと自体が,それどころか家族という話題に居心地の悪さを感じること自体が,家族の話は耐え難いほどきついものである,という彼女の選択なのである。より精確に述べれば,「きつい」と感じ,「きつい」と言うこと自体が,家族の話をするきつさに耐えられない者として,房江さんが自分自身を選択することに他ならないのである。

そもそも,何らかの仕方で「われわれが存在していることは,まさにわれわれの根源的な選択であるのだから,選択(についての)意識は,われわれが自分(について)もつ意識と同一である」(p. 539, 下 872 頁)。ただし,「私は,しかじかの〔未来へ向かっての〕企てに拘束されているがゆえに,しかじかの成功を期待したり,しかじかの結果を危惧したりしながら,また,こうした〔未来の〕姿をすべて完全に素描する自分を,しかじかの人間としてしか,意識することができない」(p. 540, 下 873 頁)。すなわち,もしも房江さんが自分の在り方を本当に選択していたならば,彼女はそれが自分の選択であることを,非定立的に意識しているはずであり,それゆえまた彼女は,家族の話をするにしろしないにしろ,この選択の結果彼女が到達するはずである姿を素描したうえで,当の選択をしているはずである。その場合には,そうした姿があらかじめ房江さん自身によって描かれているため,彼女は,林さんとの間で家族につい

て有意義な話をすることを期待したり，あるいはその話によって落ち込んだりするような自分をあらかじめ捉えておくことができたことになる。

　しかも，そうした時にも「われわれは，自己を選択することによって，……世界を，その意味において選択する」（p. 541, 下 874 頁），とサルトルは述べる。確かにこの時の房江さんにとっても，世界は，家族の話をすることの辛い世界として現われてはいるであろう。しかしながら，この場面における房江さんは，二者択一の選択をしていないだけでなく，話したくない者としても自己を選択していない，と考えられる。というのも，世界を選択することは，すなわち「世界を世界として現われせしめること」は，「同時に〔何らかの〕可能へと向かっての投企である」（p. 541, 下 874 頁）のであり，具体的に何らかの投企をすることなく留まっている房江さんは，世界を本当の意味で現われさせてはいないからである。第 2 章第 2 節で述べたように，世界とは，単に自分を取り巻くだけの環境のことではない。選択において現われる世界とは，その選択を実現したならば到達されることになる自己へと向かって超出されるところのものであり，世界を世界として現われさせることは，そもそも，「われわれが世界で在るということを自己に対して否定することによって」（p. 541, 下 874 頁）初めて可能となる。すなわち，もしも房江さんは，例えば家族の話に耐えられない者としての自己を素描し本当に選択したならば，そうした自己へと向かうために，自己では在らぬものとしての世界をも選択することになるはずである。この場合には，例えば話題の選択を迫る林さんを，家族の話に耐えられない者として自己を選択することについて，納得させねばならないものとして，超出しなければならない。こうした超出のための投企を何ら実現できないこの時の房江さんは，家族との関係を本当の意味で選択できずにいることになる。

　そもそも，対自は自らの根拠となりえない以上，「われわれは，……自分の選択を，つまり自分自身を，正当化されえないものとして把握するのであり，言い換えれば，〔選択〕以前のいかなる現実から生じたのでもないものとして，自分の選択を捉えるのである」（p. 542, 下 876 頁）。選択をなそうとするその時において，選択に先立ついかなる現実も，例えばかつて房江さんの体験した家庭でのきつさや，あるいは林さんから自分に対してかけられている期待等も，本来，いずれを選択するかを房江さんに強いるものではない。房江さんは，先行するそうした現実から切り離されて，自ら選択をしなければならない。それ

ゆえ,「われわれは,絶えず今現に自分のなしている選択が無化されることに脅かされており,私が〔現に〕在るところのものとは別のものになるということを自分自身に選択することに,またその結果として〔現に〕在るところのものとは別のものとなることに,絶えず脅かされている」(p. 543)。家族の話をするきつさに耐えられない者としての選択は,そのきつさに耐えられる自己を選択する可能性の無化という仕方でなされなければならない。したがって,「われわれ自身を選択することは,われわれ自身を無化することであり,言い換えれば,未来が,われわれの過去に或る意味を与えることによって,われわれに,われわれが〔現に〕在るところのものを告げ知らせるために,当の未来を到来せしめることである」(p. 543, 下 878 頁),ということになる。房江さんは,家族の話をするのに耐えられる自己を選択しようと,耐えられない自己を選択しようと,そうすることによって,家族の話に関する己の未来を到来させることになる。そしてその未来から照らし出される仕方で,今の自分自身がいかなるものであるのかが房江さんに知られることとなるのである。

　ところが,先に考察したように,この場面において,表情をこわばらせている房江さんは,家族の話に耐えられるようには見えないが,家族の話に耐えるという自分の可能性を無化することによって,家族の話に耐えられない自己であることを選択している,とも考えられない。もしも房江さんが,いずれの仕方であれ,自分の在り方を選択するならば,家族の話をするという,房江さんにとって「きつい」事態の可能性がより具体化され,ありありと実感されることが必要になる。

いまだ過去となっていない家族経験

　サルトルは,さらに,以下のように述べる。「新たに何かを選択する時には,意識は,自分自身の過去を,対象として決定する」(p. 546, 下 881 頁),と。すなわち,「意識は,過去を評価し,過去に応じた仕方で目標を定める」(p. 546, 下 881 頁)のである。しかも,サルトルによれば,新たな選択をする前には「何ら媒介のなかった過去を対象化するというこの行為は,別の諸目的を新たに選択することと一体になるしかない」(p. 546, 下 881 頁)のである。それゆえ,自己を選択できずにいる房江さんの在りようは,彼女にとっての家族経験が,或る距離や観点をもって接することの可能な対象としての過去とはなっていな

いことを明らかにしている。

　里親家庭で育てられた房江さんには，実の両親が明らかになっていない。彼女は小学生の頃は優等生であったようで，筆者自身，房江さんから，バスケットボールや水泳や習字等，種々の習い事をしていたことを何気ない会話の中で聞いたこともある。しかし，中学生の頃に，里親家庭から「お金の持ち出し」をする等，「不適応」を起こしたとして，児童自立支援施設に入所し，退所後にホームに措置されてきた。普段は明るく元気に振舞っているが，上述の記録にも見られるようないわゆる男言葉を話す等，不器用で照れ屋という繊細な面も多い，筆者から見てもいじらしい少女である。仕事をこなす能力は高く，ホームに来てからすぐ仕事に就き，これといって問題を起こすこともなく頑張っている。

　林さんによれば，仕事や生活面で特に大きな問題を起こさないにもかかわらず，房江さんが自立するためには，自分がどこからやってきたのかが全くわからない状況を乗り越えることが必要である，という。そしてそのためには，行方不明の実母との関係を諦めざるをえないという彼女の現実的状況を，彼女自身が受け入れなければならない，とのことである。しかしながら，房江さんは，自分の実母が誰だかわからないからこそ，実母にいつか会えるかもしれない，という希望を捨てきれず，母親の手がかりを捜し求めずにはいられなかったようである。事実，房江さんは筆者にも何度か，「モナリザの絵を見ると自分のお母さんなんじゃないかと思ってた」と語ったり，しばしば「幼児語」で話したりする等，林さんの述べるところの「本当の母親探し」を繰り返していた。

　他方で，当時の房江さんは，「不適応」を起こしたはずの里親家庭を頻繁に訪ねていた。とりわけ，かつて一度，「養子縁組」を提案されたことがあったために，房江さんは，里親が「本当のお母さん」になってくれることを期待し続けていた，と考えられる[3]。房江さんのこうした過去や過去に対する振舞いを考慮すれば，この記録場面における房江さんは，自分の里親が，実の家族ではないことも，養子縁組等何らかの形で「本当のお母さん」となってくれないことも，いまだ受け入れられずにいる，と考えられる。「不適応」を起こし，或る意味では既に拒絶されたはずでありながらも，房江さんにとって，里親は，何らかの観点をもって対象化したり評価したりすることのできる存在とはなっていない。すなわち，房江さんは，里親家庭との関係のただなかに，今もなお

在るのである。

　結果的には児童自立支援施設に措置されることになった里親家庭での出来事が，ネガティヴな思い出を孕んでいることは，房江さんも認めているであろう。林さんが「きつい」という言葉で房江さんの想いを量っていることからも，また，家族の話が始まるとすぐに表情をこわばらせる房江さんの表情からも，そのことは明らかである。しかしながら，この時の房江さんには，過去に対し何らかの観点を取ることができないのであるから，「家族のことも考えなきゃいけない」と言われた時に，どういった点を問題としなければならないのかさえ，明らかとなっていないのであろう。ただ，過去を彩るきつさだけは感じるがゆえに，房江さんは，家族の話をすることを拒みたい，と願うのではないだろうか。

他ならぬ自分の過去の取り戻し

　晃君と房江さんに関する上述の事例からは，二人にとって自分の過去が，それぞれの意味で，臨み難いものであり，それゆえ乗り越えることのいまだできないものであることが明らかとなる。つまり，晃君と房江さんにとって，過去は，少なくとも彼らの「非定立的意識の感情的内容」（p. 510, 下 828 頁）となっているだけではなく，それで在るべきところのもので在らねばならないはずのものとなっている。しかしながら，ホームで暮らす子どもたちの中には，こうした仕方での過去の捉え方さえ十全ではない子どももいる。それどころか，自分の体験してきた出来事さえ捉えられず，いわば地に足のつかない不安定さや，当人の意識がどこに向かっているのかさえも感じとれないような，いわゆる存在感の希薄さを漂わせている子どももいる。こうした子どもたちは，養育者と対話する中で，出来事としての自分の過去を取り戻すことからまず始めなければならないのである。

　次の記録は，ホームで生活するようになって一週間が経った時期の洋君（17歳）が，林さんとの対話を介して，自分の過去を少しずつ思い出す場面についてのものである。

【生まれた時からおとなしい】XXX0 年 11 月 1 日
「洋君，おとなしいなあ。仕事はどうだ」。林さんが，洋君に話しかける。洋君は，

「さあ，どうなんですかねえ」，と答える。自分のことを訊かれているのに，彼の返事は，聞いている私には，身の入ってなさそうな返事に思われる。「もともとおとなしいの？　それともまだ緊張しているの？」，と林さんに訊かれても，「さあ」，と答える。それから，「生まれた時からおとなしいですよ」，と言った。おとなしいというよりも，ひどく薄い感じのする答えだった。「生まれた時からのはずがあるわけないだろう。赤ん坊はおとなしかったら死んじゃうんだから。小学校の時はどうなんだ」，と言われて，洋君は少し黙ってから答えた。「ああ，元気でした」。林さんは，ほらみろ，と言うように笑う。「幼稚園の時は？」，と林さんは再び尋ねる。「元気でしたね」。洋君は答え，自分でもびっくりしたかのように，彼の口元には，曖昧な笑いが浮かんでいた。「お母さんが亡くなったのはいつ？」，と訊かれて，「小学5年の時です」，と答えた。そして，「ああ，その時くらいからおとなしくなりましたね。そうか」，と呟く。「寂しかったろ」。林さんは，いたわるような優しい声で言った。「はい」。洋君は，静かな口調で答える。「そうだろうね。甘えたいさかりにねえ」。林さんは，溜息混じりに呟いた。洋君は少し考えてから，珍しく彼の方から切り出した。「でも妹は全然悲しんでなかったんです」。「妹はそん時いくつだ？」，と林さんは尋ねる。「さあ，知らないですけど」，と洋君は答えた。「知らないってなんだよ。妹といくつ違いなんだ」，と林さんは苦笑する。「5歳かな」，と洋君は呟くように言った。「5歳？　それで洋君が11歳なら，妹は6歳か。それはまだわかんないよね」。林さんは，優しく言った。「はい，お葬式の時ははしゃいでました」。洋君は，淡々とした口調で言う。林さんは，洋君をじっと見て，「洋君は悲しかった？」，と尋ねた。「はい」。洋君は，やはり淡々とした口調で言う。「死ぬってことがどんなことかわかってたか？」，と林さんは尋ねた。「はい，もう知ってました。すごく悲しかった」。洋君は静かに答える。林さんはしばらく沈黙した。そして，訊いた。「お母さん好きだったか？」。洋君はまた黙った。それから，少し考え込むように，でもいつもよりは意志の感じられる声で，「はい，好きでした」，と答えた。この後，洋君はダイニングで，一言も話さなかった。

　この時期の洋君は非常に口数が少なく，終始緊張しているように，筆者には感じられた。しかし，洋君は，ホームに不慣れなこの時期にのみおとなしかったのではなく，ホームを出て自立するまでの数ヵ月間ずっと，もの静かな様子で生活していたようである。筆者自身も，洋君に会うたびに，彼の醸し出す雰囲気が少しずつ柔らかくなり，ホームでの生活や他の子どもたちとも打ち解けていくように感じたが，全体的に常にもの静かで寂しそうという印象は，最後まで拭えなかった。

自分の過去についてほとんど関心もなさそうに答えるこの時の洋君の口調は，自分の過去に対する，何らかの明瞭な感情を洋君が抱いているかどうかさえ筆者にはわからないほど，無気力で単調なものであった。彼は，自分の過去などというものは考えたこともなく，自分の過去があたかも存在しないかのごとく振舞っている，とさえいえる。しかも，洋君のそうした振舞いは，例えば意地を張ったりするというような，過去に対する意図的な態度なのではなく，むしろ，彼には他の在り方となることができないように感じられた。

人間は，本来「過去というものをもって（avoir）いる」のであり，「〔過去のない〕自分についてもはやいかなる事を考えることもできない」（p. 577, 下929頁）。というのも，人間は，「自分が在るところのもの，つまり，自分が過去において在るところのものについて考える」ことによってしか，自分について何事かを語ることができないからである（p. 577, 下929頁）。過去に関するサルトルのこうした記述からすると，この時の洋君は，自分の過去について何ら関心をもっておらず，それゆえ，彼自身の存在についても何ら関心を寄せていない，とさえ考えられるのである。

過去への問いかけを林さんに促されることで，洋君の過去への臨み方には，大きな変化が生じる。洋君は，まず，「生まれた時からおとなしい」，と答える。本来は今の洋君から常に「距離をおきつつ〔彼に〕つきまとう」（p. 577, 下928頁）はずの洋君の過去が，この時初めて，漠然とではあるが，洋君に意識されたのであろう。しかしその内容は，彼が生きてきた17年間をすべてまとめてしまっており，抽象化された，それゆえ即自化されてさえいないものでしかない。林さんは，洋君のその言葉を全面的に否定し，「生まれた時からのはずがあるわけないだろう」，と言う。このことによって，洋君はようやく，漠然とまとめられ抽象化されているがゆえにもはや過去と呼べない過去を，過去として捉えようとすることになる。さらに林さんに，「小学校の時はどうなんだ」，「幼稚園の時は？」，と問われることによって，洋君の意識には，徐々に或る時期の具体的な自己が現われることになる。ここに至ってようやく彼は，自分の過去に，それが即自的なものでしかないとしても，その具体的な内容をみいだすことになる。洋君は過去の具体的な場面を思い出し，注意を向けるまではその存在においても曖昧さの中に埋没していたおとなしい自分ではなく，個々の状況に応じて「元気」であった自分が存在していたことに気づく。彼は自分で

も思いがけなかった過去の自分に出会い，驚いたような表情を浮かべる。この表情は，それまでほとんど表情らしい表情を浮かべることのなかった洋君が，自分の過去を振り返り，具体的に出会うことによって，自分の今の在り方にも影響を及ぼされた，という大きな変化を表している。

洋君のこうした変化は，第2章第2節で考察した，反省の観点からも捉えられる。人間の意識は，反省することによって，反省される意識としてだけでなく，反省する意識としても，変様を蒙る。洋君は，これまでの経験の辛さから，自分自身の過去に対する反省を，たとえ意図的にではないとしても，抑制してこざるをえなかったのであろう。そして，そうである以上，彼には，意識の本来備えている反省性によって常に自分自身が襲われている在り方になることが，非常に難しかったことになる。彼のそうした在り方は，自己へと現前することによって絶え間なく自己を生成していくという，人間の生き生きとしたダイナミズムを彼から奪ってしまっており，存在についての意識さえ希薄であるかのように彼を在らしめていた，と考えられる。

林さんから反省を促されることにより，洋君は，自分が在ったところのものに，すなわち，自分が現に在るところのものに気づかされていく。過去の自分が必ずしもおとなしくはなかったことや，母親の死に臨んだ体験がいかなるものであったのかが，洋君の中で彩りを帯びて現われることによって，洋君自身が思わず「そうか」，と呟くような自分の存在の意味が，彼自身に知らされるようになる。母親について尋ねられた洋君が，この日初めて，わずかながらにも力を込めて「はい，好きでした」，と答えることからは，反省によって，反省しているところの洋君の意識そのものが大きく変化していることが窺える。

洋君にとって，自分の過去が，茫漠とした曖昧さから浮き上がり，分節化された事態として現われてくれば，洋君がこれからなそうとしている未来の投企も，それに応じた彩りを帯びてくることにもなる。というのも，意識は，「来たる-べき（à-venir〔＝未-来の〕）目的によって，〔現に〕在るところのものが何であるのかを自分に告げ知らせる」(p. 578, 下929頁) からである。すなわち，この時に初めて彼の過去は，「〔現に〕在るところの意味が未来へと向かって超出される時にのみ……とりうる」(p. 578, 下929頁)，そうした意味をもちうるようになるからである。確かにこの時の洋君は，自分の背負ってきた過去を，自覚的に捉えることはいまだできずにいる。彼が自分の過去に向き合い，

今後なすはずの企てへと向かって、多様な過去の意味の中から何らかの意味を選択するためには、林さんからの深い働きかけの積み重ねが必要である、と考えられる。しかし、ホームでは、自立という明瞭な目的へと向かうことが求められるにもかかわらず、これまで自分の事実的な過去を自分の過去とすることさえできずにいたであろう洋君にとって、少なくともこの対話は、将来へと自己を投企していくことを可能にしてくれる、一つの契機となりえるのではないだろうか。

洋君は、上述した記録場面から、さらに約半年間ホームで生活していた。もの静かな少年という印象は最後まで変わらなかったが、ホームでの生活に慣れるにつれ、次第に、林さんの冗談に笑ったり、当時ホームで生活していた或る研修生と自ら会話するようになる等、控えめながらにも、明るい表情を浮かべることが増えていった。洋君は、知り合いの男性と共同生活をする、という形で、自立をしていった。

洋君の上述した在りようは、われわれにとっては容易であるところの、ただの事実としての過去に出会うことさえも、それに必要な基盤が与えられていなければ困難であることを、そしてまた、出来事としての過去にさえ出会いえないでいる人間にとっては、将来もまた、非常に曖昧なままに留まっていることを、示してくれているのである。

第3節　被虐待体験が自分の過去となるまで

前節では、ホームで暮らす4人の子どもたちがそれぞれ、過去に対していかに臨んでいるのかを考察してきた。これらの考察を踏まえて、本節では、第3章第3節で【エジソン】の事例に即して考察した樹理さん（16歳）が、彼女自身の過去へとどう向き合っていくのかを考察したい。

【エジソン】の事例を考察するうえで述べたように、樹理さんは、非行を主要な理由としてホームに措置されてきたが、母親から深刻な虐待を受けた、という生育歴をもっている。彼女はホームで暮らし始めるとすぐに、問題視せざるをえない様々な振舞いを重ね、ホームでは、他の子どもが辛い想いをしたり、ホームを出て行ってしまったりする等の混乱が生じた。また、事態の深刻さに、林さんが、ホーム入所の措置を解除し、彼女の以前短期間生活していた施設に

戻すことを児童相談所と協議すると，当の施設から，樹理さんがいると施設内で問題が多発するため，受け入れられない，という返事がきたそうである。こうした事情からも，樹理さんが蒙っていた虐待や，また，それゆえ彼女の抱えていた問題が，非常に根深く深刻であったことは明らかである。林さんやハル子さんは，激しく反発を示したり，場合によっては非常に巧みに問題を回避しようとする樹理さんに対し，時には強く叱ったり，時には温かい言葉をかけたりと，心を尽くして関わっていく[4]。

家族の問題と向き合うための準備

次の記録場面は【エジソン】の事例の1ヵ月前のものであり，樹理さんがホームで暮らし始めて3ヵ月強が経っていた。この時期，林さんやハル子さんからの密接な働きかけの中で，樹理さんは，いまだ時折強く反発を示しながらも，養育者に信頼感を少しずつ抱き始めているようであった。林さんは，樹理さんの振舞いや友人関係の問題を乗り越えるうえで，彼女の母親との問題を取り上げることが不可欠である，と感じていたようであった。

林さんからの働きかけは，樹理さんに，彼女自身の事実的状況を指摘することから始められる。或る日，樹理さんが同じ年齢の友人Aさんについて話していると，林さんは，次のように答えた。

【安心できる場所】XXX2年3月7日
「〔Aちゃんみたいな〕年齢の子の問題はたいていそうだよ。寂しいんだよね。やっぱり自分がしっかり安心できる場所ってないと，人はダメなんだよ。いろんなことがうまくいかない」，と林さんは言った。そして樹理さんに，「あなたの場合にもそうなんだよね。家庭が安心できる場所じゃなかった」，と静かに言う。樹理さんは，突然自分のことが話題にのぼったのに少しびっくりしたのか，戸惑った表情を一瞬見せたけれど，すぐに，「Aちゃんは，それで，学校も嫌いだったから」，と続ける。林さんも頷いて聞いている。

林さんが樹理さんに対し，家族の問題を口にしたのは，筆者の知る限り，この場面における対話が最初であった。この時林さんは，「虐待」といった強い言葉を直接述べているわけではない。また，樹理さんがAさんに話題を戻すと，林さんも一緒になってAさんのことを語る。二人のこうした対話からは，樹理

さんには，自分の被虐待の問題に向き合う準備がいまだできていないことや，また，林さん自身も，樹理さんを家族の問題へと無理に向き合わせようとしているのではないことが窺える。

　樹理さんが母親からの深刻な心理的・身体的虐待を受けてきたことを，筆者が林さんに初めて伝えられたのは，この記録場面とほぼ同じ時期であった。その際に林さんは，母親の振舞いが「虐待」であることに，樹理さん自身は気づいていない，とも指摘した。しかし後に，樹理さんの過去がより主題的に問題とされるようになるにつれて，林さんは，樹理さんが自分の被虐待体験について，林さんが想定していたよりも自覚的であったのではないか，と考えを改めるようになる。筆者には樹理さんが自分の生い立ちについて当時どのように考えていたのか知る由もないが，少なくとも，林さんに後に考えを改めさせるような在り方を，樹理さん自身が示すようになったのは確かであろう。事実，この事例においても，「家庭が安心できる場所じゃなかった」という林さんの指摘に，樹理さんは戸惑った表情を浮かべるものの，林さんの言葉を否定しようとはしないのである。

　しばしば指摘されることであるが，被虐待児のほとんどは，親から虐待されてきたことを自らは認めないようである。その理由は，親をかばいたいと子ども自身が思ったり，親から虐待される子どもという惨めさを当人が受け入れられないからである，というように理解されることが多い。そして，こうした場合には，当人が自分の過去における被虐待経験を本当に自覚していないことも珍しくない。樹理さんも同様に，本節でこれから詳しく考察することになるが，自分が虐待されたという事実を認めるために樹理さん自身が経なければならなかった苦悩を考えれば，この記録場面において，既に自分の過去を被虐待として明確に認識しえた，とは考えにくい。しかし，例えば自分だけが食事を与えられなかったり，自分の写っている写真を家族のアルバムからすべて切り取られてしまう等の，樹理さん自身が後に自ら語ることになる家庭での体験を，この時の樹理さんが，ポジティヴに捉えていた，とも考えられない。

　そうした体験を，樹理さんがネガティヴなものと捉えながらも，自ら「虐待」と命名しえないことは，そもそも「虐待」という命名の仕方が，実は非常に曖昧な特質を含んでいることをも示している。家族とは，いうまでもなく，構成員のそれぞれに何らかの問題や関係の離齬を抱えた共同体であり，どのよ

うな家族であっても，親も子どもも共に傷つくことが必ず起こりうる。理想的な家族などというものはそもそも存在しないであろうし，すべての子どもは，自分の家庭に備わった業を，サルトルがいうところの偶然的事実性として，自ら背負って生きていかざるをえない。多くの場合，何らかの離齬や不快さや諍いが生じながらも，そうした問題を共有しつつ，またそのことによって，家族というものは成立しているのである。ただし，家族のそうした在りようの中でも，特に，子どもにとって大切な自由や愛情や権利が決定的に損なわれてしまうことがあり，そうした関わりが，「虐待」と分類されることになる。しかし，当の子どもにとって，親との個々の関わりは，親とのそのつどの関係そのものに応じて現われ方が異なるのであり，子ども自身が，個々の関わりを抽象化や一般化することによって分類したり，何らかの概念枠に自分の経験をあてはめることは，本来不可能なはずである。というのも，当事者には自分の経験をいわゆる客観視することができないだけでなく，そもそも，どのような範疇にであれ，個別的で具体的な体験を範疇化するためには，様々に現われるはずの他者との関わりを凝固させ，即自化させ，またその範疇に沿うように変形させなければならなくなるからである。それゆえ，あらゆる家族経験は，在るがままのものとしては当事者には捉えられず，したがって，「虐待」という事態も，当事者にとって完全に即自的な仕方では存在しえないのである。

　範疇化に必要なこうしたプロセスを経てまでして，自分自身もそこに投げ込まれ対をなしている親子関係を，「虐待」と自ら命名することが，この時の樹理さんに可能とは考えにくい。むしろ，以下で考察するように，樹理さんは，「親のしつけが厳しくて私はよく叱られた」，という言葉で自分の体験を語ることにより，また，自分は親に叱られる悪い子であると捉えることにより，本来説明されえない理不尽な自分の状況を，何とか説明づけようとしていた，と考えられる。さらにまた，家庭での体験を可能な限り問題視しないことで，自分の過去からさらなる辛さを味わわされることがないようにと自己を守っていた，と想像される。しかし，たとえ親からの関わりをしつけとみなすことにより，自分の体験を「虐待」と分類することを避けられたとしても，樹理さん自身が，親との関わりの中で辛さを味わわされることに違いはなく，樹理さんのそうした辛さは，第三者の立場から判断すれば，いわゆる被虐待児が味わってきた辛さと，何ら異なるものではないはずである。

第4章　過去を自己の事実性とする意識　　　　　　　　　115

　とはいえ，樹理さんが自分の過去をしつけと捉えている限り，被虐待という経験そのものは，彼女によって乗り越えられるべき過去とはならない。事実この場面で，「安心できる場所じゃなかった」と林さんに指摘されても，彼女には，家庭での自分の体験を問題視することができない。すなわち樹理さんは，虐待と認めるという仕方で，家庭での体験に向き合うだけの準備ができていないのであり，それどころか，林さんから求められるような仕方で家庭での体験に向き合わなければならないことさえも，了解していない可能性もある。
　この場面の後に，食事を終えた樹理さんは，自ら自宅に電話をしたようであった。彼女は，自立した後のことについて母親に相談したところ，父親は既に寝ているため，翌日電話をかけ直すように言われた，ということを林さんに報告した。
　この日以外にも，樹理さんは，自ら頻繁に家族へ電話するが，そのつど家族からは冷たい対応をされているようであった。他方同時に，この時期の樹理さんは，林さんにしばしば厳しく叱られており，ホームの他の子どもとの折り合いも悪く，楽しげに明るく振舞ってはいるものの，早くホームを出て自立したい，と強く願っているように，筆者には感じられた。こうしたことからすれば，この時期の樹理さんが家族に電話するのは，一見すると，ホームでの辛い生活から早く脱することの方が，家族との辛い関わりを断ち切ることよりも，切実であるからのようにも思われる。しかしながら，自分が深く慕っている母親から冷たくあしらわれるという経験が，樹理さんにとって辛くなかったはずはない。そうである以上，彼女のこの時の振舞いは，むしろ，次のように理解するべきであろう。
　先に考察したように，われわれには，過去を選択しないでいることはできないのであり，樹理さんもまた，自分の過去を，すなわち親との関係の本当の意味を，しつけとして彼女自身で選択しているはずである。しかも，サルトルも述べるように，「過去とは，われわれの諸行動を決定はしないが，少なくとも，そこから出発するのでなければ，われわれは新たな決心をすることのできないところのものである」(p. 577, 下928頁)。この時に，「過去の意味や，過去が私に与える命令を，私の目的の投企そのものによって選択する」のは「私」である（p. 580, 下932頁）。そうであるとしても，「過去の意味は，過去があらかじめ素描していた未来から過去へと到来する」のであり，「私がどのように私の

過去を生きたり評価したりしても，未来へ向かっての自己の投−企の光のもとでしか，私は，過去を生きたり評価したりすることができない」（p. 580, 下933 頁）。すなわち，家族に電話をすることが樹理さんに可能となるのは，家族との間での出来事を，電話することを妨げないものとして捉えることによってであるが，同時に，家族に電話するという投企によって，彼女の過去は，自分が自宅へ電話することを可能とするような意味を樹理さんにもたらすことになる。そして，こうした仕方で過去を捉えることによって，樹理さんは，親から虐待されたのではない者として自己を選択する。電話での冷淡な対応等，第三者から見れば明らかに虐待と判断されるような体験を，電話をかけることによって自ら辛さを蒙りながらも，被虐待体験ではあらぬものとして選択することからは，こうした選択をしなければ，自分を支えることができなくなってしまうほど切迫した状況を樹理さんは生きている，ということが窺える。

　しかしながら，こうした仕方で自分の過去を捉えている限り，樹理さんは，第三者から見れば「被虐待」と呼ばれるべき彼女の過去から出発することによって，新たな選択をなすことができない。あるいは，彼女自身は新たな選択をなしているつもりであっても，彼女を取り巻く環境は，樹理さんが「親の厳しいしつけ」と捉えることによっては予想することのできない厳しい現実を，樹理さんに突きつけることになるはずである。すなわち，彼女が彼女自身の偶然性に即して自分の事実性を引き受けるのでなければ，彼女は，虚構の偶然性に即すのでは予想しえない辛い出来事に遭遇せざるをえなくなる。事実，電話での母親の応答を語る樹理さんの言葉からは，自立という喜ばしい知らせを伝えた娘に対する，母親からの励ましや祝いの言葉等をかけられなかったことが窺える。それどころか，後により具体的に明らかとなる樹理さんと母親との関係から捉え直せば，むしろ，この時の母親の言葉は，樹理さんを深く傷つける内容であったか，仮にそれほどではなくても，娘の自立に対する無関心さを表しているものでしかなかった，と想像される。こうしたことからしても，樹理さんが本当に自分の過去を乗り越えるためには，まず自分の被虐待経験を被虐待経験として捉える，ということが必要になるのである。

自分の過去からずれること
　【安心できる場所】の事例の1ヵ月後の【エジソン】の場面に関しては，既

に第3章第3節で考察した。その際に触れたように，自分に対する親の振舞いが「虐待」であると，樹理さんは林さんに初めて指摘される。親との関係のネガティヴさを感じつつも，しつけと捉えることで，過去の事実的状況との向き合いから逃れていたであろう樹理さんは，林さんの指摘によって，自分の過去を直視せざるをえなくなる。それゆえ樹理さんは，「エジソンってよくわからない」といった言葉で話をずらし，自分にとって辛い話題から逃れながらも，逃避するという仕方で己の過去を捉えようとしていた，と考えられるのであった。

　しかし，人間は，未来へと投企し，その目的の光から照らされることによって自分の過去を捉えていく，ということを考慮すれば，【エジソン】の場面において，樹理さんが中心をずらそうとしていたのは，自分にとって辛くなる話題だけではなかった，と考えられる。彼女にとっては，母親との関わりや家庭での体験そのものが，問題視することさえできないほどに辛いのだから，彼女は，話題の変更という選択によって，過去に経験した辛さそのものも，中心をずらして選択しようと試みていた，と考えられるのである。

　しかも，中心をずらすためには，自分の逃れようとしているところの姿が自分自身に知られていなければならない以上，樹理さんは，過去の辛さから逃れる試みのさなかにおいて，過去の辛さそのものと向き合わされることになる。【エジソン】の場面において，樹理さんは，家族に対する自分の選択の変更を迫られつつ，妹が生まれたから，という因果論に基づく仕方でも逃避する。しかしながら，たとえそのような仕方で説明を得られたとしても，この説明によって，母親との関係が良好であると選択できるわけではない。むしろ，彼女は，母親との関係を良好でないと選択し，その選択に伴って生じる結果を，自分自身で引き受けなければならない，という事態に遭遇する。そうであるからこそ，彼女にとって，この場面における選択は，二重の意味で新たな辛さを伴っていることになる。この対話以前には，自分の親と自分との関係を虐待と捉えずにいることの責任者であった樹理さんは，この対話により，自身をして，過去を新たに捉え直す責任者たらしめなければならなくなる。しかも同時に，しつけという因果論的説明を林さんに否定されることにより，その説明にもはや頼ることができないことをも自ら引き受けなければならないことになる。

　自分を悪い子であると樹理さんが捉える際に，林さんがその捉え方に付与す

るところの，同じ状況になればどんな子どもも示す注意引き行動という説明は，樹理さんの辛さを少なからず軽減してくれるはずである。というのも，林さんによるこの説明は，樹理さんにとって，自分を責めないだけではなく，自分が母親を責めずにはいられなくなる事態をも回避させてくれることになるからである。

　またさらには，この対話を通じて，林さんからは，あなたは悪くない，という内容の言葉が樹理さんにはかけられる。この場面以前には，林さんから何かにつけて厳しく叱られることの多かった樹理さんにとって，林さんからのこうした受容的な働きかけは，ホームにおける初めての肯定的体験となったのではないだろうか。確かに，【エジソン】の事例における対話の最中には，虐待された，という指摘があまりにも厳しく辛く響くために，林さんとの間で確認されるはずの良好な関係は，樹理さんには十全に捉え難かったかもしれない。しかし，あなたは悪くないという林さんからのメッセージは，その後も繰り返されることによって，樹理さんを新たに支えるものとなっていくはずである。

過去の捉え直しの始まり

　【エジソン】の場面の後に，家族に関する樹理さんの語り口は，少しずつ変化していくことになる。とりわけその大きな契機となったのは，樹理さんが妹の誕生日プレゼントにＣＤを贈ったところ，母親から，そのＣＤを突き返され拒絶された，という出来事であったようである。筆者は，あらかじめ林さんからこの出来事について簡単に聞いていたが，後に樹理さん自身から，その出来事について話を聞くことになる。

　次の記録は，【エジソン】の事例の3週間後，樹理さんが筆者に，ＣＤの件について語ってくれた場面に関するものである。

【ＣＤを突き返される】XXX2年4月22日
ハル子さんがやってきて，樹理さんの前に座って顔を覗き込むようにしながら，「ねえねえ樹理ちゃん，美容院で働きたいって言ってたじゃない。それで，さっき地元にも美容院あるって言ってたけど，働くのならやっぱり地元の方がいい？」，とひそひそ声で尋ねた。樹理さんは，にこにこした表情を崩さずに考え込んでいたが，「いやあ，もう地元はいいですね。実家の近くは嫌です」，とはっきりと言った。

第4章　過去を自己の事実性とする意識　　　　　　　　　119

言いながら，表情が苦笑いに変わる。ハル子さんは，言葉を慎重に選ぶように，「そうか。実家の近くはもういいのね。でも，やっぱりあっちの方？　地元方面の方がいいのかな」，とさらに確認する。樹理さんは，寂しそうな苦笑いをもう一度すると，「いやあ。もういいです。地元もいい。実家の近くはもういいや。この間懲りました」，と言った。寂しそうな声だった。それから，横で聞いていた私に向き直ると，「この間お母さんに叱られたんですよ。私」，と，無理に元気そうな声を出して言った。「なんか，この間妹に，誕生日プレゼントにCDを贈って。そしたら，お母さんに，余計なことするなって。あんなに悪いことしておいて，妹に悪影響が出る，娘なんて思わないでって叱られて，私ここで大泣きしたんですよ」。樹理さんは，はきはきと話を続ける。「そいで，ここで泣いてたから，ハル子さんと林さんに励ましてもらって」，樹理さんはそう言うと，ハル子さんを見て，「ね」，と言った。ハル子さんは，とても苦しそうな笑顔をつくって，「ねえ。そうよね。失礼しちゃうわよね」，と言った。樹理さんはまた寂しそうに，でもにこにこと笑顔をつくった。（略）樹理さんは，さばさばとした表情で，「だから，もう実家の方には帰るのは懲りました」，ときっぱり言った。

　この場面における，「懲りました」という樹理さんの言葉には，これまでの樹理さんにはみられなかった，自分の家族に対する否定的な響きが含まれている。また，家族に対するこの場面での樹理さんの語り口は，どこかさばさばとした諦めさえをも感じさせる。
　あなたは虐待された子どもである，という林さんの指摘によって，樹理さんは，自分の親は厳しいしつけをしてくれていたのだ，というこれまでの捉え方に変更を迫られる。彼女は，自分の生きてきた16年間全体の支えそのものである，母親とのこれまでの関係を林さんによって否定される。それゆえ，【エジソン】の場面以来，樹理さんは，家族との関係を即自化し，その関係を虐待と捉えることを迫られながらも，何とかしてそれを拒みたい，という大きな揺れ動きの中を生きていた，と考えられる。
　樹理さんのそうした想いは，なけなしの小遣いから，妹にCDをプレゼントしようと試みる行為に如実に現われている。すなわち，樹理さんは，母親との関係を良好な関係とみなすことは林さんに否定されるがゆえに，母親以外の家族との関係に活路をみいだそうとしているのである。確かに，母親との関係が良好ならざることを自ら選択した以上，樹理さんには，母親との関係が彼女に

とってすぐに望ましいものとなることは，期待できないであろう。しかしながら，母親以外の家族との樹理さんの関係は，これから自分で築いていくことができるはずである。家庭で体験してきたことが，母親から厳しく叱られ否定されるという辛い彩りに満ちているにもかかわらず，いや，そうであるからこそ，樹理さんは，母親以外の家族との関係を，少しでも肯定的なものとするべく選択するのであり，そうするのでなければ，樹理さんにとって，これまで自分を支えてきたはずの家族経験の新たな意味は，到底引き受けられなかった，と考えられる。

　しかし，樹理さんのそうした努力は，母親から「叱られた」ことによって否定される。ＣＤを贈るという樹理さんの行為は，肯定的に受け止められないばかりでなく，「妹に悪影響が出る」という強い否定でもって拒絶される。しかも，樹理さんは，家族を大切に想い，謙虚にならざるをえないがゆえに，この状況におかれても，母親から突きつけられた言葉を真摯に受け止めざるをえず，否定することができなくなってしまう。

　この出来事を語る「叱られた」という樹理さんの言葉からは，この時の樹理さんが，一連の過去を，母親を責めることによってではなく，依然として「自分は悪い子である」，と捉えることによって引き受けようとしていることが窺える。すなわち，この時の樹理さんは，自分と母親との関係を，虐待という範疇に組み入れることは，いまだできずにいる。

　樹理さんは，虐待を受けてきた自分の境遇を自ら選択したわけではないため，母親から自分が拒絶される本当の理由を捉えることができない。このことに典型的となるように，そもそも対自は，「自分の境遇を選択し〔え〕ない」がゆえに，「何ら正当化されえないものとして，……私を捉える」(p. 126, 上 175 頁) しかない。しかしながら樹理さんは，自らが現にそうした境遇を生きている以上，母親から拒絶され続けてきたものとして捉えられる「自分の存在についてあらゆる責任を負うべきものとして」(p. 126, 上 175 頁)，自己を捉えざるをえなくなる。にもかかわらず，こうした仕方で自己を捉えようとしても，そもそも彼女自身の「事実性を，何ら手を施されていないむき出しの状態で (dans) 捉えることは不可能である」(p. 126, 上 175 頁)。それゆえ，樹理さんは，親から拒絶されている，という「私が在るところのもので在るためにそこに戻ってきて一体となるべき存在」を自らに「指示」しなければならなくなる

第4章 過去を自己の事実性とする意識

（p. 126, 上175頁）。それどころか，樹理さんがそもそもホームで生活しているのは彼女のいかなる事実性によるのかさえ，樹理さんにはあるがままに捉えることができない以上，こうした指示は，彼女がホームにいるという「端的な事実」（p. 126, 上175頁）に対してもなされなければならなくなる。しかもこの時の樹理さんは，親に厳しい言葉を投げられたという事実に基づき，自分は親に厳しい言葉を投げかけられるような悪い子であるからこそホームで生活しなければならない，という因果論的説明を端的な事実に自ら付与することでもって，初めて，悪い子である自己を発見することになる。というのも，ホームで生活しているという端的な事実に対してさえ，「そこに存在していること（être là）についての意識として，自分自身で，自己を深めつつ迫り寄っていく」しかない対自は，例えば，自分は悪い子という在り方を改めようとしてホームにいるという「動機づけ」といった，自分自身を納得させうる何らかの説明のうちにしか，自分自身の事実をみいだしえない（p. 126, 上175頁）からである。

そうである限り，親の働きかけを以上のように捉えるために，樹理さんは，親から叱られるような悪い子であるという「自己を自ら産み出す」（p. 126, 上175頁）のでなければならなくなる。あたかも，ＣＤを贈った自分の行為が過ったものであり，母親はそうした自分の悪い行為を叱った，というように樹理さんは語らなくてはならない。しかしながら，「自分は悪い子だった」と言うことによって親からの関わりを乗り越えようとする時，対自である樹理さんは，悪い子そのものの即自として存在することはできない。ただ，悪い子で在るべきである，という仕方で存在し続けなければならなくなる。というのも，そもそも，自分はしかじかであった，というように自分自身を或る即自的な存在として捉えたとしても，「われわれは，同一性という様式のもとに，こうした即自存在で在るのではない」（p. 159, 上223頁）からである。そうではなく，「われわれは，そうした即自で在るのでなければならない」（p. 159, 上223頁），という仕方において初めて，何らかの存在として自己を捉えうる。しかも，樹理さんは，悪い子であったと自己を捉える責任者である以上，単に過去の或る時点において自分は悪い子であったのではない。彼女は，悪い子だったと語るその一瞬ごとに，悪い子であったところの自分の過去を取り戻し，まずこれを存在せしめるのでなければならない。それゆえ，樹理さんにとって，過去を乗り越えようとする試みには，悪い子で自ら在り続けなければならない，という辛

さが不可避的に含まれることになる。

　そして，警察に保護されたり，ホームでは無断外泊をしたり，林さんに何度も叱られたりしてきた樹理さんが，周囲のおとなたちからも，繰り返し「悪い子」とされてきたのも事実である。自ら悪い子で在り続けなければならない樹理さんは，自分自身にまつわるこうした事実を，母親との関係を決定づける事柄として摂り入れることになる。ＣＤを贈ったことに関する母親からの叱責も，自分は警察に保護されるような悪い子だからこそであり，そうした親に反発をしたからこそ自分はより一層悪い子になってしまった，というように樹理さんは捉えていたかもしれない。それどころか，事実，自分はホームに来ても林さんに叱られ続けているのであるから，妹にＣＤを贈っても母親に拒まれるのは当然である，というように樹理さんは捉えていたかもしれない。樹理さんは，因果論的説明で母親との関係の辛さを逃れようとすることによって，自らの本質をより一層ネガティヴに規定せざるをえなくなる。

　たとえ，過去においてであろうと，自分は厳しい親から叱られた，と捉えることは，厳しい親から叱られるようなものとして，自己を選択することである。このように，悪い子として自分を選択するのは，樹理さんが，いまだ獲得されていない，良い子として親に受け入れられるという事態を強く望むからに他ならない。しかし，「劣っていることを選択することは，〔優れていたいという〕望みによって〔今もなお〕常に追求されている目的と，〔既に〕獲得された目的との間の隔絶を，〔その選択を実現するそのつど〕実現することを暗に含みこんでいる」(p. 551, 下889-890頁)。したがって，良い子になって親から受け入れられたいという望みにおいて，樹理さんは，同時に，いまだ獲得されていないその目的と，その目的に向かおうとする彼女の想いとの隔たりとをありありと実感することにもなる。樹理さんは，自分を悪い子と捉えることによって，悪い子では在らぬ在り方へと脱自しようとし，またそのことによって，少しでも良い子となって，母親との関係をいくらかは良好なものへと変更したいと望む。しかし，彼女のこうした想いは，いまだに母親は自分を受け入れてくれない，という実感と共に現われてくるしかない。事実，悪い子であるから叱られた，という説明は同時に，良い子になれば叱られない，という蓋然性を高めるがゆえに，樹理さんは妹にＣＤを贈る良い子になろうとするのである。しかし，母親からの対応は，彼女の望みがかなわないことを彼女に実感させることにな

第4章　過去を自己の事実性とする意識

る。サルトルは，自分を納得させるべくみいださないわけにはいかない様々な動機づけや因果論的説明が，「自ら自己を全面的に根拠づける限りにおいて」，動機づけや因果論的説明等々を「凍結させてしまう（transir）偶然性こそ，対自の事実性である」（p. 126, 上175頁），と述べる。すなわち，どれほどの理由づけをもって行動を選択しようとも，虐待されてきたという樹理さんの事実性は，彼女のそうした努力を凍結させ，無効なものとしてしまうのである。

　それゆえ，事実性とは，先に述べたように，在るところのもので在るために私が復帰せ（rejoindre）ねばならない存在に関し，私が自分自身に対し与える指示でしかない。樹理さんは，彼女の遭遇する出来事を通してそのつど，自らが引き受けねばならない，何の説明も得られない理不尽な自分の偶然性がいかなるものであるかを，自らに指示することになる。そうであるからこそ，林さんは，そうすることがたとえこの時期の樹理さんにとって辛いことであるとしても，彼女に，虐待という事実に向き合わせようとするのであろう。

　樹理さんは，自分の振舞いをこれほどまでに強く母親から否定される出来事に遭遇して初めて，「懲りました」，と語るに至る。樹理さん自身が後に語ってくれたことであるが，「娘だなんて思わないで」といった言葉を母親からかけられたのは，この時が初めてではなかったそうである。しかしながら，これまでの樹理さんは，林さんとの対話に静かに耳を傾けられるようになっても，母親のそうした言葉によって傷ついた様子を示すこともなく，ましてや林さんやハル子さんに自分のそうした体験を語ることはなかった，という。悪い子で在り続けようと切実に試みていたにもかかわらず，そう在ることによっても説明されえない母親の振舞いは，彼女のこの試みを挫折させしてしまう。それゆえ，彼女は，自分の過去が被虐待であることを受け入れざるをえなくなるのであるが，この時の彼女はまた，自分自身では過去における被虐待という事実を乗り越えることができないという絶望的な事実にも，気づかされてしまう。号泣することは，母親との関係がネガティヴなものであることを引き受けようとしている樹理さんに可能な唯一の在り方だったのであろう。この時の樹理さんには，その良好ならざる関係を，親からの虐待として命名することはいまだできていないかもしれない。自分の本質を否定的に捉えてでもなお，それは，親からの教育的配慮であった，と理解したい想いを捨てきれないでいるかもしれない。しかし，号泣することは，そうした諸々の辛さを自らが引き受けざるをえない

ものたらしめるための彼女の覚悟であると同時に，非常に大きなやるせなさを伴う諦めと一体になった，彼女なりの辛さの表出だったのではないだろうか。

とりわけ，樹理さんが林さんやハル子さんの前で泣くことは，この時樹理さんの味わった辛さが，樹理さん一人では支えることのできないほど深かったことを示している。他ならぬ樹理さん自身が，母親との関係を「虐待」以外の何ものでもないと選択する時には，しつけといった他の解釈の可能性を無化し，それを背景としなければならない。しかも，無化されるはずの様々な解釈は，彼女にとって望んでやまないものである以上，樹理さんは，それらを妥当なものとして保持したいという切なる想いを抱えつつ，無化し続けなければならないのである。確かに，林さんやハル子さんという他者の前で，自分の辛さを露呈することにより，樹理さんは，自分の辛さを他者に曝け出す辛さを味わうことにもなる。しかしながら，林さんやハル子さんは，自分の辛さを共に味わい，辛さの中で立ち尽くしている自分を何とか支えようとする仕方で，虐待という事実を彼女と一緒に定立しようとしてくれる。それどころか，乗り越え難い辛さを自分に突きつけてくる母親の存在を，樹理さんは，林さんやハル子さんと共に眺めることによって，距離を保ち対象化することができるようになる。それゆえ，二人の前で大泣きすることは，彼女一人では乗り越えられなかった非常に大きな辛さを乗り越えさせてくれるのであろう。

この体験を筆者に対してさばさばとした口調で語る樹理さんの様子からは，また，「地元の方がいい？」というハル子さんの問いに対して，全面的に否定しようとする樹理さんの言葉からは，樹理さんが，自分の辛さを，確かにいまだ完全に乗り越えることはできなくとも，或る種の諦めと覚悟とをもって捉えていることが窺える。確かに，自分を根源的に支えてきてくれたはずの家族経験を，この時の樹理さんが完全に諦めている，とは考え難い。事実樹理さんは，筆者に対してはにこにこと笑っていられるにもかかわらず，密接な関わりをもつハル子さんに対しては，苦い表情や辛そうな様子が自然に滲み出てくる。しかし，少なくともこの時の樹理さんが，自分の体験を諦めるべきこととして捉えるようになっていたであろうことは，確かなのではないだろうか。

この事例の1週間後には，林さんと樹理さんとの間で，次のような対話がなされる。

第 4 章　過去を自己の事実性とする意識　　　　　　　　125

【父親への感謝】XXX2 年 4 月 29 日

「でも，本当にあなたにはきちっと考えてほしい。親とこれからどう接するのか。どうしていくのか」。林さんは，真剣な声で言った。樹理さんは，辛そうな表情で黙った。「ただの親じゃないでしょ，あなたの場合。自分を捨てた親だからね。そこに，幻想をもたないで」。樹理さんは，じっとして聞いている。「CD の件があったでしょう。あなたがせっかく，せっかく妹にプレゼントしたのに，親と思ってなんてないんだからって。あなたを捨てた親ですよ」。樹理さんは，腕組みをして，上体を居心地悪そうに揺らし始めた。林さんの最後の一言に，樹理さんは林さんの顔をじっと見る。林さんは，少し声の調子を和らげて，「あなたにとっては自分の親のことを悪く言われるのは嫌だろうけど」，と言った。樹理さんは，じっと動かない。頷こうとはしなかった。樹理さんの表情を見てか，林さんは黙って待った。樹理さんは，視線を下ろすと，「うーん，前は，素直に聞けなかった」，と呟いた。「でも，CD の件があってから，わかった。今は，冷静に聞けると思う」，とぼそぼそと樹理さんは言う。林さんは，じっと黙ったままだ。樹理さんは，少し考えてから，幾分明るく切り出した。「お父さんには，すごく感謝してます。今まで育ててくれて」。林さんは，その言葉に頷く。「お父さんにはね」。樹理さんは，もう一度寂しそうに，しかしきっぱりと言った。林さんは頷いて，「そうか」，と言った。「ゆっくりとでいいから，考えて。ただ単に，親を恨むんじゃなくて，どうしたらできる範囲の中での良い関係になれるかっていうこともね」。林さんは言ったが，樹理さんは，「良い関係」という言葉にぴくりと表情を動かして，とても苦い表情になった。

　母親や家族に関する樹理さんの語り口は，この場面に至るまでに，微妙な変化を見せつつあった。しかし，この変化が，自分は虐待されたということを事実として受け入れようとしていることに伴うものであるならば，樹理さんは，自分は悪い子と捉えることによって蒙っていたであろう辛さからは徐々に解放されると同時に，虐待されたと捉えることにより生じる辛さを，むしろさらに深く経験していくことになる。事実樹理さんは，家族の話に向き合うことからずれようとするかのごとく，身体を居心地悪そうに揺らすのである。

　【CD を突き返される】の事例において，樹理さんは，一旦は自分の過去を捉え直したとしても，その捉え方を絶えず保持できるとは限らない。むしろ，先に考察したような，被虐待という事実認識を保持することに必然的に伴う辛さゆえに，樹理さんは，一度は定立せざるをえなかった虐待という事態を，可

能な限り考えないようにしたい，と望むのではないだろうか。【CDを突き返される】の事例から1週間経って，樹理さんの辛そうな様子を見ながら，それでもなお林さんが「きちっと考えて」と語りかけるのは，樹理さんが過去から再び目を逸らそうとする限り解決されえない問題を，林さんやハル子さんの支えのもとで共に乗り越えていこうとする働きかけであるはずである。

とりわけ，「自分を捨てた親だからね」，とか，「そこに，幻想をもたないで」，という林さんの言葉は，それまでにない厳しさを含んでいる。これらの言葉は，被虐待という過去の出来事を，樹理さんに代わって即自化している。また，それにもまして，本来の偶然性に基づかないままに過去を超出しようとするという，挫折するしかない試みを再びしてしまいそうな樹理さんの可能性をあらかじめ断念させ，これから遭遇するであろう現実に適切に対処できるようにと，彼女をして彼女の偶然性を捉えさせようとする。

これまでの樹理さんは，「あなたにとっては自分の親のことを悪く言われるのは嫌だろうけど」といった配慮の言葉を林さんから語られると，別にかまわない，と答えることが多かった。しかし，この時の樹理さんは，黙り込んだまま，否定することも肯定することもしない。これまでの樹理さんが，否定することで，別に辛くない，と自分に言い聞かせてきたのだとしたら，この時の樹理さんは，辛くないと自分に無理に言い聞かせたり，林さんにいわゆる虚勢をはったりしなくてもすむようになっていることになる。すなわち，樹理さんは，自分の親のことを「悪く言われ」ざるをえない現実を，諦めと共に受け入れつつある，と考えられる。したがって，この時の彼女には，受け入れようとすることによって，自分の本来の過去が，自分自身の可能性を規定する重みを備えたものとして現われつつある，といえることになる。

というのも，サルトルが明らかにしているように，「余すところなく完全に凝縮した密度（plein）を伴って，即自的に在る（être en soi），という意味で，私がそれで在ると言われうるすべてのことが，……常に，私の過去である」（p. 161, 上227-228頁）からである。そして，私の過去である事実性は，そうした凝縮した密度という「存在充実」や「重苦しさ（lourdeur）」（p. 162, 上228-229頁）を伴っているからである。樹理さんが自分は虐待されたと捉えられるようになることで，樹理さんの過去には，他の誰でもない彼女自身の偶然性に基づいた存在充実がもたらされることになる。こうした存在充実は，それが在

第4章 過去を自己の事実性とする意識

るところのもので在るという在り方をしているために、重苦しさを備えて、樹理さんに強く迫ってくるのであるが、同時に、母親との関係も、この存在充実を伴って捉えられる限りにおいてのみ、彼女の本当の過去となるのである。それゆえ、虐待として樹理さんに捉えられた過去は、そう捉えられることによって、樹理さんの意識から逃れ出るが、しかし、当の過去や、その充実した重苦しさは、他でもない樹理さんの意識がそれで在るべきところのものとなる。「対自が決してそれで在らぬところの……こうした重苦しさは、超出され、その超出そのもののうちに保存されている重苦しさとして、対自がそれで在らねばならないところのものである」(p. 162, 上 229 頁)のである。

　過去が樹理さんの過去であり、現在の樹理さんこそが過去の責任者である以上、たとえそれが彼女にとってどれほど信頼のおける他者であっても、林さんによってでは、過去にこうした存在充実をもたらすことはできない。自らが自分の過去を虐待と捉え始めることによって初めて、樹理さんが、虐待という出来事に存在充実をもたらす。そして、このことによって、過去は即自存在として、過ぎ去ったものとして超出されることになる。しかしながら、樹理さんは、自分の過去を虐待と捉えることによってその過去を超出するにもかかわらず、いや、むしろ超出するからこそ、超出されたところの過去は依然として樹理さんの過去で在り続ける。過去が、現在の樹理さんに残留し、つきまとい、被虐待というネガティヴで強い作用力をもつ事態が自分の過去であることを、樹理さんは拒むことができない。というのも、「対自は即自には決して到達しえないのであり、また、あれやこれやで在るものとして自己を決して捉ええないものである」が、対自である限り「自己から距離を取るという仕方で、対自は自分がそれで在るところのもので在ることを自らに妨げることはできない」(p. 162, 上 229 頁)からである。それゆえ、「超出された即自はそこに留まり続け、その根源的偶然性として対自につきまとう」(p. 162, 上 229 頁)ことになる。したがって、林さんによってではなく、自ら、自分の過去を虐待と捉える時に、樹理さんは、過去から目を逸らしそこから逃れようとしていたのとは異なる辛さに打ち当てられることになるのである。

　林さんの話によれば、樹理さんに直接虐待をしていたのは母親だけであった、ということである。父親に対する感謝を述べる樹理さんの言葉からは、今もなお続いている母親からの虐待という事実を無視することができないと覚悟した

樹理さんが，父親との関係のうちに，何とか活路をみいだそうとしていることが窺える。「ゆっくりとでいいから，考えて。ただ単に，親を恨むんじゃなくて，どうしたら……良い関係になれるかっていうこともね」，という林さんの言葉は，樹理さんのこうした努力を肯い，そこから家族との新たな関係を模索する可能性もあることを示唆する。そのことによっていくらかは，樹理さんの辛さが和らげられるはずである。しかしながら，「良い関係」という言葉を聞いた樹理さんは，むしろ苦い表情を浮かべる。樹理さんのこの表情からは，程度のかなり甚だしい虐待であった，と誰もが判断せざるをえない樹理さんの過去の被虐待経験を，誰よりも樹理さん自身が的確に捉えており，それゆえ，「良い関係」が実現することはないであろうことをも彼女は痛感していた，ということが窺える。

養育者との柔らかな関係

樹理さんは，虐待について林さんと語り合うようになってから，じっと考え込んだり，食後は自分の部屋に籠ることが増えてきた。やがて，自ら虐待について勉強したいと語るようになり，『"it"と呼ばれた子ども』等の本を読むようになる[5]。親に関する樹理さんの語り口もさらに大きく変化し，彼女なりの虚勢を幾分感じさせるものの，樹理さん自身が親との関係を何とか諦めようとしていることが窺えるようになる。

また同時に，樹理さんは，林さんやハル子さんとの間で柔らかな関係を生きるようになっていく。例えば，或る日，樹理さんは，出張から帰ってきた林さんに会うなり，「ねえ，夕べは私に会えなくて寂しかったでしょ，寂しかったでしょ」，といたずらっぽく早口で繰り返した。林さんもにこにこと笑いながらも，「いやあ，樹理ちゃんのことなんて思い出しもしなかったね」，と軽口を返し，この対話を楽しんでいることが窺えた。この時の対話からは，樹理さんが，彼女ならではの巧みな冗談を介しつつ，かつては叱られるばかりの辛い相手と捉えていた養育者に対し，信頼を寄せつつ甘えるようになっていることが窺える。樹理さんは，母親との関係が虐待であることの存在の重苦しさを引き受けるからこそ，他方で，養育者と今生きる関係にも，同様か，それ以上の充実を求めていた，と考えられる。

樹理さんがそうした過程を経つつ，過去の体験を引き受けていく様子は，ハ

第 4 章　過去を自己の事実性とする意識　　　　　　　129

ル子さんの誕生日に際して，樹理さんがハル子さんに送った以下の手紙の一部からも窺える。

【手紙】XXX2 年 9 月 9 日
ハル子さんは私のお母さんです
私には本当のママがいる
でもママは私を捨てた
ハル子さんは，そんな私を優しく慰めてくれた
社会の厳しさも教えてくれた
泣いている時にそばにいてくれた
ありがとう

　この文面からは，母親からの虐待という不条理な事態を，「捨てた」，という強い言葉で語ることによって，諦めようと自らに言い聞かせている樹理さんの想いが窺える。林さんに指摘された当初は，自分の過去を虐待と捉えることができずにおり，それゆえ，本来の事実性に基づかない過去を因果論的決定に則って想定することで，辛い過去を何とか乗り越えようとしていた樹理さんは，この時期には，むしろ親との関係を自ら否定することで，その乗り越え難さを何とか克服しようと試みている，と考えられる。

　過去が取り返しのつかないものとなるまで
　しかしながら，親との関係をこうした仕方で語るようになり，また【CD を突き返される】の事例においては「地元に戻らない」と明言していたにもかかわらず，樹理さんは，XXX2 年の 10 月に自立すると，「可愛がってくれたおばあちゃんちに近いから」等の理由を語り，地元近くにアパートを借りて，近所の店で働き始める。結果的に樹理さんは，経済的にうまくいかなくなったことも重なり，3 ヵ月後，再びホームに戻ってくることになる[6)]。そして，その後，ホームで約 1 年半の間過ごした後に，2 度目の自立となる。
　【CD を突き返される】の事例において，「懲りました」と語っている時の樹理さんは，確かに，母親との関係に懲り，帰りたくない場所として地元を選択していたであろう。しかしながら，その時にもしも樹理さんが，地元から遠く離れた場所を，自立先として，本当の意味で選択していたならば，彼女は，こ

の選択によって，同時に，家族とは切り離された場所でこれからもずっと生きていくことを選択することになる。そしてこの時彼女は，当該の選択がこれ以後自分を拘束し続ける辛さを実感することになる。彼女は，この選択を実現する瞬間に初めて，懲りるとは母親といかなる関係を以後もつことであるのかを実感する。というのも，「一旦引き受けられた拘束は，私に重くのしかかる」(p. 580, 下932頁）からである。他方，【CDを突き返される】の事例時における樹理さんにとって，将来自立して働くことは，今まさに自分自身によって実現されようとしている自分の可能性にはいまだなっていない。そうであるからこそ，樹理さんは，その辛さに苛まれることなく地元の近くではない場所で暮らすことをあたかも選択したかのような口調で話すことができるのである。

　こうした意味で，ホームでの生活は，いわば，現実から切り離されている，といえる。樹理さんは，ホームで養育者と共に暮らす間は可能であった，自らの偶然性を引き受けることによってその偶然性を乗り越える，という在り方を，ホームという場からいわゆる世間へと出て行くことによって，たった一人で実現しなければならなくなる。この時，虐待という過去を抱えて生きる彼女の現実的状況は，乗り越え難い抵抗として現われるであろう。というのも，「即自としては抵抗するものとしてのあるいは援助するものとしての所与は，投－企する自由が放つ光のもとでしか，顕示されない」(p. 568, 下915頁）からである。そして，自分の未来なり過去として彼女に露わになる現実的状況の中で出会われる「所与の抵抗は，その所与の即自的な性質として直接受け取りうるものではなく，ただ，自由な〔投企による〕照明と自由な〔投企を妨げられることによる〕屈折とを通して，捉え難い何かを指示するものとして受け取りうるだけである」(p. 569, 下915頁）からである。樹理さんが乗り越えなくてはならない現実的状況は，彼女がその状況から遠くに在る限り，「決して浮き上がってくることなく《世界》の全体性の中に融合している」(p. 569, 下916頁）。すなわち，樹理さんが，ホームで暮らし，遠い将来として，自分自身の可能性ではなくいわば他人の可能性として自立を捉えている限りは，彼女にとって，自分の過去を乗り越えていくうえで障碍となる世間の目や，親との離れ難さといったものは，いまだ世界の中に溶け込んでいる[7]。樹理さんが実際に自立することによって初めて，現実生活において過去を乗り越えていくことの困難さや抵抗は，樹理さんに対して現われることになるのである。

第4章　過去を自己の事実性とする意識

　樹理さんは，再びホームで暮らすことによって，一度目の自立の挫折をも自らの偶然的事実とし，その結果新たな辛さを備えることになった過去をもう一度乗り越えていくための準備を整えていく。自分の過去がどれほど辛くとも，具体的な生活の中で，その事実に屈することなく，むしろそうした辛さをいわばバネとして耐えていくだけの精神力をつけることが，樹理さんの2度目の自立までに求められる課題となるのである。

　次の記録は，ホームでの2度目の生活が約1年過ぎた頃の，樹理さん（18歳）と林さんの対話場面である。樹理さんはこの頃から，自立するに十分な準備が整いつつあるとして，2度目の自立の時期を検討するようになっていた。記録場面の数日後には，林さんが仕事でB県に行くことになっていた。当時，樹理さんの兄がB県で暮らしていたことから，ハル子さんは樹理さんに，楽しそうに次のように語りかける。

【家族のことはもういい】XXX4年4月20日
「ねえ，林さんについて行ったらいいんじゃない？　お兄ちゃんに会うのに」，とハル子さんは楽しそうに樹理さんの顔を覗き込みながら言った。林さんも，「お，一緒に行くか」，と言う。樹理さんは，「ああ，そうか」，と嬉しそうに笑ったが，すぐに，その笑いを苦笑いに変えた。そして，「でもねえ，お兄ちゃん，だめだ」，と呟く。ハル子さんが，怪訝そうな表情で樹理さんの顔を再び覗き込んだ。樹理さんは，ハル子さんを見てにこっと笑ってから，林さんを見ると，「あのね，昨日ばあちゃんと電話したら言ってたんだけど，お兄ちゃんね，俺は要領が良かった，樹理は要領が悪かったって言ったんだって」，と言った。さばさばした口調だが，顔には苦笑いが浮かんでいる。「だめだそりゃ」，と林さんも寂しそうに言った。ハル子さんは，憤慨したように，「お兄ちゃん，なあにそれ。全然わかってないじゃない」，と言う。「ね，全然わかってないよね。そんなんじゃねえって」，と樹理さんも大きく頷く。顔からは苦笑いが消えて，むしろサバサバした表情に変わる。「お兄ちゃんも，必死だったんだと思うよ，自分を守らなきゃいけないからね。でも，そんなのねえ。お兄ちゃんだったら，俺の妹に何するんだってお母ちゃんに言えなきゃ」，と林さんは言った。樹理さんは，林さんに笑顔を向けて，「ねえ」，と言う。（略）樹理さんは静かにハル子さんの言葉を聞いていたが，しばらくして，「でもね，あたし，一番情けないのは父親だよ」，と苦笑交じりに言った。「そう，父親。てめえそれでも父親か」，と林さんも大きな声で言う。「パパも，自分を守るのに必死だったと思うんだ。だから，目立たないように目立たないようにってしてたんだよね」，

と樹理さんは言う。(略) 樹理さんは，じっと黙っていたが，しばらくして重そうに口を開くと言った。「あたし，もういいんだ，母親とか父親は。お兄ちゃんだってもうだめだし」。

　かつて樹理さんは，【父親への感謝】の場面において，「お父さんには……感謝してます」，と語っていた。また，その2ヵ月後には，兄を褒め，お兄ちゃんとの関係はうまくいっている，と主張していた。しかし，それから2年近く経ったこの記録場面において，樹理さんは，父親や兄とのそうした関係さえ否定する。

　父親や兄と樹理さんとの間で，具体的にいかなる出来事があったのか，筆者には知る由もない。しかし，かつての樹理さんが，自分の事実性に基づくことなく，父親や兄との良い関係を捉えようとしていたならば，例えば地元の近くで1度目の自立をした際には，何らかの問題が生じ父親や兄を頼ろうとしても，父親や兄から拒まれた，といった体験をしていた可能性も否定できない。母親との関係を諦めようとするからこそ，自分を支えてくれる他の家族との絆を拠り所としたいにもかかわらず，実際にはそうした絆さえ存在していなかった，とこの時の樹理さんは語るのである。

　確かに樹理さんは，父親や兄から直接虐待を受けたことはないようである。樹理さんが，父親や兄との関係を肯定的に捉えようとする根拠も，そこにあったと考えられる。しかしながらこのことは，通常われわれが，家族関係をそれ相応に十全な仕方で生きているからこそ，家族に対して様々な不満を抱きつつ，理想的な家族像を思い描くことができるのとは異なり，かつての樹理さんにとって，理想的な家族とは，虐待されない家族でしかなかったことを物語っている。彼女が理想の家族像を描くために背景として無化されるところの，地平としての家族体験は，それほどまでに悲惨で脆い内容でしかなかったのであろう。

　しかしながら，この場面においては，樹理さんは，自分の兄が自分の辛さを汲んでくれていないことも，父親が自分を守ってくれなかったことも，捉えている。このことは，樹理さんが，互いに助け合い，傷ついた者を慰め合うことのできる，より豊かな関係を，理想の家族像とすることができるようになったことを物語っている。したがって樹理さんは，自分の偶然的な生育環境において，何がどれほど損なわれてきたのかを，それまでよりも一層具体的に，あり

ありと実感することにもなる。それは，樹理さんにとって，新たな辛さとして経験されることになるであろう。しかし，現状と理想との非常に大きな隔絶を諦めつつ受け入れることで，樹理さんは，虐待という偶然性を自分自身の事実性として選択することに基づく堅実な新しい生き方へと，自分自身を導くことになる。

事実，この時樹理さんは，兄や父親について諦めたように語りながらも，二人を責めようとはしない。それどころか彼女は，二人の事情を慮りさえしている。彼女は，逆境におかれつつも，他者の気持ちに敏感で思い遣り深い，という在るべき在り方へと自らを投げ込むことができる。彼女の偶然性にもたらされた存在充実や，彼女の過去に備わった重苦しさは，彼女の過去を「もはや取り返しのつかない（irrémédiable）」(p. 577, 下 928 頁) ものたらしめ，彼女に，家族との良好な関係を築く努力をするようにはもはや要求しなくなる。この時初めて本当の意味で，彼女は，被虐待体験を過去のものとすることができた，といえよう。

この記録場面の 4 ヵ月後に，樹理さんは，2 度目の自立をする。今度は，地元から遠く離れた，ホームのすぐそばにアパートを借り，頻繁にホームに電話をしたり訪ねて来たりしながら，充実した日々を送っているようである。

本節で考察した一連の事例からは，人間が，自己の過去を事実として引き受けられるようになるまでの過程に伴う辛さの具体相が，また，そうした仕方で過去を引き受けることにより子どもが生きる未来の可能性の変様が明らかにされた。そこで次章では，過去の引き受け方に応じて異なって現われる，未来の可能性を，子どもたちがいかなる仕方で実現していくのかを考察したい。

1) 子どもたちの背負う過去は，筆者が林さんや子ども自身から聞いたことのある話だけでも非常に痛ましい内容が多く，ましてや筆者には語られることのない辛さは，筆者の想像をはるかに越えるはずである。
2) こうした苦悩を抱えている時期の晃君の在りようは，第 5 章第 2 節で詳しく考察したい。
3) 里親制度では，委託された子どもを里親が自分の家庭で育てる。通常，戸籍上の手続きはふまないのであるが，中には，委託された子どもを「養子」とする里親もいる。そうした場合には，子どもは里親と同じ姓になり，里親の子どもとして育てられる。房江さんは，実際には養子縁組されることはなく，育てられた家庭の姓と自分の姓とが異なっ

ていた。
4) この時期の樹理さんは，同時に，ホームで由々しい問題を引き起こし，しばしば林さんに厳しく注意されていた。したがって，少なからずの反発を林さんやハル子さんに抱いていたであろう当時の樹理さんが，二人から支えられていることを実感できるようになることは，樹理さんがホームにいるうえで大きな意味をもつことになる。当時の樹理さんの問題については，第7章第2節と第3節において，事例に即し考察する。
5) ベルザー（1998）。
6) ホームにおいて，1度自立した子どもが再び帰ってくることは，珍しいことではない。林さんは，子どもの自立できる時期について，養育者に適度に依存できるようになり，ホームに帰ってこられる関係が築けるようになった時，と語る。現実の波にもまれて自立の難しさを知り，そのうえで再びホームで自立の再準備をすることも，子どもたちにとって大切な糧となるのである。なお，子どもにとって再入所がどのように経験されるのかは，第5章第3節で詳しく考察したい。
7) 他人の可能性については，第5章第1節において，【体験入所】の事例に即し考察する。

第5章 未来へと自己を超出する意識

　前章では，ホームで暮らす子どもたちにとって過去はいかに現われるのか，辛い過去を子どもたちはいかに乗り越えていくのかを考察した。過去のこうした乗り越えは，子どもたちが，どのような未来を自分の目標とし，その未来においてどのように振舞おうとしているか，ということと密接に関わっている。そこで，本章では，ホームの子どもたちにとって，未来がいかなる現われ方をするのかを考察する。

第1節　近接未来と日々の具体的可能性

　第2章第2節で考察したように，サルトルは，「未来（futur）」を，いわば直線的な流れの中で現在の後に訪れる時間位置として捉えることを否定する[1]。そうではなく，「人間存在が，自分に欠けているところへと向かっての自己自身の超出である」（p. 132, 上184頁）以上，対自は，過去の体験を事実性として背後に携えた「現実存在」としての自己を，「欠如を受動的に備えているもの」としての自己へと，すなわち，「欠如分」が回復されたならばそうなるであろうところの完全なる自己へと，超出している。その際，対自が自己を自ら投げ出していくという脱自的な在り方をしている時の，自己を投げ出す先こそが未来である，とされる。

　ホームでの生活に慣れ親しんでいない子どもたちは，すぐ目前の未来における自分の振舞い方さえ了解できない不安な日々を過ごすことが少なくない。彼らは，翌朝何時に起きるのか，何時に朝食をとるのか，何時に家を出るのか，といった日常的で具体的な最近接の可能性の一つひとつに自明さを与えられないままに，すなわち，自らの欠如分を明らかにされないままに，未来へと向かって自分を投げ出さなければならない。それらの一つひとつは，生活に慣れてしまえば何でもないような事柄であるにもかかわらず，自己の投げ出し方を了解できない限りは，行為の実現を求められる一瞬一瞬に，子どもを困惑させる

ことになる。過去の経験を手がかりに生きることのできないこの時期は，子どもたちがホームで暮らしていくための，最初の大きな障碍となるはずである。こうした障碍を乗り越えて，ホームという場を自分の世界とし，日常的な近接未来を自然な仕方で生きることができるようになるためには，子どもたちは，それぞれの仕方でこの世界に遭遇し，自分の可能性の一つひとつを，自らの行為の実現を介して知っていかなければならない。

体験入所における欠如分の現われ

　このことは容易なことでは決してなく，事実，目前の未来へと向かって自己を投げ出すことのできない困惑は，ホームでの過ごし方のわからない子どもにとって，深刻な事態を引き起こすことがある。例えば，ホームで第一日を過ごす子どもは，食卓での冗談やからかい合いを，笑ってよいのか，それとも神妙に聞くべきなのかわからず，緊張したまま食事を終えなければならなくなることがよくある。また，或る子どもは，初めて食事をする際に，自分の前にだけ飲み水が用意されていないことに気づき，狼狽してしまう。ホームでの生活に慣れ親しんだ者にとっては，立ち上がって飲み水を用意するだけで容易に対処できるこうした事態が，対処の仕方のわからないこの子どもにとっては，ほんの数秒先の未来へと向かうことさえできないことになり，水を飲むことを諦めてともかく食事だけをとることもできなくなる，といったいわゆる居場所のなさを感じてしまうかもしれない。そうだとしたならば，この子どもは，まさに自分の可能性を実現するために通過すべき世界から切り離されてしまうことになる。不慣れな場所で齟齬なく生活しなければならないというこうした事態において，自らの可能性がホームの子どもたちにとっていかなるものであるのかを，本節では明らかにしたい。

　第3章第1節で述べたように，ホームで暮らす前に子どもたちは，原則として，1回ないしは2回の「体験入所」をすることになっている。そこで，体験入所をしている時の則子さん（17歳）にとって，いまだ不慣れな場であるホームで日常生活をこなすことはいかなる仕方で経験されるのかを考察したい。次の記録は，1泊2日の体験入所に臨んでいる則子さんが，食卓で，林さんと房江さん（17歳）と対話している場面である。

第 5 章　未来へと自己を超出する意識　　　　　　　　　137

【体験入所①　接客の仕事】XXX2 年 8 月 19 日
　房江さんはおずおずと,「ねえ, 則子ちゃんはどんな仕事したいの？」, と則子さんに話しかける。則子さんは,「あ, 接待の仕事です」, と緊張した面持ちで言う。「って今の施設の職員に言われたんだけど, でもそういう接客業は難しいよって言ったんだよね」, と林さんが, 後を付け足した。「ああ, 接客はねー」, と房江さんは頷く。「何の仕事をしてるんですか？」, と, 則子さんは, その場にいた房江さんにとも樹理さんにともつかずに尋ねた。

　この時の則子さんは,「接客」と答えるべきところを「接待」と誤って答えた, と推測される。この言い間違いからは, 則子さんは, 働くことを強く意識して接客業を積極的に希望していたのではなく, 当時所属していた児童自立支援施設で勧められたにすぎないことが窺える。……をしたい, ……になりたい, といった「欲すること (désir) は, 存在の欠如 (manque d'être) で在る」(p. 131, 上 182 頁) 以上, 本来, 或る仕事に就きたいと望むことは, 欠如分を生きることである。就業に限らず, そもそも人間は本来常に, 自分に欠けている部分を回復した時にそうなるところへと向かっての自己自身の超出という在り方であるのであり, とりわけ,「欲することは, 自分の存在の最も奥深くでそれが欲している存在 (l'être dont il est désir) そのものによって, つきまとわれていること」(p. 131, 上 182 頁) なのである。
　しかしながら, ホームの子どもたちに限らず, 多くの人間にとって, たとえ何らかの仕事に就くことを漠然と望んでいたとしても, 当の仕事を実際に始めるまでは, 仕事をすることの内実は明らかでない。それどころか, 仕事をするうえで, 自分にいかなる欠如分が備わっているのかさえ明らかではない。というのも, 対自の可能性は, 自分がその可能性を実現したら到達するであろう目標と一体になっており, この目標が明らかでない時には, そう在るべき自己となるためには何が自分に欠けているのかも, すなわちサルトルが述べるところの欠如分の内実も明らかとならないからである。確かに則子さんも, 児童自立支援施設の職員と仕事に関し話し合ったことによって, 自分の過去の体験に基づき, 接客に関する仕事を漠然とイメージすることはできていたかもしれない。あるいは, 初めての仕事に対して, 何らかの意気込みまで抱いていたかもしれない。しかしながら, 彼女は仕事に就くことを表象はできていても, そのため

の準備には当然のことながらいまだ差し迫られておらず，自分がどのような仕事をするのか，そのためにはいかなる準備をしなければならないのか，といった欠如分を満たさなければならないことにさえ，思い至っていないであろう。

　房江さんが，「接客はねー」，と語り，接客業に就くことの難しさを，実感を伴う仕方で林さんと共有しているのを目の当たりにした時に，則子さんは初めて，自分は仕事について語るうえで何かを欠いている，と実感することになる。ところが，そのことには気づかされても，この時の則子さんには，具体的に何が自分に欠けているのかがわからない。それゆえ，房江さんのような在り方へと向かうために，いかなる可能性を実現し，自分をどのように投げ出したらよいのかがわからないままとなっている。そして，このことを自覚し，欠如分を知ろうと則子さんがしていることは，仕事について房江さんに自ら問いかけることからも明らかである。人間はそもそも，この時の則子さんと同様，何ら具体的な行動の中にあるのではない抽象的な自己の在り方や可能性を捉えることはできない。本来，「われわれの存在は，様々な営みにおいて出現するのであり，これらの営みの上に自己を映し出す限りにおいて，初めて自己を認識する」（p. 76，上106頁）ことができる。それゆえ，自分の次なる行動に関する「諸々の要求に満たされている世界の中で，われわれは，《実現しつつある》投企のさなかに，自己を発見する」（p. 76，上106頁）。すなわち，問いかけることによって初めて，則子さんには，欠如分が備わっているという自分自身の在り方も，またその欠如分が何であるかを知っていない自分の在り方をも発見できることになる。そして彼女は，そのうえで，自分の何らかの欠如分を実際に回復しようと試み始めていた，と考えられる。

理想的な在り方を即自的に実現しようとする在り方

　自分の欠如分を，その内実がわからないながらも何とかして回復しようと試みる則子さんの様子からは，ホームで暮らすことがいかなることであるのかが具体的に了解されていないにもかかわらず，則子さんが，ホームで暮らすための準備を真剣にしようとしていることは，十分に窺える。則子さんは，林さんとの対話において，さらに次のように語る。

第5章　未来へと自己を超出する意識　　　139

【体験入所②　お母さんの問題】XXX2年8月19日
　則子さんは，「あとは，あたしの場合〔の問題〕はあれっすね。お母さんのことだけですね」，と，淡々と言った。林さんは頷き，「うん。そうだね。それは時間がかかるよ」，と言った。それから目を細めて，「それを自分から言えるっていうだけでも大したもんだ」，と笑う。

　則子さん自身がこの日断片的に語った内容や，彼女の苦々しい口調からは，家庭での則子さんの体験が，ホームの多くの子どもたちと同様，非常に辛いものであったことが窺えた。しかしながら，それらは乗り越えるどころか向き合うことも辛いはずであるにもかかわらず，則子さんは，自らこの課題を深刻ならざる口調で言葉にする。
　この時の則子さんの淡々とした口調は，この瞬間の則子さんにとって，家族の問題が，強く差し迫ってくるものとはなっていないことを物語っている。とはいえ，第4章第3節において考察した樹理さんとは異なり，この時の則子さんが，自分の家族の問題に，適切な諦め方でもって，或る程度の距離を保持しつつ臨んでいるようには見受けられない。というのも，この時の則子さんの口調からは，自分自身の辛さを乗り越えた時に樹理さんの口調に現われていたやるせなさや過去の重苦しさが，感じられないからである。むしろ，この時の則子さんには，自分の過去を乗り越える辛さの内実は，すなわち，母親との問題を乗り越えるとはいかなる在り方であるのかや，その在り方となるためにはいかなる部分が自分には欠けているのかは，知られていない。それどころか，課題を乗り越えるという在り方に対して，自分は何らかの欠如分を備えていることさえ，この時の則子さんには明らかとなっていないであろう。そうであるにもかかわらず，則子さんは，自分が成長していくためには母親との関係を乗り越えていかなければならないことだけは的確に認識しており，この課題を自ら言葉にできる，「大した」子どもであろうとする。
　サルトルは，自分自身によって今まさに実現されようとしている「私の可能」と，「単に想定されうるだけの，場合によっては生じるかもしれない事態として，つまり，他人によって想定されるだけの，あるいは，もしも他人が同じ立場におかれたならば」実現されることになる「他人の可能」(p. 79, 上110頁)とを峻別する[2]。これらはいずれも，対自の可能性を示すが，対自がそれ

を存在するという仕方で生きる可能は私の可能なのであり，他人の可能は，いわば理論的な仕方で，「私の可能を取り囲んでいる」（p. 79，上110頁）にすぎないのである。

　母親との関係をまさに乗り越えようとしつつ在るのではなく，そうした可能性をいずれ実現しなければならないであろうといわば理論的に捉えているこの時の則子さんにとって，母親の問題を乗り越えることは，他人の可能性としかなっていない。それどころか，則子さんは，母親との関係を乗り越えることを，自分自身に差し迫ってくることのない即自化した仕方で捉えている。それゆえ，彼女はこの時，過去を乗り越えようとする理想的な在り方で今在ることを言語化しながらも，過去を乗り越えようとする者として，自分自身を選択しているのではないことになるのである。

　則子さんのこうした在り方を明らかにしてくれるのは，緊張のあまりこわばった彼女の身体であり，彼女の所作の一つひとつである。次の記録場面にあるように，例えば彼女は，ダイニングに入ってきた他の子どもたちに自己紹介するたびに，緊張して立ち上がる。

【体験入所③　自己紹介】XXX2年8月19日

　「あなたは自己紹介したの？」，と林さんに言われて，則子さんは慌てて立ち上がった。林さんはにこにこして，「そんな立たなくてもいいよ。座ったままで」，と優しく言う。則子さんは，今度は慌てて椅子に座った。林さんは，房江さんに向かって，「今日は緊張してるから，あまりいじめないであげてよ」，とにやにやしながら言う。房江さんも，「おう，今日のところはね」，とふざけて言った。則子さんは，二人のやり取りを，目を丸くして見ているが，緊張しているのか，硬い表情を崩せないままである。

　この記録場面の前に，筆者に自己紹介した際にも則子さんは立ち上がり，林さんは，則子さんの緊張をほぐすように，「わざわざ立ち上がらなくてもいいよ」，と声をかけていた。にもかかわらず，則子さんは房江さんに自己紹介する時にも，再び立ち上がってしまう。林さんに再三同じ言葉をかけられた則子さんは，自己紹介するたびにわざわざ立ち上がる必要はないと林さんが思っていることを，疑っているわけではないだろう。しかしながら，この時の則子さんは，立ち上がらずに自己紹介をするという可能へと自己を超出しえない。こ

のことは，彼女にとって，規則の厳しい児童自立支援施設で身につけてきたであろう，自己紹介は立ち上がって礼儀正しくするべきである，という在り方の実現の仕方は明らかとなっていても，椅子に座ったまま自己紹介をする適切な仕方がいかなる在り方であり，自分はそのためにどうしたらよいのかは，了解されずにいることを意味している。

　サルトルによれば，「あらゆる手段は，好都合なもので，また同時に逆行的なもの（adverse〔＝不都合で阻害的なもの〕）であるが，しかしそれは，世界の中への対自の出現によって実現される〔＝世界内への対自の出現という〕根本的な投企の範囲内」(p. 389, 下647頁) でのことでしかない。それゆえ，「私の身体は，道具複合によって〔世界に対する私の身体の在り方を〕根源的に指し示される」のであり，「私の身体は，常に，私の身体が用いる用具 (outil) を貫いて伸び広がっている」(p. 389, 下647頁)。則子さんは，自分が腰掛けている椅子や，手を置いているテーブルといった道具複合の中において，自らの身体を存在するのである。この時自己紹介のために立ち上がる彼女の身体は，自己紹介をするのに腰掛けていてはふさわしくないはずの椅子との複合関係によって，彼女自身に際立たせられることになる。

　そもそも，常に何らかの道具との関わりの中で行為している人間にとって，「私の身体は，諸々の用具に対し，私を適応させている」(p. 389, 下647頁)。そうである以上，則子さんの身体は，自己紹介に際しては立ち上がるべきという仕方で椅子に適応しており，腰掛けているという仕方では適応できない。事実則子さんは，林さんに声をかけられると，戸惑ったような表情でおずおずと座り直すしかなく，当惑のうちに自己紹介を繰り返すことしかできない。林さんと房江さんが冗談を交わしあっても，則子さんには，瞠目することしかできない。彼女は，それ以外の可能性を実現するために自己を投げかけることができず，自分の可能性を凝固させるしかないのである。

　また，食卓で冗談や皮肉ばかり交わしている林さんと他の子どもとの対話にも，則子さんは驚いたような表情ばかりを浮かべている。この時の則子さんは，丁寧な仕草で静かに食事をしており，児童自立支援施設でさえ努力したことのないほどの礼儀正しさでこの状況に適応しようと必死であった，と考えられる。そうである以上，緊張をほぐさせようと周囲の者が冗談を言っても，則子さんは，冗談を言われていることにさえ気づけずにいたであろう。また，食事の途

中で林さんに、「樹理ちゃんの話はたいてい冗談だと思った方がよいよ」、と忠告されると、則子さんは、今度は樹理さんの冗談にどう対応してよいのかわからないような、不安そうな表情を浮かべていた。彼女の身体は、正しいテーブルマナーを必要以上に実現しようとしてこわばっており、食卓で冗談を交わす、という在り方に対して、彼女の身体はゆとりをもって適応することができずにいるのである。

　こうしたことからすれば、緊張のあまり身体がこわばるという事態は、自らの身体を存在する対自が、何ら可能性を実現できずに凝固してしまうということの現われである、と考えられる。また、他人の可能性としかなっていない「母親との問題の乗り越え」を自ら言語化することは、養育者の目からみて望ましい在り方で在ろうと努力する則子さんにとって実現しうる、数少ない可能性であった、と考えられるのである。

　そうである以上、可能性を生きるという対自の本来的な在り方を実現できないこの時の則子さんにとっては、その場で皆と対話をすること自体が、並々ならぬ労力を要するものであったことになる。事実、則子さんは、食事を終える頃には、ぐったりと疲れたような表情を浮かべていた。ハル子さんは、そうした則子さんを気遣って、筆者に、食器の洗い方や入浴の仕方等を教えるようにと指示する。

　　【体験入所④　お風呂の使い方】XXX2年8月19日
　　私は則子さんに、お皿の洗い方、お風呂の入り方を教える。お湯の出し方や温度調節の仕方等、シャワーの使い方の手順等を教えると、則子さんは、真剣な表情で聞いているが、表情が緊張したままなので、伝わったのか伝わっていないのか、私にはなかなか自信がもてなかった。「わからなかったらまた聞いてね」、と言うと、則子さんはこっくりと頷いた。ハル子さんがタオルを差し出し、「じゃあお風呂に入りなさいな。今日はタオルを貸してあげます」、と言うと、則子さんは途端に不安そうな表情を浮かべて、私をちらりと見た。

　則子さんは、筆者の説明の一つひとつを、真剣な表情で聞く。しかしながら、この時筆者は、則子さんに自分の話が十分に伝わった、という印象を抱けずにいた。筆者の説明が則子さんにとって十分に伝わらないのは、彼女の知るべき事柄を筆者が彼女に適切に伝えていないからではなく、筆者の説明が、則子さ

第 5 章　未来へと自己を超出する意識

んをしてその内容をこれから実現しようとする可能性へと結びつけさせるような仕方となっていないからである，と考えられる。

　第 2 章第 2 節で考察したように，世界とは，私が可能性を実現するために通過せねばならないもののことである。そして「本来世界は，必然的な障碍（obstacle）ゆえに，この障碍のかなたで，《それで在るべきで在る》という形式のもと，私がそれで在るところのものとしての自己をみいだす……限りにおいて，私のものである」（p. 149, 上 208 頁），といえることになる。すなわち，則子さんは，入浴するという自分の可能性を実現しようとするその瞬間に，例えばひねらねばならないシャワーの蛇口という障碍を通過することで，シャワーを彼女自身の世界とすることになる。しかしながら，この時の則子さんは，筆者の説明を真面目に聞こうとするあまり，真剣に耳を傾けるという理想的な在り方を実現しようとし，いわば即自的な在り方となってしまっている。それゆえ，筆者の説明を自らの可能性として具体化し，例えば 5 分後に自分はどのようにこのお風呂に入るのかを考える，という対自的な在り方となることができずにいる。この時，浴室やシャワーや湯温調節器は則子さんにとって，いまだ私の世界となっていないのである。

可能を実現すること

　ハル子さんがタオルを差し出した時に初めて，則子さんにとって，入浴することが具体的な可能性となって現われる。確かに，この時に現われる諸可能の中には，彼女が，自分の過去の体験を手がかりに，迷わずに実現できる行為もあったであろう。例えば則子さんは，浴室のドアを開けるのには迷わなかったであろう。あるいは，筆者の説明を頼りにすることで，シャワーの湯を出すのには迷わなかったかもしれない。しかしながら，彼女はおそらく，筆者に説明されず，過去の体験を手がかりとすることでも実現できない，浴室のどこに自分の着衣を置くのか，入浴は何分ぐらいしてもよいのかといった欠如分にも直面したであろう。この時に，彼女は，入浴を済ませるために実現しなければならない可能を，自分がいかなる仕方で満たしてよいのかわからないことに気づかされる。彼女が浮かべた不安そうな表情は，自分の欠如分に彼女が気づかされたことを，如実に物語っている。

　サルトルは，私が何らかの行為を実現しようとする時，「主題的に定立され

ることさえなく，私のとる姿勢へと後戻りしてきて，それらの姿勢を照らし出して明らかにし，それらを結びつけて変容させるのは，未来の所作である」（p. 169, 上 240 頁），という。それゆえ，「私のとる中間的な姿勢は，未来の状態に自分を融合させるためにその状態へと自分を近づける手段でしかない」（p. 169, 上 240-241 頁）。しかしながら，この時に則子さんは，入浴するように言われたのみであった。したがって，則子さんには，例えばタオルを手にした時に，そのタオルを片付けるという未来の所作がわからなかったであろう。それゆえ彼女は，浴室を出る時に，タオルをその場に残して出るのか，手に持って出るべきかわからなくなり，タオルを持つ自分の姿勢を手段とすることができなくなるはずである。あるいは，浴室を出た後に，ダイニングに向かうべきなのか，そうではなく指示された子ども部屋に戻るべきなのか，わからなくなってしまうはずである。すなわち，自分が向かうべき先がわからないために，則子さんは，自分の身体を道具として，浴槽という環境に，あるいは，ダイニングまでの廊下という環境に，ひいてはホームという環境に，適応させることができないのである。

【体験入所⑤　就寝】XXX2 年 8 月 19 日
お風呂から上がってきた則子さんに，林さんは，「さあ，じゃあ今日は寝ますか。あとは部屋に行ったら，ここ〔＝ダイニング〕じゃ言えないいろんな悪口とか，ここのひどいところとか，〔他の子どもたちが〕教えてくれるでしょう」，とにやにやしながら言う。則子さんは，また反応に困ったように頷いた。「それで，明日また話そう」，と林さんが続けると，則子さんは，不安そうに頷いた。

「寝ますか」という林さんの言葉によって，則子さんは，入浴を済ませた自分が，ダイニングに戻ってきて良かったことを知らされほっとする。また同時に彼女は，次に実現すべきであるのは，寝るための部屋に行くことであることを了解できる。さらに林さんは，則子さんの緊張した様子をほぐそうとするかのように，「ここじゃ言えないいろんな悪口とか，ここのひどいところとか，教えてくれるでしょう」，と言う。この時林さんは，冗談めかしながらも温かな口調で語っており，他の子どもたちからここの「悪口」や「ひどいところ」を聞かされることを，肯定的に語っていることは明らかである。実際，部屋で

他の子どもたちと寝る時には，林さんの目から離れて，子どもたちは子どもたちの視線から，則子さんに様々な事柄を教えてあげることになるであろう。そしてそれらの中には，林さんと話しているだけではわからない，ホームの厳しさや子どもたちにとってならではの不満も含まれているかもしれない。林さんは，おとなからの話だけではなく，子どもたちとの対話を通して，則子さんがホームでの生活をより具体的に理解し，そのうえで，ホームに入所するか否かを自分で決めてほしい，と考えていたのであろう。つまり，ここの「悪口」や「ひどいところ」という林さんの表現は，子どもたちからの話も則子さんにとって有益であるという林さんの考えを，則子さんに伝えようとするものでもあったはずである。

しかしながら，「悪口」や「ひどいところ」という表現は，文字通りに受け取れば，ネガティヴな意味合いを含んでいる。しかも，この時の則子さんには，林さんのこうした言葉が具体的にいかなる事柄を表しているのかが，知られていない。したがって，則子さんは，林さんの言葉に冗談めかした響きを感じながらも，この言葉を冗談と受け取ってよいのか，あるいは，例えば子どもたちから悪口を聞かされても信じないようにという忠告を含む真面目な話として受け取るべきなのかがわからない。彼女はその話の中心からずれた在り方へと自己を投げ出すこともできず，当惑した表情を浮かべてしまう。

林さんも，自分の言葉が含意している様々な内容が，則子さんの理解を超えていることは，十分了解していたであろう。しかしながら，彼女にとって理解できずにいることの多くは，この時仔細に説明できることではなく，これからの生活を通して則子さん自身が学んでいくことである。そもそも，第4章第2節で述べたように，それが現に在るところのものが意味を付与されるのは，それが未来へと向かって超出される時だけでしかない。しかしまたその反面，「過去を過去たらしめている本性は，未来へと向かっての根源的な選択によって，過去へと到来する」(p. 578, 下929頁) のでもある。則子さんが，ホームに入所することを決定し，自らをホームで生活する者へと超出する時に初めて，その時点では既に過去のものとなっているこの日の体験入所の意味が，彼女の決定を可能ならしめたものとして選択され，則子さんにとって明らかとなる。それゆえ，林さんは，自分の冗談に対し困惑しているこの時の則子さんを気遣いはするものの，一時的な気休めの言葉をかけたりはせずに，則子さんに寝る

ように促すだけである，と考えられる．

実現すべき可能性を自ら保持する困難さ

　則子さんが，ホームで生活することに大きな期待を込めていたことは，この日の彼女の緊張した在り方からも十分に窺われる．しかしながら，実際にホームで暮らし始めると，わずか 2 週間程度で，則子さんは無断外泊し，その後，ホームに戻ってくることはなかった．そのため，林さんは，則子さんの「退所」手続きを取ることになった．

　このことは，則子さんが，実際にホームで暮らし，一つひとつの行為を彼女自身の可能性として実現していかなければならなくなった時，ホームに来る以前に彼女が思い描いていたはずのホームでの生活を，もはや自己を投げ出す目標とはできなくなってしまったことを物語っている．体験入所時の則子さんは，他の施設で暮らしており，ホームは確かに，当の施設から出た先として，希望に満ちた仕方で則子さんに表象されていた，と考えられる．仕事について房江さんや樹理さんに尋ね，熱心に耳を傾けていた則子さんは，この時，今度こそ自分を立て直し，しっかり仕事をして自立しよう，と自分に言い聞かせていたかもしれない．しかしながら，この時に彼女が捉えている，乗り越えられるべき自分の在り方は，「私がそれで在るところのもので在ることを背後から私に強いる」（p. 162，上 228 頁）ほどの重みを備えた事実性となっていない．それゆえ，彼女が実現しようとするのは，ホームで生活することを選択した者としての理想的で即自的な在り方でしかなく，彼女の事実性に基づいてはいない．この時，則子さんにとってホームにおける未来は，表象されているにすぎない．そして，「未来が表象され（représenté）る時には，未来は主題化され，私の未来であることをやめ，その結果，私の表象の，どうでもよい（indifférent〔＝自分に利害関係のない〕）対象となってしまう」（p. 169，上 239 頁）のである．

　ホームで暮らし始めるとすぐに，則子さんは，自分が思い描いていた理想的な在り方を実現することは，当の在り方とは反対の在り方を一旦立てて，それを背景として無化することを含んでいることに気づかされたであろう．そして，無化すべき可能性をも自ら保持し続けなければならないという厳しい状況の中で，結果として，何らかの契機を経て，ホームから出て行ってしまった，と想像される．

第5章　未来へと自己を超出する意識　　　　　　147

　則子さんの体験入所についてのここまでの考察から典型的に明らかになるのは，多くの子どもたちにとって，ホームで生活することは単なる環境の変化以上の意味をもつ，ということである。子どもたちにとっては，ホームで明日も生活するというただそのことを確たる自分の可能性とすることでさえ，自分の未来の在り方が自分自身にとって問われることになる。しかも，第4章第2節で述べたように，未来の選択によって，過去の世界の意味も選択し直される以上，それまで生きてきた世界の変化に伴う辛さに耐えるための多大な努力が必要となるのである[3]。

　また，体験入所日の則子さんの疲労した様子からは，最も目前の近接未来へと向かって自己を投げ出す仕方が自明なものとならない時に，対自が体験する辛さが如実に伝わってくる。ホームで寛いで過ごし，明日以降もホームで生活し続けることを自分の可能性とすることは，近接未来の可能性を何ら問題とすることなく自明なものとすることができる，という基盤のうえで初めて可能となる，と考えられるのである。

第2節　道徳的価値と根源的価値

　前節で考察したように，ホームの子どもたちにとって，自明さの備わった仕方で「ホームでの明日」を生きられるようになることこそ，ホームにおける生活の最初の課題となる。さらに子どもたちは，近接未来へ向けて投企できるだけではなく，遠い将来における自立への準備として，社会的にも，また当人にとっても肯定的な在り方をみいだし，その在り方を価値あるものとみなす価値観をも身につけていくことを目指す。

　本節では，サルトルにおける価値の解明に基づいて，子どもたちが，望ましい価値観を，養育者との関わりの中で，どのように育んでいくのか，価値観が育てられていく時に，子どもの振舞いはどのように変化するのかを考察したい。

価値の揺れ動き

　ホームで暮らす子どもたちは，単により幸福に生きていく術だけではなく，より幸福に生きていくという価値そのものを，社会にも肯定的に受け入れられるような仕方で適切に体得する機会をなかなか与えられなかった，と考えられ

る。こうした子どもたちは，養育者の働きかけの中で，生活するうえでの具体的な術の一つひとつを身につけることを通して，自らの価値そのものをも，いわば成長させていくことになる。

　しかしながら，以下で考察するように，価値に備わっている本来の意味からすれば，社会的に望ましいとされる価値を体得していくことは，さほど容易なことでも単純なことでもない。とりわけ，望ましいとされる価値を，社会やおとなから強制的に付与された価値としてではなく，自ら選択したものとして実現していくことが，子どもたちの成長においては重要となる。そうである以上，子どもたちは，価値を単に表象するのではなく，自らを方向づけるものとして選択していかなければならないことになる。

　本節では，こうした観点に即しつつ，晃君についての以下の一連の記録から，晃君が価値をいかに立てるのか，また，自分の価値にいかなる変様を蒙っていくのかを考察したい。

　第4章第2節において，【危険な顔】の事例に即して考察したように，晃君（16歳）は，普段から礼儀正しく明るく振舞っており，非常に生真面目な様子を見せるが，一方で，ハル子さんには甘えるような様子を示すこともしばしばあった。また，そうした振舞い方とは対照的に，かつていわゆる非行少年だった晃君は，突然鋭い視線で他の子どもたちや林さんを睨みつけることもあり，どこか落ち着きのない，硬い印象を筆者は抱いた。

　林さんは，ホームで生活を始めて1週間が経った晃君と，次のような対話をした。

【あなたは悪くない】XXX4年4月13日

晃君が急に，「でもあれっすよ，俺はちゃんと聞いてますよ」，と言う。会話に突然入り込んできた晃君の言葉に，皆にからかわれてしょげていた伸江さん（18歳）は，驚いたように晃君を見上げる。「俺はちゃんと伸江さんの話聞いてますよ。俺だけっすよ」，と晃君は誇らしそうに言った。林さんはにやっと笑うと，「聞かなくていいこともあるんだよ」，と言う。晃君は，その言葉を聞いて，表情がどこかまじめになる。そして，「でも俺，ばあちゃんに，自分がされたら嫌なことは〔他人には〕やるなって言われてきたから」，と半ばふざけたように，でも半ば真剣な口調で言った。林さんも，すっとまじめな表情になる。そして，「いや，それは違うね」，と言った。晃君は，むっとしたように，「なんでですか」，と言うが，林さん

の表情が真剣なのに気づいてはっとしたのか、そのまま黙る。「あなたが言われてきたことは、もちろん正しいこともあるけど、正しくないこともあるんだよ」。林さんは、重い口調で言う。晃君はすぐに、背中をだらんと弛緩させ、口をぽかんと開けて、全神経を集中させているかのように鋭い視線で林さんの顔を見た。「あなたはおばあちゃんに育てられて、そういう古風な、いい考え方もたくさん知ってるよね。でもさ、自分がされて嫌なことなんて、たくさんされてきたでしょう、おばあちゃんだって厳しかっただろうし、それに何よりも、親から散々嫌なこともされたでしょう。あなた、孤独だったでしょう、辛かったでしょう。母親から、自分の親からあなたは要らないって拒否されて」。林さんは、晃君の顔をじっと見ながら言った。晃君の口は開いたままで、林さんの言葉に戸惑ったように、視線は一点に定まらない。「あなた、すごいよ、頭もいい。仕事もできる。僕の言ってること、ぜーんぶわかってるもんね。仕事だってちゃんとできる。(略)」。林さんは、じっと晃君の顔を見つめ、一言一言静かに言った。晃君の表情は次第にこわばってくる。やがて、テーブルの上を見始めた。「それなのに、色々と言われて、あなたなんか要らないって、拒絶されて」。林さんの静かで優しい口調に、晃君のぼんやりと開いていた口が、ぎゅっと閉まった。歯を噛み締めるように、肩に力が入るのが私にもわかる。林さんは、とてもゆっくりと言った。「あなたはちっとも悪くないんだよ。覚えておいて。あなたは全然、全く悪くない」。晃君が、言葉を失ったように、呆然とした表情になる。晃君は、じっと考え込んでいたが、やがてふっと顔をあげて林さんを見上げると、「だってそれは俺が悪かったから」、と言った。その言葉の途中から、林さんは大きな声で、しかし優しいどっしりとした声音で言った。「いいえ、あなたは全然悪くない」。晃君は、林さんの言葉に黙り込む。晃君は、戸惑ったような表情だ。林さんは、しばらく間をとって、もう1度言った。「あなたは全然悪くない」。その言葉を聞いた途端、晃君が、しゃくりあげて泣き出した。静かに下を向いて、肩を震わせる。そして、涙を静かに流す。時折嗚咽が漏れた。林さんは、じっと黙って晃君を見ている。晃君の泣き方は、次第に激しくなった。

　この場面において晃君は、非常に堂々とした態度で「自分がされて嫌なことを他人にしてはならない」という自分の価値を表明している。しかしながら、そうであるにもかかわらず、この時の晃君が、この価値を、以下で考察するような、サルトルが述べる意味で本当に自分の価値としている、とは考えにくい。というのも、晃君の語るようないわゆる道徳的価値は、誰にでも肯定される内容であるがゆえに、いわば紋切り型の文言のような印象を与えるからである。
　サルトルは、晃君が掲げているような、本当に価値あるかを自らに問うよう

差し迫ってくることのないいわゆる道徳的価値を,「不安に対する柵」として存在している（p. 77, 上 107 頁）即自的な価値とみなす。第 2 章第 2 節において考察したように, 本来自由である対自は, あらゆる行為を, 外部から規定されることなく, 自己の自由によって選択しなければならない。このことは, 価値の選択においても例外ではない。それゆえ,「私の自由は, 諸価値の唯一の根拠なのであり, 何ものも, 絶対に何ものも, 価値についてのしかじかの尺度を取り入れることに関し, 私を正当化してはくれない」（p. 76, 上 105 頁）。つまり,「私が在ることによって諸価値が存在する限り, 私は〔何によっても〕正当化されえない」（p. 76, 上 105 頁）ことになる。

　しかしながら, 経験的にも明らかなように, 実際の日常生活で, われわれは自由で在ることをさほど意識してはいない。なぜならば, われわれが日々生きている世界は, しかじかのことをしなくてはならない, しかじかのことをしてもよいといった, われわれに対する「要求構造なるもの」（p. 74, 上 102 頁）を備えているからである。非反省的に行為する限り, 私は或る価値を価値とみなしているのは自分でしかない, という自分の自由を反省的に捉えることによって陥る不安から逃れていられる。そのため,「諸価値に向かっている時の私の態度は, きわめて安心しており」（p. 76, 上 105 頁）, はたしてその価値が正しいのかどうか, といったことを問うこともない。晃君がこの時掲げる, 誰にとっても当然の道徳的価値は, それゆえ, その価値を本当に自らの自由で支えているのか, といった問いを晃君に突きつけてこない。むしろ, 晃君にとっては, この価値を表明することによって, 安心して振舞えることになる。

　また, 晃君の語る価値が非常に抽象的な内容しか備えていないことからも, この時の言葉が, 晃君自身の価値を表すものではないことが明らかとなる。この価値を本当に実現するためには, 実は, 行為を実現しようとするそのつど, それは本当に自分にとってだけではなく相手にとっても嫌なことなのか, この行為を実現することは本当に相手を思い遣ることなのか, 等々を吟味しなければならないはずである。しかも, このように吟味すれば, 自分と他者の感じ方が完全には一致しないはずであることに気づかされ, にもかかわらずその価値を実現しようとしているのは自分でしかないことにも, 改めて気づかされるはずである。もしも, こうした仕方で価値を価値たらしめているのは自分でしかないことに気づかされたならば, この時の晃君とは異なり, 人間は, 不安に陥

第5章 未来へと自己を超出する意識

ることになる。

またわれわれは，自分がされて嫌なことを他人にしてはならない，という価値自体を否定はしないが，しかし同時に，何よりも遵守すべき価値とすることもないであろう。なぜならば，この種の価値は，それが決して否定されえない道徳観を備えているからこそ，口にした途端，対自にとっては完全に実現することが不可能な価値であることまでもが，対自自身にありありと実感され，われわれは陳腐さを感じたり気恥ずかしさを抱くからである。

しかしながら，自信に満ちた様子で祖母の言葉を語るこの時の晃君の様子からは，晃君が，この価値の内実をほとんど吟味することのないままに，自分の価値としていることが窺える。そうだからこそ，晃君の口調が真剣であるにもかかわらず，彼はこの価値を実現することの重みを了解していないように，傍で聞いていた筆者には感じられたのであろう。

しかも，晃君は，この記録場面の直前には，次のような対話を繰り広げており，彼の掲げる価値が，実は非常に曖昧なものにすぎないことを自ら明らかにしている。

【すごいワル】XXX4 年 4 月 13 日
「C君〔＝以前ホームで暮らしていた少年〕ってのは，そりゃあ，すごいワルだったよ」，と林さんは言う。（略）晃君が唐突に，「俺，〔C君という人は〕知らないっすねえ」，と言った。林さんは，「そりゃあ知らないよ，〔C君は〕こっちの辺の子じゃないから」，と言う。晃君は，「いや，でもそんなすごい奴だったら，絶対名前とか聞こえてくるんすよ。でもそういうの聞いたことがない」，と不満そうに言う。「そりゃあ，あなたとは年齢が違うから。あなたより7つぐらい上じゃないかな」，と林さんは言う。「でもあの頃は，この辺でだって，名前を出したら，この辺のワルは皆，ええって身を引いたからね。そういうワルだったから」，と林さんはなおも言った。晃君は，「そうか」，と言うけれど，まだどこか悔しそうに，「じゃあ，兄ちゃんぐらいの年か。兄ちゃんに聞いてみればわかるか」，と頷く。

この場面において晃君は，林さんが他の子どもを「すごいワル」と表現すると，悔しそうに反論する。彼は，C君が「聞いたことがない」程度のワルでしかない，と主張するのと同時に，晃君自身も，「すごい奴」の名前を必ず知っているような，相当程度のワルであった，と主張するのである。こうしたこと

からも明らかとなるように，晃君はこの時，「すごいワル」，「すごい奴」であることを価値ある在り方としており，自分自身もそう在ろうとするために，自らのかつての不良としての在り方を誇示しようとさえしている。

晃君のこの価値が，自分がされて嫌なことを他人にしてはならないという道徳的価値と，様々な点で矛盾することは明らかである。もしも晃君自身がこの道徳的価値を本当に実現しようとし，具体的に自分の可能性を立てるならば，彼は，自分のかつての在り方を，その事実性の重苦しさと共に引き受け，乗り越えるべきものとしなくてはならない。しかし，晃君自身は，この矛盾に対し無自覚なままである。すなわち，これらの価値は，理想として高く掲げられてはいるが，実現するには欠如分を含んでいる現実存在としての彼の現在の在り方を，彼自身に開示してくれる価値とはなっていない。

それどころか，晃君は，【あなたは悪くない】の場面で，自分は伸江さんの話を聞いていると述べ，自分が道徳的価値の体現者であることまでをも主張していたのであった。対自は本来，意識の主体が他ならぬ自分自身であることを常に非定立的に意識しているがゆえに，道徳的価値の体現者である，と口にした瞬間に，そうでは在らぬ自分自身をも意識せずにはいられない。とりわけ，他者の前で，自分を高く評価する仕方で捉える場合には，高く評価されるものでは在らぬ自分の在り方を，対自は強く意識せざるをえない。しかしながら，価値の体現者としての自分の在り方に，全面的に誇りを感じているように見受けられる晃君は，意識の半透明性ゆえに常に自己自身を捉える作用のさなかにあるという意味での，対自的な意識を生きていない，と考えられるのである。

【あなたは悪くない】の場面において，「自分がされて嫌なことを他人にしてはならない」という，誰からも否定されるはずのなかった価値を林さんにはっきりと否定された晃君は，意識が突然中断される体験をする。しかしながら，鋭い表情を浮かべて即座に「なんでですか」，と問い返す晃君の憤慨した様子からは，林さんに否定された事柄を深く考えるよりも先に，彼が自分の価値を守ろうとしていることが窺える。そもそも晃君は，「世界の中に出現するやいなや，〔道徳的価値の遵守という〕意味をもつ態度へと投げ込まれている」（p. 76, 上106頁）。つまり，晃君は，あらかじめ或る態度をとっており，林さんの否定的な言葉を聞くことによって，その瞬間，林さんに反発感を抱くことになる。それどころか，或る価値を価値ないものとするところの「反価値が自分

に与えられるのは憤慨によって」(p. 76, 上106頁) であり，晃君は，自分の言葉を否定する林さんに憤慨し強い口調で問い返すことによって，林さんの言葉に反対する価値を抱くことになるのである。

　晃君が一転して林さんの言葉に耳を傾け，その内実を知ろうとするのは，林さんの真剣な表情を見た瞬間である。林さんの言葉に全神経を集中させようとするのか，晃君の身体はだらりと弛緩し，彼の視線だけが鋭く林さんの顔を捉えている。この時林さんは，晃君に，彼の語る価値が矛盾していることを直接指摘してはいない。そうではなく，晃君に正しい価値を教えてくれた祖母を始めとする，晃君の家族でさえ，この価値の示す通りに晃君に接してくれなかった，という彼自身にとって辛かった彼の境遇を，すなわち彼の偶然性を指摘することによって，彼の語る価値が彼の事実性に基づいていないことを明らかにする。林さんのこの指摘の仕方は，晃君が反価値を抱いたりせず林さんの言葉を受け入れることを可能にするだけではなく，自分の過去によって深く傷ついている晃君を癒してくれる可能性までをも含んでいる。

　というのも，「すごいワル」であることに憧れつつも同時に，晃君は，自分の両親から拒否されたり，祖母から過度に厳しくしつけられたことの理由を，「俺が悪かったから」である，とみなしているからである。つまり彼は，本来説明されえない自分自身の境遇を，そうした因果論的な仕方で説明することで，その辛さに何とか耐えてきた，と考えられる。しかしながら同時に，晃君は，自分の過去を何とか引き受けるためには，悪い子で在らねばならず，それゆえ自己に対する絶望感をも，深く抱いていた，と考えられる。

　「あなたは悪くない」と林さんが繰り返すと，晃君は，突然泣き出す。林さんの言葉に従えば，晃君はこれまで，自分の親から「要らない」と拒絶され，祖母から時に余りあるほど厳しくしつけられ，また，いわゆる非行少年であったことによって社会からも彼自身からも否定的な視線を向けられてきた。それゆえ，林さんのこの言葉を聞くことは，自分を肯定的に捉えてくれる他者との出会いという，非常に稀有な体験となったであろう。だからこそ晃君は，張り詰めて保持していたそれまでの在り方を大きく揺るがされ，号泣することになる。そしてまた，肯定的に見守ってくれる他者の下で，肯われていることを実感しつつ泣くことにより，晃君は或る種のカタルシスを経験した，と考えられる。

価値の即自的実現

しかしながら，それまでの確固たる価値を揺るがされるというこの時の晃君の体験は，晃君がこの体験後に掲げる価値を，しばしば脅かすことになる。なぜならば，晃君は，これまで固持してきた価値を確固たるものとすることがもはやできない以上，今後は，いかなる価値を立てても，自分の自由でその価値を支えなければならないからである。次の記録は，会社でのトラブルをきっかけに出社できなかった日の，晃君の様子である。晃君は，暗い表情で帰宅すると，無言のうちに食卓につき，料理を全く食べようとしなかった。

【断食】XXX4年5月4日

林さんが突然，「晃君，食べなくたって何も変わらないんだから。それは昨日もわかったでしょう。だから，食べなさい。食べて，それから話そう」，と大きな声で言う。皆は一瞬びくっとしたが，晃君は，林さんの言葉に強く唇を噛んだだけで，身動きしようとはしなかった。ハル子さんも，「うん，食べなさい。できたてを食べた方が美味しいのよ。せっかく作ったんだから。（略）」，と言う。「そう，食べなさい」。林さんが再度促すが，晃君はじっと動かない。（略）〔食べるよう何度も繰り返した後で〕林さんは，黙り込んで固くなっている晃君に向かって，「晃君，食べられないんだったら，ここにいても辛いでしょう。もう休んでいいから。それでまた明日考えよう」，と言った。晃君は，体を硬直させたまま動かない。「もう休んでいいから。辛いよここにいても」，と林さんはもう一度言う。晃君は，その言葉をじっと聞いているようだったが，しばらくしてすっくと立ち上がると，ドアの前で「おやすみなさい」，と礼儀正しく頭を下げて出て行った。林さんは，晃君の会社で或る問題が起きてしまったこと，それは晃君には全く非のないトラブルだったにもかかわらず，晃君は昨日から会社に行けなくなってしまったことを語ってくれた。〔4年ぶりにホームに遊びに来ていた〕大君が，「真面目ですね」，と言うと，「うん，そうだね。それに，やっぱりそこはまだ16歳だから。全然悪くないんだから，堂々と会社に行ったらいいんだけど。でももう辛いんだね。そこは16歳だよ，仕方ない」，と林さんは苦笑交じりに言う。「あいつ，自分が働いてこなかった日は，一切食わないって言って，食べないの。昨日もここでじっとしてて，食べなかったんだよ」，と林さんは言った。

働かざる者食うべからずという価値に沿って振舞おうとする晃君は，出社できなかったこの日，食事をとろうとしない。林さんの後の説明によると，晃君

第5章　未来へと自己を超出する意識

の会社でのトラブルに関して，晃君に非はなかった，とのことである。それゆえ，林さんが語るように，晃君は，まさに，「堂々と会社に行ったらいい」はずである。しかしながら，晃君は，努力家で在り真面目で在ることを重要な価値とするために，そうでは在らぬ在り方となることを，いかなる理由があっても，自分に許そうとしない。自分には全く非がないのだからと捉えることで，会社に向かうことのできる在り方となることもできないし，他方で，欠勤するという振舞いを，どのような理由があれ，許容することもできない。それゆえ，この時の晃君は，林さんに何度説得されても，ハル子さんにどれほど明るく語りかけられても，欠勤したことを深く反省する者以外の在り方となることができないのである。

　通常ならばご飯を4杯も5杯も食べる，食べ盛りの晃君にとって，食事を断つことは，身体的にも非常に辛いはずである。それも，この記録場面の前日から食事を断っているというのであるから，彼の身体は限界に近かったはずである。しかしながら，晃君のこの時の様子からは，彼が目の前の食事を食べたいという欲求と格闘していたようには感じられなかった。つまりこの場で食事をすることは，彼にとって，他人の可能性とすらなっておらず，可能性として認識のうえで一旦立ててそれを無化するといった必要の全くない行為であった，と考えられる。

　【あなたは悪くない】の事例における晃君が，価値を語りながらもそれを実現しようとする者になっていなかったのとは対照的に，この場面における晃君は，価値を厳密に実現しようとする。働かざる者食うべからずという価値が，働かない者になぜ食事を禁じるのかを，もしも晃君がしっかりと吟味するならば，晃君は，この価値が怠惰を戒めるのであって，何らかの不可抗力な事情によって働くことのできなかった者を罰するのではないことに気づかされるであろう。しかし，この時の晃君は，この価値を対象化し，吟味することができない。むしろ彼は，この価値そのものである行為の実現に固執することになってしまう。というのも，この価値を実現しようとするさなかに，晃君は，自分の振舞いの何が怠惰であり，何が不可抗力であるのかの判断も，実は自分に委ねられており，その判断の仕方までをも問われていることにも気づかされるからである。それゆえ晃君は，自分の行為までも，最も厳しく判断しようとせざるをえなくなり，欠勤という自分の行為のすべてを，食事するに値しないものと

みなし，自分でこの行為を厳しく糾弾する．

本来人間が何かで在るのは，「私がそれで在らぬところのもので在るという在り方において」でしかないのであり，「即自存在の在り方においてではありえない」（p. 100, 上 138-139 頁）．それが在るところのものでなく，それが在らぬところのもので在る，という在り方をしている対自には，或る何らかの在り方を完全に実現することが，すなわちそれが在るところのもので在ることができない．例えばこの場面で，自分を強く責め非難しつつ反省する晃君は，対自的な意識である限りは，そうした反省をしている自分自身についても非定立的に捉えているために，反省されるがままのものがそれで在るところのものとは，本来なりえないはずである．反省する者の理想的な在り方では在らぬ，という仕方で反省するもので在ることこそ，対自が何かで在る，という在り方であることになる[4]．

しかし，働かざる者食うべからずという価値を即自的に実現しようとするこの場面の晃君は，それが在るところのもので在らぬという在り方でそれで在る，という対自の根源的な在り方となることができない，と考えられる．確かに，対自的な仕方で価値を実現する限り，意識の半透明性ゆえに，晃君は，自分はその価値を完全には実現していないことに常に気づかされ，不断の不十全感に脅かされることになるであろう．そうした辛さを逃れるために，晃君は，自己を超出した先においてではなく，今自分が現に在るところにおいて，頑ななまでに，この価値を実現する在り方で在ろうとし続けている，と考えられる．

根源的価値

晃君は，【断食】の場面では働かざる者食うべからずという価値を即自的に実現しようとし，また，【あなたは悪くない】の場面では道徳的価値の体現者であると自認し，他方で【すごいワル】の場面では，「すごいワル」であることを自慢するといった，非常に矛盾した価値を掲げている．しかも，こうした価値は，当人にとっては撞着することなく現われている，とさえ見受けられてしまう．しかし，そもそも「価値とは，〔対自によって〕直視されている（envisagé）諸行為の彼岸（au-delà）として与えられる」（p. 136, 上 190-191 頁）もののことである．そして，「すべての平凡で日常的な諸価値は，実をいうと，世界における私自身についての私の選択ともいうべき，私自身を〔選択

する〕という私の選択であるがゆえに，その選択であるところの自分自身の……最も近接の投企から……その意味を引き出す」(p. 77, 上106頁) のである。すなわち，本来の「価値は，あらゆる超出の意味（sens〔＝方向〕）として……存在する」(p. 137, 上192頁)。そうであるから，晃君は，一見すると矛盾するように思われる価値を掲げつつ，その背後で，そうした価値を或る方へと方向づけてくれる，非常に強く鍛錬され律せられた何らかの「すごさ」を理想としている，と考えられる。というのも，晃君の掲げる価値を即自的に実現できるという，対自には本来不可能な仕方での実現がなされるのであれば，確かにそれは「すごい」ことであるからである。

　サルトルはさらに，その一般的意味を越えて，価値とは，何らかの方向へと向かってのあらゆる自己超出を実は方向づけている根源的な在り方のことである，とする。すなわち，対自がそうなろうとして自己を超出していく先の目標として即自化された「自己（soi）」こそが，「価値である」(p. 136, 上190頁)，と。晃君にとっては，「すごさ」こそ，彼が目指そうとして捉えている自己であり，また価値そのものである，と考えられる。こうした「価値は，或る存在がその存在を超出してその方へ向かっていく当のものを，存在意味としてもっている」(p. 137, 上191頁) のであり，晃君は，様々な仕方で行為しつつ，常に，この価値へと自己を方向づけようとしている，と考えられるのである。しかし，価値は，方向づけでしかない以上，晃君が或る目標へと向かって自己を投げ出す際にも，その価値の背後には，より一層根源から晃君を方向づけている価値があることになる。行為の「彼岸……として」(p. 137, 上192頁) 存在し，一般的に経験されているあらゆる価値の彼岸に控え，あらゆる行為を方向づけている真の価値を，サルトルは，「根源的出現における価値」(p. 138, 上193頁)，と呼ぶ。

　相矛盾する「すごさ」に固執する際の晃君は，「すごさ」こそが自分自身の根源的価値であるかのように捉えてしまっている，と考えられる。しかしながら，根源的価値とは，「私の諸可能を私に明らかにしてくれる行為によって予想される，遥か遠くの意味作用でしかない」(p. 75, 上104頁) のであり，当人によって定立され認識されるものではない，とサルトルは指摘する。にもかかわらず，晃君は，根源的価値を非常に卑近な場で捉え，その在り方に固執してしまっていることになる。そして，彼のそうした在りようこそ，「硬い」とい

った印象を筆者に与えたものである、と考えられるのである。

　しかし、ここで見過ごされてはならないことは、晃君は、こうした在り方をあえて選択しているのではなく、彼はそのようにしか価値を実現できないのではないか、ということである。対自は、それが在るところのもので在らぬ、という欠如を含んだ在り方をしており、この欠如があるからこそ、様々な可能性を自ら選択することができる。しかし、そうであるからこそ人間は、それが在るところのものとして即自的に凝固することがないのと同時に、本来、非常に不安定なものとなってしまう。サルトルはこのことをもって、第2章第2節で述べたように、人間存在を、苦悩する者とする。なぜならば、「人間存在は、対自で在るがゆえに、まさに、自己を失うことなしには即自へと到達することができないのであるから、自分がそれで在りうることなしにそれで在るところの全体性によって、絶えずつきまとわれているものとして、存在へと出現する」(p. 134, 上186頁)しかないからである。対自で在るとは、現在の自分が理想として掲げる価値そのものではなく、その価値に対して欠如分を含む存在であることを、未来においてその欠如分を回復しようとする試みのうちに、許容することでもある。晃君も、実際には「すごい」人間で在り続けることはできないはずであり、日々の生活においては、何らかの弱さを露呈することもしばしばあるはずである。しかし、この時の晃君には、自分が目指すところのもので在らぬという在り方で自分が目指すところのもので在ろうとすることに甘んじる、ということができないのではないだろうか。むしろ、自分が目指すところのものそのもので既に在る、というように、即自的にこの価値そのもので在ろうとするのではないだろうか。すなわち、彼は、未来において自己の欠如分を回復しようとするのではなく、今現在の自分において、この欠如分があたかも存在しないかのごとく振舞わずにはいられないのではないだろうか。

　先に休むよう促す林さんの言葉は、晃君が、自分自身に対して即自的で在らねばならないだけではなく、他者の前でも、自己を非難し続ける存在で在る状況から、晃君を一旦は解放してくれる。しかし、この後自室に戻った晃君は、今度は一人で、自己と向き合わなければならなくなったであろう。この時の晃君には、この価値を体現する者で在らぬ、という在り方となることが、非常に困難であるため、他者の面前においても、自己への現前においても、晃君は自分を責め続けなければならないことになる。

上述した記録から明らかなように，晃君がこれまで掲げてきたのは，否定されることもあまりないが，他ならぬ自分自身によって支えられることを必要とするような，複雑な内実や深さを備えていない，いわゆる通俗的な道徳的価値でしかない。晃君は，林さんとの関わりの中で，これまで自分が疑いを挟むことなく信じてきたこれらの道徳的価値でさえ，本当に価値あるものたらしめうるのは自分でしかないことに気づかされつつある，と考えられる。そしてまたこの気づきによって，それまで自ら標榜してきた価値を価値として掲げる時には，自己の事実性の重苦しさを背後に携えていなければならないことにも，彼は気づかされていく。彼は，自分がいかなる方へ向かい，いかなる仕方で自己を超出していかなければならないのか，次第に深い迷いの中に導かれていった，と考えられる。

次の記録は，晃君が，一緒に暮らしていた聡君（18歳）と喧嘩し，もう少しのところで聡君に怪我をさせてしまいそうになった後の場面である。林さんは，喧嘩の経緯を二人に尋ね，喧嘩の非は聡君にある，と判断したうえで，二人を仲直りさせた。林さんや聡君が立ち去った後のダイニングで，晃君はハル子さんと，次のような対話を交わす。

【いつまでも変わらない】XXX4年5月11日
晃君は，椅子に座って，再び大きな声で泣き出す。ハル子さんは，困ったように，晃君の前の椅子に座った。そして，晃君をじっと見つめた。晃君は，「ごめんなさい」，と言い，大粒の涙をこぼし，うつむいた。晃君は，「俺，またこんなことやっちゃって。俺はいつまでも変わらない」，と大きな声で言いながら，泣きじゃくる。ハル子さんは，目をしばたたかせながら，「ううん，いいから。ね」，と幾度も声をかけた。

この時に晃君の蒙っているショックからも明らかなように，林さんとの関わりの中で，晃君は，自分の過去を深く反省し更生することを，それまで以上に強く自分に誓うようになっている。しかしながら，ここまで考察してきたように，本来の反省とは対照的に，晃君の反省は，反省する意識と反省される意識とを即自的に一体化させることにあるため，晃君は，文字通り，身動きができなくなってしまう。したがって，かつていわゆる非行を繰り返したことを悔い

る時までも，晃君の意識は，悔いる即自存在そのものであろうとし，本来は実現されないはずの在り方で在ろうとしている，と考えられる。

　この日，晃君は，聡君の言葉に対して瞬間的に激昂し，いわゆる我を忘れた状態で聡君につかみかかってしまう自分に直面する。すぐに激昂してしまっていた自己の過去をあれほど深く悔いたはずであるにもかかわらず，行為する瞬間には，この後悔が何の効力も発さなかったことに，晃君は気づかされる。晃君自身が自ら気づいて語っているように，彼は「いつまでも変わらない」。かつての自分の在り方をどれほど深く悔いても，人間は，行為を実現するその瞬間ごとに，もう一度自分でそれでは在らぬことを選択するのでない限り，過去に悔いた者で在り続けられないことを，晃君は，身をもって知らされる。そうである以上，この時晃君は，もう二度と喧嘩をしないでいようとどれほど強く誓っても，これからも「またこんなこと」をやってしまうのではないか，という不安に陥る可能性までも備えていた，と考えられる[5]。

　同時に晃君は，喧嘩に関する事柄に限らず，どのような在り方に関しても，自分がそう在りたいと望み，そう在ることを即自的に実現しようとしても，実は，即自的にそう在ることはできないことにも，少しずつ気づかされているのではないだろうか。すなわち，晃君はこうした体験によって，自分の望む在り方で即自的に在ることはできないという，まさに思春期の苦悩へと導かれていった，と考えられる。そうした不安な自覚が，晃君の中で少しずつ芽生えつつあるからこそ，その不安から逃れるかのように，この時に晃君は，ハル子さんを前にして涙を流さずにはいられなかった，と考えられるのである。

生真面目な精神

　対自が本来そうで在るところの不安定な在り方となっていくことは，晃君にとって，自分を支えてくれる即自的な基盤を失っていく，辛い過程であったであろう。晃君は，この辛さに耐え続けねばならない辛さから逃れようと深く苦悩した，と想像される。【いつまでも変わらない】の事例から3週間ほど経った或る日，晃君は，林さんに次のように語る。

【援助交際】XXX4年6月1日
　林さんが，最近は援助交際を小学生もやっている，と言うと，晃君が急に目をあげ

第5章　未来へと自己を超出する意識　　　　　　　　　　　161

て,「なんて言いました？　援助交際を小学生？」,と林さんに尋ねる。林さんは,「そうですよ,今は一番〔値段が〕高いのは小学生,12歳ぐらいっていうんだから。もう,そんな世界ですよ」,と言う。晃君は,興奮して,「なんですかそれ。何でそんなバカなことするんですか。俺が全部捕まえますよ,そんな奴。だめですよ」,と大きな声で言った。林さんは苦笑して,「だめだよな,本当に」,と,半ば晃君をいさめるように言った。晃君は,鋭い語調で,「なんでおとなもそんなことして,子どももそんなことするんですか。俺は絶対許しません」,と怒り続けている。林さんは,立ち上がった晃君を見ると,苦笑して,「晃君は刑事になったらいいなあ」,と言った。晃君は,まだしばらく興奮が冷めない様子だった。

　援助交際をするような悪い奴を「俺は絶対許しません」と語ることは,そうした悪を許さない者として自己を選択することである。一旦なしたこの選択は,晃君の事実性となって彼につきまとい,「自分の諸可能性を制限し,自分の取るべき態度を自らに押しつける」(p. 580, 下932頁)はずである。つまり,悪い者を許さないと語ることによって,彼は,以後他者に対して,そして何よりも自分自身に対して,自己をそのように選択した者で在らねばならなくなる。しかしながら,犯罪行為を悪いとみなす価値は,自分がされて嫌なことを他人にはしないという価値と同様,その正しさについて問われることのない自明の価値である。そして,この事例における晃君には,自明の価値を迷わず掲げることが必要であった,とも考えられる。

　自分自身の自由で選択するのではなく,通俗的な道徳観や法律といった,既成の価値に無自覚的に従って「価値を擬物化する」だけでなく,自分のそうした在り方に反省をさしはさむことなしに安住する意識の在り方を,サルトルは,「生真面目な精神（l'esprit de sérieux)」(p. 77, 上107頁),と呼ぶ。「生真面目な精神においては,私は対象から出発して私自身を規定するのであり,私は,私の投企の途上にある営みを,すべて不可能なものとしてア・プリオリにしりぞけ,〔本当は〕私の自由が世界に与えた意味を,世界の方からやって来て,私の義務と私の存在とを構成するものとして,捉える」(p. 77, 上107頁)。こうした態度は,誰もがしばしば取りうるものである。とりわけ,困難さに打ち当てられつつある晃君が,過去の行為を反省したり,本当に自分はこの価値を価値とするのか,と自己に問いかけることなしに選択できるような価値を口にすることによって,その困難さを逃れようとしたとしても,それはごく当然のこ

とであろう。

　この時に林さんは，自分のなした選択による拘束を本当に引き受けられるのかどうかを，あえて晃君には問わない。このことからは，自分の事実性の重苦しさに拘束される困難さにこの時の晃君が苦悩していることを，林さんが慮っていることが窺える。林さんから問われないことによって，晃君は，対自としての在り方になろうとする揺れ動きの中に在る不安定さを，いくらかは支えられることになるのである。

　同じ日，晃君は，皿洗いについて次のように語る。

【「ちゃんと」在ること】XXX4年6月1日

　晃君は，疲れを示すように大きく伸びをすると，自分の前のお皿をじっと見た。そして，隣にいたハル子さんに，「お皿，お風呂に入ってから洗うんじゃだめですか？」，と尋ねた。ハル子さんは，「だめよー」，と優しい口調で言う。晃君は，「なんでですかー」，と情けなさそうな声を出した。ハル子さんは，晃君の方にきちんと向き直ると，「あのね，昔はお風呂も，ご馳走様でしたって言って，ここを皆片付けて，それから，お風呂にしてたの。だから，この間，片付けなさいって言ったら晃君怒ったけど，でもそれは本当はちゃんと綺麗にしてからっていうのが本当なの」，と噛んで含めるように言う。晃君は，じっと鋭い表情でハル子さんの話を聞いていたが，「でも俺は，ずっと洗ってなくて，朝までこのままだったら怒られるのもわかるんですけど，ちょっと遅くなるぐらいはいいんじゃないかと思うんですけど」，と反論した。その途端に，それまで黙っていた林さんが，「それは違う」，と強い口調で言った。晃君は，ぴくんと眉を動かして林さんを見た。「そういうのは，ちゃんと食事を終えてからならいいよっていうものなんです。ちゃんと本当は片付けてから。まずは8時半になって，ちゃんと皆でご馳走様してから。そんな，朝まで食器を洗わない奴なんて，相手にしなくていいんだ」，と林さんは，今度は静かな口調で言う。晃君は，じっと鋭い目で，口をぽかんと開けながら聞いている。そして，林さんの言葉を聞き終えると，「じゃあ，じゃあ何時ならいいんですか？8時半になったらお皿洗っていいんですか？」，と静かに尋ねる。林さんは，「8時半，まあ大体そのぐらい。それはその日の話の様子とかによるからね」，と答える。「いや，俺はそういうの決まってないの嫌なんで，8時半になったらとかの方がいいんですけど」，と晃君はきっぱり答えた。林さんは，「大体8時半でいいよ。それでご馳走様ってなるから」，と答える。「そんなのきちんと時間は決められないけど」，と林さんが続けると，晃君は，納得しかねるように，「いや，そこはちゃんとしてたいんで」，と反論した。「俺だけでいいですから。俺の規則で，8時半より前

第 5 章　未来へと自己を超出する意識　　　　　　　　　　163

は絶対にしないですから。それでちゃんと自分のお皿を洗って，それからにします」，と晃君はきっぱり言う。林さんはじっと話を聞き，「あのね，それは規則は良くない。規則っていうのは，なるべく少ない方がいい。いやらしくなる」，と諭すように言う。「段々そうやってると，規則ばかりになって窮屈になるでしょう。そういうのは良くない。大体の流れがあって，そこで思い遣りでね。思い遣りで相手のこと気遣って，それでお皿を洗うとかするといい」，と林さんが言うと，晃君は，「だから，俺だけのルールにします」，と答える。しかし林さんは首を振って，「自分だけのルールじゃなくて。ちゃんと皆の流れでご馳走様をしよう」，と言った。晃君は，じっと考え込んでから，「じゃあ，俺はちゃんとお皿を洗ってからじゃないと風呂入ったりしません」，ときっぱり言った。林さんは，晃君の口調に合わせるようにきっぱりと，「よし，そうしよう。それは皆で，前のように戻していこう。ちゃんとそこはやっていくようにしよう」，と頷いた。晃君は，ようやく納得したように頷いた。

　この場面で，皿洗いを後回しにするのは「本当」ではない，とハル子さんに言われた時に，晃君が，例えば今日は疲れていて甘えてしまったとか，ハル子さんに叱られてしまった，というように自分を捉える可能性もあったであろう。もしもそう捉えていたならば，捉えている当の晃君は，そうした自分の在り方を，距離を保ちつつ眺められることになり，こうした「弱さ」を露呈した者そのもので在ることから逃れられるようになる。すなわち，対自の在り方となれば，晃君には，「本当」の在り方そのものでは在らぬ自己を許容でき，より柔らかな仕方で自分自身に接することが可能になる。しかしながら，この時も晃君は，ハル子さんに指摘されると，「ちゃんと」していなかった自分を認めるのではなく，それまでよりも一層「ちゃんと」した在り方であろうとする。事実彼は，当初，入浴の後でよいはず，と言っていた皿洗いに，正確な時刻を自ら設定しようとするのである。
　林さんが語るような，「その日の話の様子とかによる」しかなく，「きちんと時間は決められない」食事終了のタイミングの判断においては，判断する人間の価値判断力が問われる。本来人間は，或る価値を価値あるものとするのは他ならぬ自分自身でしかないために，「ただ一人で，正当化されうることもなく，弁解の術もないままに」，例えば今は皿洗いをしてよいのかどうか等々といった，様々な要求構造や通俗的価値を備えた「世界の意味を決定する」(p. 77, 上

107 頁）しかない。晃君は，林さんからの否定を蒙ることによって，非反省的な行為の次元からほんのわずかでも自己の在り方に向き合うやいなや，こうした曖昧な事態に対する判断を迫られる。しかしながら，自らの判断のみによって，その場の雰囲気や意味を読みとり行為しなければならないならば，その判断を誤ってしまう可能性はより大きくなる。とりわけ，こうした場面で判断を誤ることは，他者への思い遣りや配慮に欠ける，という深刻な問題へと発展しかねない。自分のためだけでかまわないからきちんとした規則が欲しいという晃君の主張は，「ちゃんとしてたい」からこそ，判断を誤ることによって「ちゃんと」できなくなり，他者に対して思い遣りをもつことができなくなってしまう事態を，確実に回避できるような在り方でいたい，という彼の想いを物語っている。また，そうであるからこそ晃君は，「ちゃんと」することを自分の未来の可能性とするのではなく，今現に自分が在るところにおいて，この価値が指し示すところのものそのもので在ろうとせずにはいられないことになる。実際，8時半という明確な基準があれば，彼は，時間の継起に従って自動的に自分の行為を実現できるのであり，規則をうっかり忘れてしまう等のない限り，「ちゃんと」していられる。林さんは晃君に，「規則っていうのは，なるべく少ない方がいい。……窮屈になるでしょう」，と語る。しかし，この時の晃君は，むしろ，窮屈になりたがっている。なぜならば，規則に縛られる窮屈な在り方でなくなってしまえば，彼の振舞いには，「ちゃんと」しないで在る余地が残されてしまうからである。そのうえで彼が「ちゃんと」するためには，その余地の可能性を保持しつつ，その可能性を自ら無化することによって，「ちゃんと」在り続けなければならない。それゆえ，自分は「ちゃんと」しないのではないか，という不安から逃れるためには，彼は，他の在り方であることが許されない窮屈さを，むしろ積極的に望まざるをえなくなる。

　例えば，【あなたは悪くない】の場面で考察した「自分がされて嫌なことを他人にしてはならない」という価値に典型的となるように，対自は，その価値そのものでは在ることができない，という在り方において初めて，他者に対して親切に振舞おうとする在り方となりうる。他方，晃君は，この価値では在らぬことを，「自分がされて嫌なことを他人に対してする」という文字通りの意味でしか理解できない，と考えられる。また，そうであるがゆえに，【断食】の場面における晃君は，具体的に価値を実現しようとする際に，あたかも価値

と自分自身とが一体化するかのごとく，その価値が指し示す内実そのものに，今現に在る在り方においてなろうとせざるをえない。実際に日常的な生活を送っている時の晃君は，対自として生きているはずである。そうであるからこそ，晃君は，例えば皿洗いを後回しにしたくなる。しかし，にもかかわらず，ハル子さんに「本当」ではないと指摘されたりする等，彼の在り方を何らかの仕方で否定されるように感じることを契機に，価値を自ら主張しなければならなくなると，彼は，それが在るところのもので在るべきである，という即自的な仕方でしか，価値を実現できなくなってしまうのではないだろうか。

晃君に，それが在るところのもので在らぬ，という対自的な在り方となることを無理に受け入れさせようとすれば，晃君は，或る価値をそのまま自己の存在とすることによって保持されている，自分は価値ある存在である，という実感をも失ってしまう可能性がある。そして，この時期の晃君には，そうした実感を失いつつも自分を乗り越えていくだけの準備がいまだ十分ではない，と考えられる。むしろ晃君は，即自的な在り方を許容され，実際に即自的な在り方を実現することによって初めて，即自的ではない在り方へと，すなわち対自的な在り方へと向かうことが可能になるのではないだろうか。この時林さんは，晃君の主張する規則に否定的であるにもかかわらず，最後には，晃君の言葉が「ちゃんと」しているとみなし，晃君のみならず「皆で」この価値を実現していこう，と語る。林さんは，対自的な意識へと向かいつつあるからこそ即自的であろうとする晃君を受け止めながら，彼が「ちゃんと」していることを，林さん自身の言葉で肯うのである[6]。

第3節　可能性の実現と自立の困難さ

社会的にもまた自分自身からも肯定的に受け入れられる価値を立て，在るべき姿へと向かって自己を投げ出すことを学びながら，子どもたちは同時に，自立という大きな目標へと向かっている。本節では，ホームから自立するとはいかなることであるのかを考察する。

遠い価値としての自立

ホームで暮らすすべての子どもたちは，いずれはホームを出て自立し，一人

で社会生活を営んでいかなければならない。しかしながら，ホームで暮らし始めたばかりの子どもにとって，自立は，遠い将来の出来事であり，認識はしえても，即自的に立てることのできる価値とさえなっていない。

　例えばホームで暮らし始めたばかりの頃の朱美さん（16歳）は，林さんに，「あなたはしっかりしているし，もう自立するか？」，と冗談を言われると，笑いながら，「早すぎるよ，まだ一度もお給料が出てないのに」，と答えた。この時の朱美さんには，自立を表象し，自立するためには，「お給料」が何度も「出」ることが，すなわち経済的な準備を整えることが必要である，と認識することが可能となっている。しかしながら，この時の彼女に知られているのは，例えば今の自分の経済状態では自立不可能である，ということである。自立するうえで具体的にどれだけの金額が必要なのか，それだけの金額を貯めるためにはどれだけ働かなければならないのかは，彼女には知られていない。実際に実現しようとする際には具体的となっているはずの「顕在的な諸可能性のそれぞれは，或る特殊な事情がそれらを〔意識にとって〕浮き彫りにするまでは，究極の可能性の中に，無差別的状態で住みこんでいる」（p. 538，下869頁）だけなのである。そしてまた，この時期の朱美さんにとって重要な課題は，ホームでの生活に慣れ，安定した生活を送れるようになることであり，彼女にとって自立は，遠い価値であって当然のことといえる。

　他方，第4章第3節で被虐待経験を乗り越えていく過程を考察した樹理さん（16歳）は，ホームで暮らし始めるとすぐに，林さんに厳しく叱られ続けるようになった。ほぼ毎日，時にはかなり強く叱られることが続く中で，樹理さんは，ホームで暮らし始めて4ヵ月も経たないうちに，自分から自立の準備を進めてしまい，林さんに慌てて止められる。この時の樹理さんは，自立するためにしなければならないことを，ホームの誰にも教えられないまま的確に捉えている。彼女は，自ら，勤務先の会社の社宅に住めることを会社の上司に確認し，両親にもその許可を取りつける。このことは，樹理さんが，林さんとの関係にそれだけ深く悩み，また，自立を何としても実現したい可能性としていたことを物語っている。

　しかしながら，この時の樹理さんにとって，自立は，林さんの厳しい叱責から避難するための手段でしかない。それゆえ，この時の樹理さんは，ホームから出て行くという意味での自立を具体化することはできるが，ホームから出た

後の生活については，ただ漠然と，規則のない，自由な生活を表象しているだけであり，本当の意味での自立を，自分の可能性とはしていないのである。こうした表象は，自立に伴う様々な厳しさや，そうした厳しさを含みこんだ充実感といった存在の厚みを備えていない。もしもこの時林さんが樹理さんを引き止めずに自立させてしまっていたならば，樹理さんは，表象していた自立とは全く異なる現実に遭遇し，さらに大きな問題を抱えることになってしまったであろう。

　ホームでの生活を始めたばかりの時期の朱美さんや樹理さんにとっては，自立した後の在り方を自分はいまだ知らずにいることさえ，了解されていないであろう。なぜならば，繰り返し述べてきたように，人間が自分の欠如分を知るのは，或る価値へと向かって自己を投げ出す，その投企そのものにおいてであり，また，その投企そのものによってでしかないからである。しかしながら，遠い価値としての自立は，今の自分によって実現されようとしてはいなくても，いつか実現したい価値としてホームのほとんどの子どもたちにとって確かに存在し，ホームでの彼らの生活の一つひとつを方向づけている。

具体的な可能性としての自立

　自立が，遠い価値としての自立ではなく，自分によって実現されようとする具体的な可能性となるのは，自立を選択することによってでしかない。このことは，次の記録の1年前に林さんから冗談混じりに「自立するか」と言われた時とは異なり，自立を目前にしている時の，朱美さん（17歳）の様子についての次の記録場面からも明らかとなる。

> 【3日後に自立】XXX1年10月20日
> 朱美さんが私の所にいそいそとやってきてしゃがみ込むと，「私もう少しで自立するんですよ。23日に」，と言う。朱美さんはいつも元気で嬉しそうな表情の子だけれど，特に今日は本当に嬉しそうだ。二人でカレンダーを眺めて，その時間の短さに朱美さんも改めて驚いたようだ。「明々後日じゃない」，と私が言うと，「あれ？本当だ」，と朱美さんも言う。「そっかー，自立しちゃうのか」，と感傷も混ざって私はため息をついた。「この間浩美ちゃんが出ていったばかりなのにね」，と言うと，「絵美もだよ」，と朱美さんは言う。「え？ 絵美ちゃんもなの？ あらまあ。一気に皆いなくなっちゃうなあ」，と私は寂しくなって呟いた。「浩美ちゃんは今日もう

戻ってきてるけどねぇ」、と朱美さんは2階の方を見て笑う。私は、「早いね。来てからもう1年くらい？」、と、去年朱美さんが来た時のことを思いだして尋ねた。朱美さんは、「んー。ああ、そうですね。去年の10月に来たから丁度1年」、と一瞬考えながら答えた。「住む所も決めたの？　近くにしたの？」、と尋ねると、朱美さんは、勢いよく「うん」、と答えた。そして、「じゃあ私、荷物詰めなきゃいけないから。もうダンボール箱がいっぱい。15分ほど荷物パッキングしてきますね」、と言うと、元気に立ち上がった。そして、くるりと私を振り返って、「お前、15分で終わるのかって」、とおどけた仕草をしながら自分で自分の言葉を茶化し、元気にダイニングを出ていった。

　この日、朱美さんの方からいそいそと筆者に寄ってきて自立を告げる様子は、彼女が、目前の自立を、他者に知らせたくて仕方ないほど楽しみにしていることを物語っている。他方で、「早いね、来てからもう1年くらい？」、という筆者の言葉に対して、朱美さんは、ホームで過ごした期間を、一瞬考え込まなければ計算できない。彼女の意識は、まさに自分が実現しようとしているこれからの生活を志向しており、未来へと向かって自身を投げ出すことに必死であった、と考えられる。

　1年前とは異なり、この時の朱美さんにとって、自立は、具体的な可能性となっている。既に住む所を決めたという彼女は、実際に不動産業者を回り、自分の住む場所を探したであろう。このことを通して、例えば自立にふさわしいアパートを選ぶ際には、ホームや職場の立地を考慮しなければならないことや、自分の給料の額から暮らすに適した家賃と広さのアパートを探さなければならないこと等を、朱美さんは知ることになる。あるいは、荷造りに必要となるダンボールをどこで得られるのか、荷物は新居にどのぐらい入るのか、といった問いに、荷造りをすることによって彼女は遭遇することになる。

　そもそも、「或る任意の対象の……把握は、世界という背景の上でなされる」(p. 538, 下870頁)。そして、「世界は、われわれの振舞いを介して自己を指し示すのであり、世界が指し示されるのは目的を志向的に選択すること〔によって〕であり、世界は、選択される目的に従って、……しかじかのものとして指し示される」(p. 557, 下897頁) ことになる。そうである以上、自立に向けての朱美さんの投企の一つひとつは、もらってこなければならないダンボールが、訪ねなければならない不動産業者が、パッキングされなければならない諸々の

私物が，彼女の投企によって通過されるべき障碍となる，という世界の変化をもたらすのである。この時，「お前，15分で終わるのかって」，と自らの言葉の内容を茶化す朱美さんは，荷物をパッキングするという可能を実現しつつあるがゆえに，自分のこれからの作業が15分では終わらないことも十分に了解している。すなわち，この時の朱美さんは，自分にとって必要な作業や，迫ってくる問いの一つひとつに応え，自分に欠けている欠如分を満たしていくのであり，その意味では，既に自立という在り方をしている，といえる。

自立後の自立

　自立とは，ホームから巣立つことであると同時に，ホームから巣立った先で生活していく，ということでもある。自立の準備を実際にすることによって，自立がいかなることであるかを知る子どもたちは，自立した後にはさらに，ホームから離れた自分一人での生活の中で様々な出来事に遭遇することによって，本当に自立して生活していくには，自分に何が欠けていたのかを知ることになる。

　例えば絵美さん（17歳）は，ホームから自立して数ヵ月後にホームを訪れ，筆者とお喋りをしながら，一人の生活ではなかなか思ったようにいかない，と語り，「ハル子さんみたいにてきぱき家事をこなして，料理を作って，掃除もしてってやりたいけど，どうしてもできないんだよね，ハル子さんはすごいなあ」，と溜息混じりに話してくれた。

　林さんは，絵美さんについて，おとなとの関係に傷ついてきており，おとなへの不信感の非常に強い少女であった，と筆者に語ってくれたことがある。実際筆者も，ホームに来た当初の絵美さんには，話がほとんど通じず，彼女は相手を理解しようとしたり，相手に理解されようとすることがほとんどできないのではないか，といった印象さえ抱いた。おそらく絵美さんは，ハル子さんと出会うまでは，家事をてきぱきとこなし，快適に生活しようとするおとなの在り方に触れたことさえなかった，と考えられる。しかし，ホームで暮らすうちに，林さんにもハル子さんにも穏やかな信頼感を寄せるようになった絵美さんは，ハル子さんのきびきびした仕草を，気持ち良いものと感じるようになっていったであろう。このことは，おとなの絵美さんの出会い方が変わり，おとなへと向かって自己を超出していく仕方も変わった，という大きな変化であっ

た，といえる。

　しかしながら，自立する以前の絵美さんは，快適な生活を送るためのハル子さんの努力を，気持ち良いものであると同時に，誰にとっても可能な，当然の振舞い方と捉えていたかもしれない。実際に一人の生活に身を投じ，家事をしようとする時に初めて，絵美さんは，ハル子さんの家事のこなし方一つひとつが実は容易に真似のできないものであることを，すなわち，理想的な暮らし方をするために自分にはいまだ欠けているもので在る，ということを実感することになる。というのも，「私が〔或る〕可能性〔の内実〕を〔既にあったものとして事後的に〕みいだす（découvrir）」のは，「既に私がその可能性に身を投げこんでいるまさにその瞬間において」（p. 73, 上 102 頁）だからである。一人暮らしを始めた絵美さんには，例えば仕事から疲れて帰宅した後に作らねばならない食事や，のんびり休みたい休日にしなければならない掃除といったものが，サルトルのいうところの「逆行率（coefficient d'adversité）」（p. 389, 下 647 頁）として現われる。しかも，第 4 章第 3 節で述べたように，即自的な所与が，抵抗として現われるのか，援助として現われるのかは，投企する自由の光のもとでしか顕示されない。つまり絵美さんは，散らかった部屋の，抵抗するものとしての逆行率を感じるほどの投企を，例えば掃除をしよう，綺麗な部屋で快適に過ごそうとする投企を実際に行ないつつ，自らの欠如分を実感することになる，と考えられるのである。

　確かにこの時の絵美さんにとって自分の欠如分は，いまだ満たし方を了解できないものである。しかし，「てきぱきする」ことの欠如分を身をもって知ることにより，ハル子さんという，絵美さんにとっての理想像は，そこに至るまでの具体的な可能性を規定する価値として，自分の今の在りようをより明確に捉えうるものとしてくれる。そしてまた同時に，彼女にとってこの価値が彼女の投企を方向づけてくれる限り，その家事のこなし方に典型的となるハル子さんの在り方は，ホームを出てもなお，絵美さんを支え続けてくれることになる。

　このように，ホームで培った様々な体験や能力をもとに，実際に生活することによって気づかされる自己の欠如分を一つひとつ満たすため，自己を投げ出せるようになることこそ，子どもが本当の意味で自立する，ということなのである。

２度目の自立

　したがって，実際に自立した子どもにとって，その自立が十分な自立とはならないことも，しばしばある。子どもたちの中には，自分の欠如分に気づかされると同時に，この欠如分をもはや自分一人では満たすことができなくなり，再びホームに戻ってきて，再度自立の準備をすることもある。例えば浩美さん（17歳）は，ホームから自立した約4ヵ月後に，再びホームへと戻ってきた。次の記録は，浩美さんが，1度目の自立をした数日後に，ホームに遊びに来た場面である。

【2DK】XXX1年10月11日
　林さんは嬉しそうに，「〔絵美さんが住むことにした部屋は〕いやあ，いい部屋だよ。広くって新しくって，綺麗でねえ。駅からも近いし」，と大きな声で房江さんに答える。浩美さんもダイニングに戻ってきて，「あ，絵美の部屋決まったの？」，と林さんに尋ねる。「うん，あれはいいね。いい部屋になってよかった」，と林さんは，本当に満足そうに答える。「フローリングが10畳位あるんじゃないかな。ワンルームのね，キッチンも一緒についてるやつで。綺麗だよ」，と林さんが説明する（略）。林さんはにやっとして浩美さんを見て，「浩美ちゃん，ちょっと自分の部屋を後悔したりしてな」，とからかう。浩美さんはいくらか複雑そうな，悔しそうな笑うような表情になって，「ちょっとね」，と遠くを見ながら言った。そして，「でもいいの。広い方が私はいいから。別に，〔家賃は〕高くないし」，と，今度は林さんに笑顔を向けて言い直した。

　1度目の自立において，浩美さんは，自分の給料の額を考慮して計算しても家賃の支払い可能な2DKのアパートを見つけると，一人で暮らすには広すぎるのではないか，という林さんの忠告にもかかわらず，強固にそのアパートを自立先として選択した。しかしながら，この日，絵美さんが一人暮らしにふさわしい広さのアパートを見つけ，当人も，また林さんも満足している様子を目にした時，浩美さんの顔には，複雑な表情が浮かぶ。
　浩美さんは，この時，もしもまだ2DKの部屋に荷物を運び込んでいなければ，複雑な表情を浮かべることはなかったかもしれない。しかし，実際に荷物を運び込み，そこで生活を始めていた浩美さんは，自分の部屋の広さが，自分の身体に適切な対応をしていないことを，実感していたはずである。事実，浩

美さんは，「でもいいの。広い方が私はいいから」，とあえて言い直す。この言葉は，浩美さんの意図とは逆に，彼女が，自分のアパートを広すぎると実際に感じていることを露わにする。広すぎるとはいえ，自らそこを選択し，その選択に拘束される浩美さんは，これからそこで生活しなければならないのであり，そうである以上，この広さは自分にとって好ましいことを，言語化することで，自分に言い聞かせなければならないのであろう。

　或る部屋が広いか狭いかを決めるのは，数字で示される，その部屋の容積ではない。そもそも，「個々の人間は，認識や技術の世界から出発して，自己について絶対的に選択〔しているもの〕であり，この選択が，世界をわがものとして引き受け（assumer），それと同時に，世界を照らし出して明らかにする」（p. 640, 下 1022 頁）。そうである以上，人間は常に，認識や技術によって数値化されうる世界を，自らの選択に応じたふさわしいものとすることになる。浩美さんは，2DKの部屋を自分が暮らすにふさわしい広さの部屋として選択するのであり，この広さの責任者となる。しかしながら，実際にそこで生活した際に彼女を襲ったがらんとした寂しさは，この空間を生きる際彼女に，その空間内にある自らの身体を，のびのびとした広さに適応する手段ではなく，むしろ「諸事物の抵抗」（p. 389, 下 646 頁）として捉えさせる。「脅威は，既に確立された道具複合を介して，徐々に，あらゆる道具複合が指し示している指示基準の中心〔＝浩美さんの身体〕にまで広がっていく」（p. 389, 下 647 頁）のであり，当の部屋の床や壁に対する彼女の荷物の配置を介して，広すぎるというこの部屋の脅威は浩美さんの身体にまで及ぶのである。さらには，そこで食事をしたり，掃除をするといったことによって，自分の部屋の広さは，より一層具体的に，浩美さんの身体に実感される。それどころか，これらのことは同時に，浩美さんがこの部屋でいかなる振舞いを自らの可能性として実現するべきか，ということをも露わにする。例えば，彼女は，一人で食事をするには広すぎるキッチンやダイニングに立つことによって，自分がいかなる料理をし，いかなる仕方で食事をしようとしているかを知らされる。すなわち，「それらの道具複合を介して，脅威が，指示基準の中心を指し示す」（p. 389, 下 647 頁）のであり，浩美さんは，生活するそのつど，この部屋にふさわしいものではない自分の身体を，指し示されるのである。

　実際，1度目の自立の4ヵ月後に再びホームに入所し，1年間生活した後に，

浩美さん（18歳）は，かつて生活した部屋は自分には広すぎたことを，自ら認める。

【部屋が広すぎることの実感】XXX2年9月9日
林さんは，からかうような口調になると，浩美さんに向かって，「今度は，ちゃんといい部屋見つけるだろうし」，と言った。浩美さんは情けなさそうに口をへの字に曲げると，「ねー，ほんと，あたしばかだったよねー」，と言った。「だから言ったでしょう，あの部屋じゃ一人には広すぎるんだって。それなのに，あなたちっとも聞かなかったじゃない」，と林さんが言うと，浩美さんは，「ね，ほんと，広すぎるんだよね，荷物とかもさー，そんなにないから，がらんとしちゃって，寂しいんだよね」，と苦笑しながら言う。「ね，もうわかったでしょう」，と林さんに言われて，浩美さんは大きく頷いた。「うん，もうわかった。ほんっと，あたし，ばかだった」。浩美さんは，照れたように，早口で言った。

　この場面の浩美さんの，自分の過去を苦笑しつつ語る様子からは，彼女が，かつての部屋選びを失敗であったと自ら認め，部屋選びに失敗した者として，さらには，自立に失敗した者として，自分自身を選択していることが窺える。こうした選択ができるようになって初めて，浩美さんにとって，部屋選びという過去は自分の過去となり，存在充実を備えた事実性となる。彼女は，次回の自立のためには，かつて部屋選びに失敗した者として，新たな部屋を選択することになる。事実，彼女は，2度目に自立する際には，一人暮らしにふさわしいワンルームのアパートを借りるのであった。

ホームで再び生活することの意味
　以上で考察した浩美さんの変化からも，自立するとはいかなることであるのかが子どもに本当に了解されるのは，子どもが自立を実現し続けているまさにその時であることが明らかになる。とりわけ，自分の思い描いていた理想的な在り方で在ることができなくなる時に，その挫折を通して，自分にとって可能とはならないあるべき在り方の内実が，子ども自身に知られることになる。浩美さんは，1度目の一人暮らしを始めるとすぐに，一人暮らしの孤独感に苛まれるようになったようであった。彼女は頻繁にホームを訪ねてくるようになり，やがて，ホームに泊まって翌日会社に向かう日も多くなった。こうした生活を

3ヵ月ほど続けた後に，浩美さんは，ホームに「再入所」したい，と申し出る。

ただし，再入所することは，以下で考察するように，子どもにとって，最初の入所よりも高い課題を要求されることになる。以下では，子どもにとって2度目の自立が，1度目の自立とはいかなる違いがあるのかを，浩美さんの場合に即して考察したい。

浩美さん（17歳）は，ホームに戻ってきたいという希望を，次のように林さんに伝えた。

【ホームに戻りたい】XXX2年2月8日-2月9日

浩美さんは下を向いて，「あのね，甘えてるって言われるかもしれないけど」，とおずおずと話し出した。「あのね，私，またホームに戻ってきたらだめかなって」。それから，急に語調を速めて続けた。「なんでそう思ったかっていうと，今の生活だと，もう毎日の生活が大変で，お金もどんどん使っちゃうし，全然，将来のことを考える時間がないんだ。そういう余裕がないっていうか。自分がこれからどう生きていくのかっていうのが全然見えてこないの。そういうのが嫌で，だからもう一度ゆっくり考えたいの」，と説明した。一気にそこまで言い切ると，少し緊張した面もちで，林さんの表情をじっと窺う。林さんは，黙って聞いていた。そして，しばらくして，「ふうん。そうか」，と言うと，また黙り込んだ。浩美さんは，不安げな表情でその様子を見守っていた。林さんは，ようやく，「うん，わかった。考えておくよ」，と言う。浩美さんが，ほっとしたような，まだ不安そうな表情で，「お願いします」，と頭を下げた。「だから前に僕，言ったでしょう。帰ってきてもいいよって。でもあの時，あなたは，いや頑張るって言ったからね」，と林さんは言う。浩美さんは，「うん，そうなの。あの時は，甘えたらだめだって思って，ちゃんと自分で生きていかなきゃだめだって，ここで踏ん張ろうって思ったの。でも，結局だめで，頑張れなかったのね。で，このままだったら本当にもうだめだって自分でよくわかった」，と林さんの顔をじっと見ながら言った。林さんは，またゆっくりと頷いて，「わかった，考えておくよ。近いうちに結論を出すから」，と言った。浩美さんは，大きく息を吐き出した。

翌日になって，浩美さんが仕事に出かけようとすると，林さんが，「浩美ちゃん，昨日の話の件だけどさ」，と切り出した。浩美さんは，立ち止まって，立ったまま林さんを見た。「ここに戻ってくるのはいいとして，どうしてここに戻ってくるのかな。つまりね，お金を貯めるためにここに戻って来るんだったら，お金が貯まったら出ていくだろうけど，またそしたら同じことの繰り返しでしょう。お金を貯めに来ても仕方ないんだよ」，と林さんは，浩美さんをじっと見て言った。浩美さん

第5章 未来へと自己を超出する意識

は，すぐに，「違うよ。もちろんお金のこともあるけど，今の状態だと，自分がどう生きていくかとかわかんないでしょう。そういうのを考える余裕がないの」，と目を伏せて低い声で言う。林さんは，それを聞いてまた考え込んだ。浩美さんはまた口を開くと，「今のままだとね，自分の生き方がおかしいっていうか，そう思ったの。なんか，考えた時には色々もっとあったんだよ。ちょっと忘れちゃったけど，ノートに書いてあるの」，と説明した。林さんは，「うん」，と唸る。

再入所を希望することは，1度目の入所とは比較にならないほどの覚悟を要求される。というのも，自立するうえで自分に何が欠けているのか，既に当の子どもは知っているはずであるために，次なる自立は，その欠如分を満たすというより高度な課題をこなさなければなしえなくなるからである。浩美さん自身がこのことを強く感じていることは，ホームに戻りたいと希望する理由を，林さんに問われるより先に自ら語り出す切迫した様子からも明らかになる。「お金もどんどん使っちゃうし，全然，将来のことを考える時間がない」から，「自分がこれからどう生きていくのかっていうのが全然見えてこない」から，と語る浩美さんは，再入所を申し入れる前に，なぜ自分はホームに戻りたいと感じているかを，繰り返し自分に問いかけたはずである。とりわけ，林さんに「お金を貯めに来ても仕方ないんだよ」，と言われると，「違うよ。……今の状態だと，自分がどう生きていくかとかわかんないでしょう」，と即答することからも，ホームに戻るためには，それにふさわしいだけの目的をみいださなければならないことを，彼女自身が強く実感していることが窺える。

浩美さんは，一人暮らしをするようになると，ホームにおいてはこなすことのできていた日常的な活動にも，困難さを抱えるようになったようである。例えば浩美さんは，ホームにいる間は，職場からの急な要請で，早朝5時に出社しなければならないことがあっても，きちんと朝早く起きて，仕事に行っていた。彼女の熱心な働きぶりは，ホームにおいても，また職場においても，高く評価されていた。ところが彼女は，ホームを出てしばらくすると，仕事に行くことが非常に辛くなり，朝になっても起きられなくなってしまった，という。浩美さんは，ホームにいる間，ハル子さんに起こされなくともきちんと自分で起きることを支えてくれていたのが実は，料理や掃除や他愛のないお喋りといった，ハル子さんの日々の働きかけであることを，ホームを出て初めて痛感し

たのであろう。また、ホームでは林さんやハル子さんと日々対話することによって可能であった、どう生きていくべきかを熟慮することが、自分にとってどれほど重要なことであったかが、日々の活動に支障をきたすようになり、自分の生き方に不安を抱くにつれて、浩美さんに如実に実感されるようになるはずである。浩美さんは、自分で考えた様々なことを、自分のノートに書きとめていた、という。このことからも、浩美さんが、自分の生き方をなんとかして支えたい、と必死であることが窺える。

　しかしながら、こうした事柄が自分に欠けていることを実感するからこそ、それらはすべて、既に一度ホームにおいて、乗り越えられたはずのものであることをも、浩美さんは実感してしまうはずである。それゆえ彼女は、ホームでもう一度暮らしたいという希望そのものさえも、「甘えてる」、と林さんから捉えられかねないことまでをも了解している。彼女は、ホームに戻ってきたいという思いを、恐る恐る切り出すことしかできない。

　ホームでもう一度暮らしたいと真剣に語るためには、浩美さんは、かつて自立して頑張ることを強く決心したにもかかわらず、部屋の選び方や、お金の使い方や、仕事の選び方や、友人関係のもち方等々に失敗した者として自分を選択しなければならない。しかも、林さんからの再入所の提案をかつて一度断った浩美さんは、自分を、自立に失敗した者として選択していなかったことをも含めて、自分を選択することになる。彼女がそう自分を選択することによって、自立時の自分の生活は、事実性としての重みを備えることになる。

事実性からの切り離し

　しかしながら、【ホームに戻りたい】の場面において、ホームで暮らす意義を自ら真剣に考え、必死に林さんに伝えようとしているにもかかわらず、ホームで再び生活するということだけでもって、浩美さんは、彼女の理想とする生き方を実現できるようになるわけでは決してない。林さんは、友人や恋人に対する浩美さんの振舞い方を、その後、しばしば厳しく問い直していたようであった。そうした中で、林さんは、浩美さんに次のように提案する。次の記録からは、浩美さん自身も、林さんに問われている自分の在りようを何とか立て直そうと、必死に努力していることが窺える。

第5章　未来へと自己を超出する意識

【ボランティア】XXX2年5月13日

　林さんは，浩美さんに，「浩美ちゃん，会社の社長さんでさ，勉強したい施設の子たちに，百万円お金をくれるっていう人がいるんだ。その人が，東南アジアの方にね，ボランティアで行きたいっていう子がいるのなら，その費用を出してもいいっていうからさ。あなた，外国でそういう勉強をしたいって言ってたでしょ」，と言う。浩美さんは，うつむいていた顔を上げると，「本当？」，と少し元気な声で言った。そして，「うん，行きたい。行って，いろいろ考えたい」，と林さんの顔を見ながら言う。（略）冗談を言った後で林さんは，「だから，急に決めなくてもいいけど考えておいて。僕もその人に返事をしないといけないから，適当な時期に返事をください」，と言った。浩美さんも，真面目な顔になって頷く。「あなたは，今生き方を模索していると思う。苦しいんだと思う」。林さんは，ゆっくりと言葉を選ぶように言う。浩美さんは，黙って林さんの顔をじっと見た。「変わりたいと思った時には，そういうことも必要だと思う。自分だけじゃ変われないからね。だから，こういうことも考えてみて。自分がどう生きたいのか。考えてるだけじゃ人間は変われませんよ。環境も何か変えてみないとね。変わるってそんなに簡単なことじゃないです。だから，考えてみて」。林さんは，静かに言った。浩美さんはまた頷いて，「うん，本当に行きたいです。きちんと返事をします」，としっかりとした口調で言った。

　筆者は直接には知らないが，浩美さんは，外国に行ってボランティア活動に従事したいという希望を，何度か林さんに話していたようである。貧困に苦しむ世界の子どもたちについて林さんから話を聞いたり，彼女自身がそうしたことを学ぶ中で，彼女は，苦しんでいる人の役に立ちたいという希望を抱くようになったのであろう。とりわけ，林さんから聞いたマザー・テレサの話に感動したという浩美さんは，自分も貧しい地域で子どもたちのために働きたい，と考えるようになっていたようであった。

　しかしながら，身近な地域に活動の場所を求めるのではなく，外国に行きたい，と希望することからは，浩美さんの中に，人のために役に立ちたいという希望以上の想いがあることが窺える。林さんが語るように，東南アジアでボランティア活動をすることは，「環境も何か変え」ることである。今の自分の生活からは切り離された新しい環境で生活すること，すなわち，自分の背後に背負っている事実性の重苦しさから一旦切り離され，新しい生活を送ることである。本来ならば，彼女が背負っている事実性の中には，彼女の今の生き方を支

える事柄もあるはずである。例えば，この当時の浩美さんは，勤め先では熱心な働きぶりを高く評価され，17歳という年齢であるにもかかわらず，責任ある仕事まで任されるようになっていた。身体も精神も酷使する業務であり，辛いことも多かったようであるが，仕事にやりがいを求めることも十分に可能であった。しかしながら，にもかかわらず日本を離れたいと希望する浩美さんは，会社における自分の立場をも含めた自分の生きている現在の状況からは，自分を本当の意味で変えることのできる行為へと，自分を差し向けることができない，と感じていることになる。

　浩美さんが実感していたとおり，ホームで生活すれば，それだけで彼女の生き方が再び望ましい方向へと向かうことになるわけではない。どこか遠い場所へと行き，「いろいろ考えたい」という彼女の望みは，彼女がこれまで生きてきたところの，現に今在る場所は，彼女にとって，「いろいろ考え」ることのできない場である，という事実性を露わにする。サルトルも述べるように，私が今現に占めている，この「私の場所の事実性は，私の目的に関して私のなす自由な選択においてしか，また選択によってしか，私に顕示されない」(p. 574, 下924頁)。それゆえ彼女は，現に今在る場所から，ホームを自立した後でも自分一人で生き方を変えることのできるような場所へと移動したい，と望むのではないだろうか。そして，「変えるということは，まさに私の場所であるところの，変えられるべき何らかのものを，暗に示している」(p. 575, 下925頁) ように，浩美さんにとってこの時，彼女が暮らすホームの周辺の場所は，変えられるべきという性質を備え，彼女の真の自立を阻害するという事実性を備えた場所となっている。浩美さんは，自分の暮らしているこの場所を，自分が変わることを阻害する場として選択する。変わりたい，という彼女のこの「目的に対しての……到達し難さこそが，場所を規定するのである」(p. 573, 下923頁)。

　しかしながら，そもそも，私は，「以前に自分が占めていた場所に応じた仕方でしか，或る場所を占めること」はできない (p. 570, 下918頁)。もしも浩美さんが本当に東南アジアに行くことが可能になったとしても，その時の浩美さんにとってさえ，かつて自分の占めていた場所が，すなわち，日本の，ホーム周辺の地域が，ひいては，彼女が自分の背後に背負っている彼女の事実性が，彼女から本当に無関係になりうるわけでは決してない。今在る場所を乗り越えられた場所とするためには，彼女は自らをそのように投げ出さなければならな

い。とはいえ，この時の彼女に，そうした投企の内実は，いまだ明らかとなっていないであろう。いや，むしろ明らかではないからこそ，彼女は，具体的にはわからないけれども自分を変えてくれる何かを求めて，今のこの場所を離れたい，と望むのではないだろうか。

自立の困難さ

【ボランティア】の場面における林さんの提案は，浩美さん自身によってはいかんともし難い偶然的な事情から，実現可能とならなかった。

後に筆者は林さんから聞いたのであるが，或る時，浩美さんは，将来，林さんがやっているように，自分も自立援助ホームを運営して，辛い想いをしている子どもたちの手助けをしたいと語った，ということであった。林さんが，そのためには高校に通ったらどうか，と提案すると，浩美さんは，この提案にすぐに賛同したそうである。この時期の浩美さんは，時に将来に対して何もかも諦めたような振舞いを示すこともあっただけに，浩美さんが将来の希望を語ってくれたことは嬉しかった，と林さんは言う。次の記録は，筆者のいる場で，再び，林さんが浩美さんに高校に通うことを勧める場面についてのものである。

【定時制高校への希望】XXX2年9月9日

林さんが樹理さんの字を褒めるのを見ていた浩美さんは，頷いて，「そうだよね，いいな」，と言った。林さんは，「でもあなたも自分で勉強して偉いよね」，と浩美さんに声をかける。林さんは優しい声で，「僕，嬉しかったよ，浩美ちゃんが自立援助ホームやりたいって言ってくれて」，と言った。そして，「定時制の高校，本当に行くといいよ。2月までに，願書とかあるから決めればいいね。そしたら行ってるだけで，大して勉強できなくったって高校〔卒業〕の資格が取れるから。あのね，定時制の先生ってやっぱりわかってるし，あなたみたいな子が，勉強はちょっとできなくてもそういう目的があって頑張りたいんだって言ったら，テストはできなくてもちゃんと卒業させてくれる。必要なことだけ勉強すればいいんだよ。だから，本当にそれは心配しなくていいよ。あとは，自分で考えて。本当に行きたいと思うかをね。じっくり考えて，それで2月までに決めればいいんだから」，と静かに言った。浩美さんも目を細めると，「うん，あたし本当にやってみたいんだ。うまくできないと思うけど。でもやってみたいんだよね。林さん見てて思った」，と言った。林さんは，嬉しそうに目を細めると頷いた。「高校行って，仕事しながら，一

人暮らししながら，できるところまで頑張ろうって，そういうふうに思ってくれたのが嬉しい」。林さんが言うと，浩美さんは，照れたように，目を伏せた。

　浩美さんは，家庭の事情から，小学校にもほとんど通えなかった。彼女は，ホームで暮らす中で，学校に通えなかったことによって自分に欠けている技能をまざまざと実感し，また，職場では難しい言葉や計算方法がわからないがゆえの苦労を何度も体験し，それを乗り越えようと，自分で漢字の勉強を始める。入所当初，ひらがなとカタカナぐらいしか書けなかった，という彼女は，この時期までに，生活に必要な漢字を少しずつ修得していった。また，【ホームに戻りたい】の場面において浩美さん自身が語っているように，浩美さんはいつの頃からか，自分の考えを文章にしてノートにまとめるようにしていた。こうしたことからは，浩美さんにとって，勉強する機会をもつことが，勉強する機会に恵まれている通常のわれわれには想像のできないほどに切実な願いであったことが窺える。こうした浩美さんにとって，林さんが何気ない会話の際に，樹理さんの筆跡がしっかりしていると褒めたことは，まさに，「いいな」，と溜息混じりに語らずにはいられないような，羨ましい事態であったであろう。浩美さんの書く，確かにいわゆる「巧み」とはいえない筆跡は，彼女の過去の重苦しさそのものであり，彼女が望まなかったにもかかわらず生きざるをえなかった彼女の偶然性そのものなのである。

　高校に通うことは，浩美さんにとって，林さんにその術を教えてもらう以前には，彼女の想像を越える可能性だったはずである。このことは，自分が変わるために将来の可能性を何度も立てながら，そのつど挫折し，傷ついていた浩美さんが，「できるところまで頑張ろうって，そういうふうに思っ」たということ自体が，彼女にとって非常に貴重なことである，ということを意味している。とりわけ，東南アジアでボランティア活動をしたいと希望していた時とは異なり，すなわち，生活環境までをも変更し，自分の背後に背負っているこれまでの生き方を断ち切ることによってではなく，この時期の浩美さんはそうした過去の重苦しさを携えたままの今の自分自身から出発するという仕方で，頑張りたい，と語る。しかも浩美さんは，「うまくできないと思うけど。でもやってみたいんだよね」，と語る。浩美さんのこの言葉は，自分にとって望ましいはずの可能性を自分が必ずしも保持し続け実現し続けられるわけではないこ

第5章　未来へと自己を超出する意識　　　　　　　181

とを，彼女自身が十分に了解していることを物語っている。「うまくできない」可能性を立てつつも，それを何とか無化することによって，「やってみたい」，と彼女は語るのである。

　この記録場面の1ヵ月半後には，浩美さんは，高校に通うことを，具体的な自分の可能性として選択するようになる。同年の10月21日，筆者は浩美さん自身から，高校入試のための勉強を教えてほしい，と頼まれる。

　【受験勉強】XXX2年10月21日
　「ああ，そうだ，頼みたいことがあるんだ」，と林さんは言った。私が，「なんですか？」，と尋ねると，「浩美ちゃんがね」，と林さんは言い，それから浩美さんを促すように，「ね，自分で言っていいよ」，と言った。浩美さんは，緊張した面持ちになって，「あの，私，勉強を教えてほしいんですけど」，と言った。「あら，いいわよ，もちろん，喜んで」，と私が言うと，浩美さんはわずかに表情を緩め，「はい，お願いします」，と言った。林さんはにこにこして，「高校に行きたいんだよね」，と浩美さんに言う。「そう，夜間，行きたいんです」，と浩美さんは私に言い，それから林さんを見て，照れたように笑うと，頷いた。（略）「わかりました，じゃあ，どうしようか？　浩美ちゃんは，何曜日が休みなんだっけ？」，と私が尋ねると，「あー，月曜と……。野ゆり〔＝筆者〕さんは，これからも月曜に来るんでしょう？　月曜だったら，仕事休みだし」，と浩美さんは答える。ハル子さんが，「あら，でも月曜は，D君〔＝浩美さんのボーイフレンド〕と会う日なんじゃないの？」，と尋ねると，林さんがすぐに，「いいの，D君とは会わなくて，勉強したいって浩美ちゃんが言ってるんだから」，とすぐに言った。浩美さんも，黙って頷いた。

　浩美さんは，自分から進んで言葉を発したり，筆者に話しかけたりすることの少ない少女であった。この場面の直前においても，彼女は筆者に話しかけるそぶりをまったく見せていなかった。このことからは，一見すると，浩美さんは林さんの語ることに従って言葉を発しているだけであるように思われるかもしれない。しかしながら，実はこの場面において，浩美さんは相当の覚悟をもって勉強に臨もうとしている。このことは，筆者と勉強する日として，浩美さん自身が，それまではボーイフレンドと会うことに決めていた曜日を選択することから，如実に明らかとなる。この場面において，浩美さんは，自分の生き方を変えることを価値として，自己を投げ出そうとしている。そうであるから

こそ，彼女は，高校入学という目標に向かうためには，この目標と相反することになる，月曜日にボーイフレンドに会う，という可能性を無化し，勉強するという自己へ自身を投企するのである。自分の生き方を変えるという価値を実現するために，高校に行くことを，この価値によって規定されたより近接の価値とすることによって，ボーイフレンドとの約束は，反故にされ通過されなければならない世界の一事物として現われる。彼女は，こうした価値へ方向づけられて自身を投げ出すことによって，以後彼女によって異なる仕方で現われるようになるはずの世界を選択するのである。

　この後，浩美さんは仕事の合間を縫って熱心に勉強し，翌年の3月には，定時制高校に無事合格した。しかしながら，様々な事情が重なり，自立のための準備がいまだ万全とは言えない時期にホームで暮らすことを断念せざるをえなかった浩美さんは，一人暮らしをしてしばらくすると，高校に通うことができなくなり，また，会社にも通えなくなってしまう。彼女は，本当の意味で自立するための，いまだ厳しい試練の中に在る。

　自立することがいかなることであるかを子どもたちに本当に知らしめるのは，自立を実現するまさにそのことである。これまで考察してきたように，絵美さんは，一人で暮らすことによって，家事をこなす一つひとつの所作のごとに，自分が理想としたいのはハル子さんのような生き方であることを知る。また同時に，そのためには自分にいかなることが欠けているかをも知ることになる。あるいは，浩美さんは，たった一人で暮らしていると，自分自身の生き方を考える余裕がなくなってしまうことを実感することによって，ホームでの林さんやハル子さんとの生活が，自分の生き方そのものを支えてくれていたことに気づかされる。

　こうしたことからは，ホームで暮らしている間も，またホームを出た後も，子どもたちにとって，養育者は，自分の生き方を示唆してくれたり，時には自分の不足している在り方を指摘してくれるだけの存在ではないことが明らかになる。浩美さんにとって，ホームを出ることによって失われたのは，林さんによる語りかけやハル子さんによる濃やかな日常的配慮だけではない。そうした事柄の背景にある，自分の意識の在り方を支えてくれる者としての養育者の存在そのものが，自立によって彼女から奪われるのである。養育者は，自立によ

って直接対話する機会が失われると，時に非常に大きな困難をもたらしてしまうほどに，子どもたちの他者経験・自己経験にとって重要な存在である。すなわち，子どもたちが，他者に対して，また自分自身に対して存在する時のその意識を，根底から支える存在なのである。

そして，子どもたちが，養育者からのそうした支えを，たとえ離れて暮らしていても自分の背後に感じられるようになることが，具体的には，林さんの言葉にあるように，何か困ったことがあればホームに電話をしたり訪ねてきたりして相談できるだけの適切な関係を築くことができた時に，子どもたちは，徐々に，自立をしていくことになる，といえる。

第Ⅱ部では，偶然性によって困難な状況におかれてきた子どもたちが，自己と向き合い，過去を自ら選択したものとして引き受け，新しい豊かな世界を対自として生きようとする過程を考察してきた。子どもたちのこうした在り方を支えるのは，いうまでもなく，共に生活する者として子どもたちと関わり続ける養育者の存在である。養育者という他者との出会いは，子どもたちにとって，他者経験そのものを大きく変え，また，その変化を介して自分自身の経験の仕方をも大きく変えていく。そこで，第Ⅲ部では，子どもたちの他者経験に着目しつつ，子どもたちの在りようを考察したい。

1) 本書では，futur と avnir の両方を，「未来」と訳す。
2) サルトルは，可能という語と可能性という語を，しばしば同義として用いる。したがって，本書では，「他人の可能」というサルトルの言葉を，文脈に応じて，「他人の可能性」と表現することもある。
3) 則子さんのように，ホームに入所してしばらくすると，無断外泊を繰り返す子どもは少なくない。その中には，則子さんのように，そのままホームに戻ることなく，「退所」手続きがとられる子どももいる。こうした子どもたちの生を捉えることこそ，本書に残された最も大きな課題である，といえる。
4) 対自が，価値としての在るべき或る在り方をしえないことについては，苦悩を例に，第8章第2節で，サルトルと共にさらに詳しく考察したい。
5) もしもこの時に晃君が自分の過去を前にして不安に陥っていたならば，第3章第1節で考察したような，万引きをやめられない少年と同質の不安に襲われていた，と考えられる。
6) ホームではまれなことだが，晃君は，この事例の直後，実母のもとへと帰っていった。実母との関係が良好ではないにもかかわらずの，彼のこの決断は，彼がホームで生活す

る中で，非常に大きな困難さや辛さを味わい，成長の揺れ動きのただなかに身を投じていたことを物語っているのではないだろうか。

第Ⅲ部　事例研究2：対他存在に着目した子どもの意識の解明

第Ⅱ部では，対自の在り方に着目し，それぞれの仕方で自己と向き合い，過去を乗り越え，自立へ向けて自己を超出していく子どもたちの様子を考察した。第Ⅱ部においてその具体相が考察されたように，脱自していくために自己と向き合うことは，通常よくいわれているのとは異なり，自分の性格や本質といったものを捉える内観や反省によっては十分には可能とならない。性格や本質を，あるいは行動の動機等々として，自分の行為の原因を捉えることは，捉えられるべき性格等々が即自的に既に存在していることを前提とする。しかしながら，自分の在り方を捉えることによって，捉えられる自己も，また自己を捉えている自己も，深い変様を蒙らざるをえない，という対自の在り方からすれば，子どもたちは，反省によっては自分の在り方を捉え尽くしえないはずなのである[1)]。

　反省のこうした作用について，第2章第2節で考察したように，サルトルは，反省によって捉えられるのは，自己の外部の素描でしかない，と述べる。というのも，反省する者は，反省される自己を定立する際に，定立された自己と反省する自己との一致を目指すがゆえに，反省される自己は，こうした一致へと向かって，あらかじめ規定されているからである。すなわち，反省によって捉えられる自己は，反省する自己が目指している一致の在り方に影響を及ぼされた，反省する自己のいわば「影」(p. 218, 上313頁) でしかないのである。

　ただし，サルトル自身は直接明らかにはしていないが，反省によって対自がいかなる変様を蒙るのかは，対自のそのつどの在り方に応じて異なってくる。事実，第Ⅱ部において考察したように，ホームの子どもたちは，自己を汲み尽くしえない苦悩のうちに，自己自身へと寄り迫っていく。というのも，ホームの子どもたちにとっては，素描される自己までもが非常に辛い内実を備えているがゆえに，反省において自らの蒙る変様も，大きく深いものとなるからである。そしてまた，大きな変様が子どもたちにとって可能となるのは，彼らの反省や苦悩が，養育者夫妻という他者によって，常に支えられているからでもある。

　サルトルもまた，他者によって対自の蒙る変様を，反省作用と対照させ，次のように述べる。自己を在りのままに捉える，という観点からすれば，反省は，「中間的（intermédiaire〔＝媒介的な〕）無化の一つの段階」(p. 201, 上288頁)

でしかなく，本当の意味で「《〔私の〕外部》を素描する」ことになるのは，他者に出会い，私が「対他存在」となる時である（p. 218, 上 313 頁），と[2]。

対他存在において対自の蒙る作用は，養育者という他者に支えられることの子どもたちにとっての重大な意味を明らかにしてくれる。子どもたちには，自分を否定しているとしか感じられないような，ホームでの生活以前に出会った多くの他者とは異なり，自分を受容し迎え入れてくれる他者と出会う，という新たな体験が可能となるだけではない。対他存在となることは，その内実は以下で事例に即して詳しく考察することになるが，サルトルによれば，他者の前に晒され，自らの在り方を根本的に変様させられることであり，在りのままの自分を自分自身に一挙に知らしめることを子どもたちに可能としてくれる，とされる。その際に，在りのままの自分は，反省においてでは不可能なほどの深い次元において，対自自身に知られることになる，とサルトルはいうのである。

そこで第Ⅲ部では，対他存在となることの内実を，以下の3つの観点から，事例に即して明らかにしたい。すなわち，他者と共に世界を生きられるようになるまでの過程（第6章），対象 - 他者と主観 - 他者経験によって開かれる対自の新たな可能性（第7章），主観 - 他者の眼差しから解放される新たな他者経験（第8章），という観点から，養育者と共に在ることによって子どもたちの他者経験がいかに変様していくのかを明らかにしたい。

第6章 「人」への埋没

　ホームで生活する子どもたちは，いわゆる家族分離や被虐待や非行といった過去を抱えている。彼らの多くは，これまで出会ってきた他者から，勇気づけられたり，励まされたり，また時には自己について強く反省させられたりするという，いわゆる他者からの濃やかな働きかけの経験が極端に乏しかった，と推測される。それゆえ，過去における彼らの他者経験は，通常のわれわれの他者経験を敷衍することによっては捉えられないほど深い辛さを伴うものであるはずである。

　とりわけ，心理的・身体的・性的虐待を受けてきた子どもたちにとって，他者は常に，自己を脅かす危険な存在として現われてきた，と考えられる。こうした子どもたちは，他者が自己を脅かすことのないように，継続的で密接な他者関係を自ら拒み，いわゆる表面的な関係にのみ留まろうとすることも少なくなかったはずである。

　虐待を受けていなくても，生まれてからすぐに施設に預けられ，実親の顔も名前も知らされずに成長する子どももいる。こうした子どもたちの中には，施設での生活においても，適切に依存して愛着を抱きうるおとなとの出会いを体験することができず，いわゆる「根無し草」と呼ばれるような不安定な他者関係しかもつことができない子どももいる[3]。自分は直接暴力を受けていなくとも，父親が母親に対してドメスティックバイオレンスを繰り返す家庭で育てられたり，両親の不和な関係に巻き込まれ，福祉施設に保護された後も，おとな同士の関係に強い不信感を示す子どももいる。また，親が精神病に罹っているために，親からの十分な養育を受けられないだけでなく，病気による親の精神状態の不安定さに晒され続けてきた子どももいる。こうした子どもは，病状に応じて振舞い方がしばしば，しかも極端に変わってしまう親に対し，安定したイメージを抱くことができず，子ども自身も，接する相手によって自分の態度を頻繁に変えるように習慣化されてしまう，という。

　また，多くの子どもたちは，何らかの形でいわゆる非行を表出したことがあ

る。彼らは，不良グループに属したり，児童自立支援施設や少年院に措置される等といった自分の過去が，他者からネガティヴに捉えられていることを，しばしば実感させられてきた，と推測される。例えば或る子どもは，小学校や中学校に通っている間，教師から常に「目をつけられていて，悪いことは全部自分のせいにされた」，と苦々しい表情で林さんに語る。あるいは，自分を担当してくれた施設職員や保護司，福祉司も，自分をただの「非行少年」としてしか扱ってくれず，自分のことをわかってくれない，と語る子どももいる。こうした子どもたちにとっては，他者経験の基調そのものがネガティヴなものになってしまっているはずである。事実，子どもたちは，消極的にしか他者と関わろうとしなかったり，あるいは，非常に攻撃的な仕方で他者と接したりすることもある。

　と同時に，一見すると矛盾するようであるが，こうした子どもたちの多くは，他者に対して強い愛着を示す。例えば，第4章第2節で事例に即して考察した際に簡単に触れたが，家庭から施設へ，あるいは里親家庭へと，生活の場を頻繁に変更させられた房江さん（入所時16歳）は，措置変更が繰り返される中で，自分と関わってくれていた他者から拒絶された，と感じる経験を重ねてきたはずである。彼女は，措置変更先ではそのつど新たな様式の生活を送らざるをえない状況におかれ，その強い負荷に耐えながら，未知の他者と出会わなければならない。それゆえ，特定の他者との安定した関係を基盤として初めて可能になる，いわゆる年齢相応の発達をすることが困難となり，少しでも継続的に関係を保てる相手に対しては，幼児語で話す等の甘えを示していた。房江さんだけでなく，すぐに身体接触を求めて甘える等，いわゆる退行現象を示し，あたかも幼児とおとなの関係を再現するかのような仕方でしか，他者との関係に安心感を得られない子どももいる。

　また，辛い中でも可能な限り親の庇護のもとで暮らそうとする多くの子どもたちとは異なり，自分や周囲の人を守るために，実の家庭での生活を自ら拒まなければならなかった子どもさえいる。第5章第3節で簡単に触れたが，絵美さん（入所時15歳）は，暴力団に関わる義父との生活の中で，「このままでは自分も自分の弟妹もだめになる」，と考え，幼い弟妹を連れて自ら児童相談所へと逃げたそうである。林さんは，入所当初の絵美さんについて，「義父との関係から，おとなを，とりわけ男性を全く信用できなくなってしまっていた」，

第6章 「人」への埋没

と語っている。林さんのこの言葉に従えば，絵美さんにとって，おとなである他者はすべて，自分や弟妹の生活を脅かす恐ろしい存在として現われ，絵美さんを恐怖に陥らせ続けていたことになる。

以上で素描したように，多くの子どもたちは，ホームに来る以前から，おとなへの根強い不信感を抱かざるをえない状況で暮らしてきている。当然のことながら，こうした子どもたちには，ホームでの生活においても，他者への信頼を容易に獲得できるわけではない。

例えば，幼い頃から大規模な施設で育つ等して，特定のおとなからの深い関わりを受けられずに育った子どもの中には，養育者に対して不自然なほどすぐに愛着を示すにもかかわらず，何らかの契機を経てホームから突然出ていってしまう子どももいる，という。こうした子どもには，養育者の側からすれば，お互いに安心して関わり合っているという信頼感を築きうる，という実感がほとんどもてない，と林さんはいう。

また，生まれてからずっと各種施設で育てられた或る少女は，ホームで生活し始めても長い間，荒んだ表情を浮かべており，林さん夫妻に対して強い警戒心を示していたそうである。林さんは，どんな子どもに対しても感じるはずの，子どもらしい愛らしさを，彼女に対しては当初全く感じられなかった，という。養育者からの温かな働きかけさえ煩わしい阻害的なものと感じていたであろう彼女は，数年にわたってホームへの入退所を繰り返した。彼女が養育者に対して柔らかな表情を見せ，自ら話しかけたり，自立した後も自分から連絡を取るようになるには，3年以上もの時間を要したそうである。

この少女以外にも，保育者からの密接な働きかけのほとんどない施設で育った子どもの中には，多くの異性とすぐに付き合ったり別れたりするような，表面的なだけでなく時として当の子どもにとって危険でもあるような異性関係しか築くことのできない子どもも多くいる，と林さんは語る。例えば，第5章第3節で2度の自立の過程を考察した際にも触れたように，浩美さん（入所時14歳）は，家庭の事情から小学校にさえ通えなかった。そのために，浩美さんは，同年代の友人との関係をもつことが，ホームで生活するまでほとんどなかったそうである。林さんは，浩美さんがボーイフレンドとの適切な関係を築けないことを長い間浩美さんの問題としていたが，彼女のこうした問題の原因の一端は，彼女が同年代の人間との適度な距離感を全く捉えられずにいることにある，

と筆者に語ってくれたことがある。

　それどころか，小学校にさえ通えなかったことで，浩美さんは，生活に困らないだけの識字能力や計算能力さえ十分に体得することができず，いわゆる常識をもてない中での生活を強いられてきた。例えば筆者は，学園生活を舞台にした或る漫画を読んでいた浩美さんが，他の子どもに，「風紀委員って何？」，と尋ねている場面に居合わせたことがある。浩美さんは，いわゆる通常の共同的な振舞い方を体得できないまま，ホームでの共同生活や，会社での同僚との生活を送らなければならなかったことになる。

　こうした子どもたちの抱える他者経験の基調のネガティヴさは，第4章第3節で被虐待体験の乗り越えの過程を考察した樹理さん（入所時15歳）に関する林さんの次の言葉に典型的に現われる。林さんは，入所当初の樹理さんについて，「陰で人を巧みに操作してしまうような危険な一面があった」，と語る。林さんのこの言葉は，本来ならば自分を温かく支えてくれるはずの家庭で，自分を脅かし続ける他者としか出会えなかった樹理さんにとっては，ホームにおいて出会われる他者もまた，常に自分を脅かし征服してくる可能性を，あるいは自分のことを疎ましく思う可能性を備えて現われてきていたことを物語っている。

　そしてまた，樹理さんと同様，多くの子どもたちは，表面的には他者を，とりわけ親を非難し否定しながらも，同時に，親との関係が回復されることを強く望んでいる。そして自らの偶然性が当人にとってあまりにも苛烈であるがゆえに，彼らはしばしば，事実性に基づくことのない家族関係を求めてしまうことになる。それゆえ，こうした子どもたちにとって，他者は，多くの場合，脅威的でネガティヴな存在でありながらも，同時に，事実性の重みを備えることなく愛情を求めずにはいられない相手として現われてくる，と考えられる。

　子どもたちは，以上で素描したような非常にネガティヴな他者経験を背負っている。とりわけ，聡君という少年は，ホームに入所した当時，他者と相対しているという実感を当人が抱きえないのではないか，という印象を筆者が抱いたほど，生気のない重苦しい雰囲気を湛えていた。聡君のこうした様子からは，彼が，ホームで生活する以前には，他者と共同的に関わり合う在り方を十分に生きる機会にほとんど恵まれなかったことが窺える。本章では，入所当時そうした在り方であった聡君の，半年間の変化を考察したい。

第1節 「人」に埋没する在り方

隣人としての他者と所作のぎこちなさ

　聡君は，18歳の冬にホームで暮らし始めた。後に林さんが聡君自身に語った話からすると，実母からの非常に深刻なネグレクトに遭った聡君は，戸籍さえも与えられていなかった，という。ホームでは，深刻な虐待を受けてきた子どもが多く暮らしているが，聡君ほど重苦しい雰囲気を湛えた子どもには，筆者は出会ったことがなかった。

　次の記録は，筆者が初めて聡君に出会った場面である。聡君がホームで暮らし始めてからこの場面までに，1ヵ月弱が過ぎていた。

【豚しゃぶ】XXX4年3月23日
　8時近くに，聡君が帰宅する。聡君は，もさもさ，という感じで部屋に入ってくると，誰にともなく頭を下げた。ハル子さんが，「お帰りなさい，お疲れ様。疲れたでしょう，今日は豚しゃぶよ」，と労うように，明るくはきはき言う。聡君はハル子さんに頭を下げたが，ハル子さんにまっすぐ頭が向いているわけではなく，どことなく視線が横に逸れたような挨拶になる。聡君は無言で自分の席に座ると，細い眼で，辺りをぐるっと見回した。最初，私には気づかずに，ぼんやりと前を見ていたが，少しして，おや，という感じで私の方に向き直る。ようやく気づいてもらい，私は自己紹介をして頭を下げた。聡君は，相変わらず細めていてどこを見ているかわからない眼をこちらに向ける。眼が合った，という感触も私には感じられないままに，聡君は頭を軽く下げた。彼は終始無言だったが，林さんに，「疲れたろう，今日は現場に行けたのか？」，と問われると，小さく頷いた。「E駅？」，と行き先を問われ，また小さく頷く。そして，「会社に行ったら，今日は連れていくからって言われました」，と気だるそうな口調で言った。「うん，そうだね，留守番してても気の毒だからね，良かった」，と林さんは明るい口調で言う。聡君は，特に嬉しそうな様子でもなく，「はい」，と言った。ぼそぼそと喋る聡君は，眼を細めていて，まっすぐに前を見ていない。ハル子さんが食事の用意をすると，空腹なのか，すぐに食べ始めた。聡君がしゃぶしゃぶ用の生の豚肉をお茶碗のご飯の上にのせようとするので，ハル子さんが慌てて大きな声で「聡君，何やってるの，それはお鍋に入れないと」，と制止した。聡君は動じる様子もなくハル子さんを見上げ，「ああ，そうしようとしてたんですよ」，と無表情で言った。

仕事のために皆より遅れて帰宅した聡君は，周囲の人たちの視線を一身に集めながらも，そのことを意識したような表情の変化を見せることなく，無言のまま席に着いた。この時の彼の仕草は，どことなくぎこちなく，気だるげであり，筆者は，通常他の子どもたちからは感じたことのない，何ともいえない徒労感や重苦しさといったものを感じた。

ホームで暮らし始めて間もない子どもの中には，この時の聡君と同様に，ほとんど言葉を発さない子どもが少なくない。そうした子どもたちは，第5章第1節において考察したように，不慣れな場所で，どう立ち振舞ったらよいのかわからない不安感に襲われており，なおかつ初めて経験する労働の疲れ等も加わっているのであろう，こわばった表情を浮かべて黙り込んでいる。しかしながら，そうした子どもたちの様子と，この時の聡君に筆者が感じた倦怠感や重苦しさとは，質が大きく異なる。この時にハル子さんは，仕事で疲れて帰ってきた聡君を元気づけようと，明るく話しかける。しかし，ハル子さんのそうした言葉かけと，ずっしりと重い雰囲気を漂わせている聡君とは，相互にうまくかみ合っていないだけではなく，むしろ，ハル子さんの言葉の方が，対話の場面にそぐわず，あたかも場から浮いてしまったかのようにさえ感じられた。

こうした印象を筆者にさらに強く抱かせたのは，ハル子さんに対して頭を下げている時の，聡君のぎこちなさである。聡君のこうした様子からは，彼にとって挨拶が，自然で自明な振舞いとなっていないことが感じられる。

われわれは多くの場合，見知らぬ他者に対しても，例えば道端で出会えば，誰にとってもごく自然な仕方で挨拶を交わすことができる。つまりわれわれは，抽象的で匿名的な他者一般と共通の仕方で振舞うことを，意識の定立的対象とすることなく実現できる。そうである以上，通常われわれには，「誰でもいい誰か（quelconque）」（p. 593，下952頁），としての匿名的な他者との出会いが可能となっている，といえる[4]。サルトルは，そのようにして経験される他者を「人（on）」と呼び，また，「人」が個別的な状況において経験される時に，そうした他者を，「隣人（prochain）」と呼ぶ。

ホームにおいても子どもたちは，挨拶を交わすといった場合にはたいてい，誰でもいい誰かと同様の仕方で振舞う。こうしたことは，典型的には，テーブルや椅子や食器といった諸道具を，他の子どもたちと同様の仕方で用いうる，という事態に現われている。ただし，ホームで出会われる他者は，匿名的な隣

第 6 章 「人」への埋没　　　195

人としての他者とは異なり，たとえ時には誰でもいい誰かとして現われることがあるとしても，本来，個別化された存在である。そしてまた，日常的には，相手の様子を気にすることなく振舞えるとしても，そのつどの状況に応じて，相手との個別的関係をいつでも生きうる在り方をしていることこそ，ホームにおける隣人との出会いである。むしろ，林さん夫妻や他の子どもたちとの個別的な関係を十全に生きうる時にこそ，子どもたちは，状況に応じて，ホームにおける隣人としての他者との関係も生きられる，といえる。

　他方，この時の聡君は，緊張してこわばっているのでもないが，既にハル子さんとの関係に慣れ親しみ，ハル子さんと共有した時間の厚みを自然な仕方で携えている，というようにも見受けられない。それどころか，聡君は，個別の他者として現われているはずのハル子さんに，いずれの仕方でも心を動かされていないようにさえ見える。すなわち，通常ならば，一対一の関係を基盤にしつつ，匿名的な他者との関係もが生きられるのに対し，聡君は，一見すると匿名的な他者との関係を齟齬なく生きているにもかかわらず，その基盤であるはずの他者との一対一の関係を生きることがない，といえる。このことは，ハル子さんの身体へと寄り添っていかず，むしろハル子さんと対峙する姿勢からずれようとしているかのように見受けられる聡君のぎこちない身体の所作に，典型的に現われている。

　他者の身体に出会う時に，その人間は，単なる肉体として私に知覚されるのではない。そうではなく，「肉体としての他者の身体は，個別的な状況と切り離されえないものである」(p. 410, 下 679 頁)。したがって，もしも個別化された他者としてハル子さんを捉えうるならば，聡君は，状況の中に組み込まれたハル子さんの身体に，すなわち，自分の帰宅を待ちわび，温かい労いの言葉をかけてくれているハル子さんに出会うはずである。

　しかも，他者との出会いは同時に，「私が，……私にとって，他者によって認識されるものとして存在する」(p. 418, 下 690-691 頁) ことをも可能にするはずである。私は，「〔他者にしかじかの仕方で現前しているところの〕身体という名のもとに，他者によって認識されるもの」(p. 419, 下 691 頁) としての自分を，他者との出会いを通して経験する。すなわち，ハル子さんと対峙することは，聡君にとって，本来，自分の身体が，状況に応じた仕方でハル子さんに捉えられうるものとして経験されることである。にもかかわらず，頭を下げなが

らも，十全な仕方で挨拶したという印象を筆者に与えることのない聡君は，自分の身体がハル子さんから知覚されうることを十分には感じていない，と考えられる。人間の意識は，例えば挨拶を実現しようとする身体と一体的に，他者に対峙するための行為を実現することへと向かって自己を投げ出す。また同時に，自分の身体が他者によって眺められていることに気づいた時，人間は，自分の身体の在るがままの姿がもつ意味にも，例えば，自分の身体の姿勢が挨拶を実現する際にとるべきものであるかどうかにも気づかされる。それゆえ，他者の身体と対峙することは，われわれに，適切な仕方で他者と対峙する身体姿勢と意識の在り方を取らせることになる。しかし聡君は，ハル子さんに言葉をかけられても，自分の身体がハル子さんによって眺められている，という実感を抱かない。そうであるがゆえに，彼は，ぎこちない不十分な身体姿勢で，いわば惰性的に頭を下げることになってしまうのであろう。

　そうみなさざるをえなくなる時の聡君の意識の在り方は，筆者と挨拶を交わした際に，眼が合った，という実感を筆者が抱けないことからも明らかになる。他者と眼が合ったと感じる時，われわれは，互いに眼を合わせるという共同的な可能性へ向かって，向き合った相手と共に暗黙のうちに自己を超出し合う。他方，確かにこの時聡君の眼は，筆者という他人を，いわゆる感性的知覚対象としては捉えているはずであるが，彼の意識は，他者に面した際に自然に生きられるこうした可能性を存在していないのではないだろうか。

　それどころか，聡君が筆者の存在にしばらくの間気づかないことは，聡君にとって，ホームでそれまで共に暮らしてきた他者に対し，筆者は，見慣れない人という際立った違和感を備えた者として現われていないことを物語っている。つまり，通常，多くの親しい他者の中に見慣れぬ他者がいる場合に生じる，多くの見慣れた他者を背景へと退かせる仕方で，すなわち，彼らを無化する仕方で見慣れぬ他者が浮き上がってくるという事態が，この時には生じていない。このことは，聡君に対し，1ヵ月間もの間ホームで共に暮らしており，この時に聡君の帰宅を待ちわびていた他者たちが，初対面の筆者が際立って現われうるだけの慣れ親しみを聡君に感じさせていないことを意味している。そして，見慣れたはずの他者と筆者との違いに対する漠然とした意識において，両者を含んだ無差別的な全体としての他者たちに出会っている限り，聡君は，ホームで共に暮らしており既にいくらかは慣れ親しまれてきたはずの他者たちとの関

第 6 章 「人」への埋没　　197

係を，十分な仕方で生きている，とはいえないであろう。そしてまた，そうである以上，一見すると，サルトルが述べているような仕方で隣人と離齟なく生活しているように見受けられるにもかかわらず，実は，聡君は，他者をサルトルがいうところの人（on）として経験している，とはみなせないことになる。

他者に対する無関心な態度
　以上のことからは，聡君が，他者に対してほとんど関心をもっていないことが窺える。サルトルも述べているように，他者を前にして，他者に脅かされる危険から自分を守るために，人間は，「他者に対する無関心な態度」（p. 448, 下 737 頁）をとりうる。こうした態度において，人間は，「他人たちに直面しての失明状態（cécité）」（pp. 448-449, 下 737 頁）を生きていることになる。こうした態度をとっている人間は，他者に対してほとんど注意を払わず，他者が自分に対して予想もできない仕方で関わってきうる，という他者の自由を無視する。こうした人間は，確かに，自分に関する何らかの認識を他者が抱いていることを知っているが，他者の抱くその認識を，「自分には触れてこない」ものとしてしか感じない（p. 449, 下 758 頁）。「あたかも私は世界の中にただ一人だけで在るかのように振舞い（agir）」，「他人の絶対的な主観性を……無視する」（p. 449, 下 738 頁）のである。
　サルトルのこうした記述を追うと，他者に対して身体を差し向けようとせず，他者が自分をまなざしていることに気づくことのない聡君の在り方が，確かに，他者に対する無関心な態度と多くの共通点を備えていることは，明らかである。しかしながら，サルトルが指摘しているように，他者がその他者自身の自由でもって自分に接するという他者の自由をたとえ無視しているとはいえ，それでもやはりこの態度は，「他人の自由についての暗黙の了解を……包み隠している」（p. 450, 下 740 頁）。たとえ，他者の自由を感じていない状態に「浸かりきっている時であっても，われわれは，絶えず自己の不十分さを体験せずにはいられない」（p. 449, 下 739 頁）。というのも，私は他者の自由が自分を対象化し，超越することを無視しているにもかかわらず，他方で同時に，他者の自由も，また「私の対象性」も，「現に在る（être là）」（p. 450, 下 739 頁）からである。それゆえ，他者に対する無関心な態度においては，他人の自由を依然として感じ続けるがゆえの，「絶え間ない欠如感と間の悪さ（un sentiment …… de

malaise)」が生じてくる（p. 450, 下739頁）。他方，この時の聡君からは，ハル子さんや他の他者に対してほとんど関心を払っていないことに当然伴うはずの，居心地の悪さが感じられない。また，筆者との初めての出会いにもかかわらず，この時の聡君からは，「他者との出会いに伴うショック（choc）」（p. 419, 下691頁）が感じられない。これらのことからは，聡君の意識が他者に対する無関心な態度に関してサルトルと共に考察したような，いわゆる二義的な在り方となっているのではないことが窺える。むしろ聡君は，他者が自分を見ていることを単に認識していないのではなく，他者によって自分が脅かされていることに対する非定立的意識さえ十分な仕方では有していない，という想定に導かれる。もしもそうみなせるならば，この時の聡君はそもそも，他者の自由によって脅かされうるはずの自分自身の存在にも，関心を払っていない，ということにさえなる。

　事実，聡君は，生の豚肉を茶碗に近づけるという自分の行為に対して，ハル子さんが思わずあげた大声にも，動じることがない。通常われわれは，自分が実現しようとしている行為を突然止められた場合には，自分の可能性が妨げられたことに対する何らかの思いを抱く。それどころか，隣で他者から大声をあげられれば，そのこと自体にまず驚かされる。確かに，対自は，人（on）という仕方で他者と共同的に生きている場合には，「存在論的……秩序」において，「実在的な自分の個別性を失う」のであり，「私は，無差別的 − 存在としての経験をしかもたない」（p. 496, 下809頁）はずである。しかし，「心理的秩序」においては，自分が他の者と異なっていることを，すなわち，「自分の企てを，同様の無差別的超越によって投げ企てられる，同じような無数の投企の中の一つとして，実感している」（p. 496, 下809頁）のでもある[5]。例えば，誰でもいい誰かの一人として，他者と同じ仕方で食事をする子どもたちは，他ならぬ自分が肉を茹でようとしていることや，食べようとしていることを，心理的には感じているはずである。そうである以上，誰でもいい誰かの一人として振舞っている時の人間にも，実は「隠された独我論が潜んでいる」（p. 592, 下950頁）ことにならざるをえない。

自己についての非定立的意識の希薄さ

　しかしながらこの時の聡君は，自分の振舞いを大声で制止されても，驚かさ

第6章 「人」への埋没　　199

れることさえなかった。それどころか，彼は，「ああ，そうしようとしてたんですよ」，とハル子さんの言葉をすぐに肯定する。この時の聡君の淡々とした口調からは，彼が，ハル子さんの指摘に対していわゆる意地を張っているのでも，何らかの言い訳をしようとしているのでも，さらにまた，ハル子さんをあえて無視しようとしているのでもないことは明らかである。むしろ，聡君のこうした様子からは，彼が，生の豚肉を茶碗の上にのせようとする行為を，他ならぬ自分自身の行為として実感していないことが窺える。そうであるからこそ彼は，その行為を制止されても，自分の行為を制止されていると感じていないのであろう。すなわち，この時の彼は，自分の可能性を生きているというよりも，時間の継起に従って生じる事態を，ただ惰性的に受け入れているだけである，と考えられるのである。確かに，この時の彼は，「ああ，そうしようとしてたんですよ」という彼の言葉からすると，それまでの行為を非定立的に意識しているように思われる。しかし聡君の場合にはむしろ，自分の実現しつつあるのではない行為を自分の行為であるかのように受け入れてしまうほど，自己についての非定立的意識が希薄になっている，と考えられるのである。

　自己についての非定立的意識が機能していない時には，人間は，自分が存在していることをも捉えられなくなる。というのも，サルトルが指摘するように，「意識しているすべての存在は，存在することについての意識として存在する」(p. 20, 上27頁) からである。しかも，サルトルがいうように，「反省を可能にするのは非反省的意識である」(p. 20, 上26頁) からである。つまり，非定立的に意識されていた自分の在り方が誰かに問われれば定立されうるのは，例えば何かを定立的に志向したり，快楽や苦痛を感じている時に，自分がそうした在り方で存在していることについての意識として，私の意識が存在しているからである。それゆえ，自己についての非定立的意識は，例えば快楽や苦痛において典型的となるように，定立的な仕方での反省を可能ならしめるものとして，すなわち「根源的な (premier) 意識」(p. 20, 上27頁) として，「具体的で充実した，絶対的な出来事」(p. 21, 上28頁) となっていなければならない。

　しかし，聡君の振舞いから窺えることは，非定立的意識の次元における，サルトルがいうところの具体的で充実した根源的な意識の在り方が，聡君においては，非常に希薄である，ということである。そうであるからこそ，この時の聡君が，他者から眺められていることを実感できないのも，当然のこととなる。

自己の存在そのものについての非定立的意識が十全に機能していないために，彼は，たとえ他者の前に自分の身体が差し出されたとしても，その際に通常覚えるはずである何らかの感情を伴って，他者の面前における自分の身体を実感することができない。そうである以上，彼が，筆者の眼を見ようとしないのもまた，当然のことといえる。この時の聡君は，他者から眺められる身体としての自己と，自分が眺める他者の身体とが，相対しているという実感が薄い。また，自分の可能性が実現されることについての非定立的意識が希薄である。そのために，彼は状況に埋没するような仕方で，いわば惰性的に振舞っており，相手の視線を自ら捉えようとする可能性を生きていない。ましてや，他者と無言のうちに，共に可能性を実現しようとすることは，この時の聡君には，非常に困難である，と考えられる。さらには，こうした在り方をしている以上，聡君にとって，他者が慣れ親しまれた者として現われてこないことも，当然のことである。自己の存在を意識しない彼は，他者を，自己にとって固有の意味を備えた存在として経験することもない。それゆえ，特定の相手と自分との関係を十分に生きることは，彼にとって非常に困難なこととなり，たとえ1ヵ月間共に生活したとしても，その間の他者経験は彼に蓄積されていかないことになる。

　これらのことは，一見すると非常によく似ているように思われる，他者に対する無関心な態度とこの時の聡君の在り方との相違を際立たせてくれる。そもそも，他者に対する無関心な態度において自分が自分自身に「問題となる」のは，他者に眺められることによって自分の存在へともたらされる「危険から自分を守ること」(p. 450, 下739頁)である。ところが，自己についての非定立的意識が希薄であるこの時の聡君には，自分がこれから実現しようとする可能性や，今の自分の行為が他ならぬ自分の行為であることの実感が十分には伴われない。それゆえ，他者から脅かされる自分自身の存在もまた，守るべき存在として彼自身に感じられていない，と考えざるをえない。

　そうであるからこそ，聡君は，一見すると，挨拶をすることができるといった，それなりの社会性を備え，他者と大きな齟齬をきたすことなく生きていられる，と考えられる。すなわち，通常われわれが，自分を守るために他者との関係を適切に調整することによって，他者と齟齬なく生きようとするのとは異なり，聡君は，他者から脅かされる自分自身を感じることがほとんどないから

こそ，誰とも齟齬をきたすことなく，社会的な営みを実現できる，と考えられるのである。この時の聡君は，一対一という他者関係の基盤がそもそも不十分なために，自分に出会われる他者を匿名化するだけではなく，自分自身をも匿名化せざるをえないのではないだろうか。そして彼は，人（on）として匿名的に出会われる多くの主観の中に自分の主観さえをも埋没させ，文字通り誰でもいい誰かとしてしか，自分を実感できないのではないだろうか。

　深刻なネグレクトを受け，親からほとんど関心をもってさえもらえなかった聡君は，これまで生きのびてくるために，こうした仕方で自分自身にも関心を払わないでいるしかなかったのであろう。ホームで暮らす以前の聡君の様子をほとんど知らない筆者には推測しかしえないが，彼も，最初から，自分に対する関心を失っていたわけではないはずである。幼い頃の彼は，年齢に応じた，いやむしろ彼の受けたネグレクトから推察すると，当該年齢の多くの子どもよりも強い様々な欲求を抱いており，それを満たそうと両親に働きかけたり，両親が自分に対してどのように関わってくるのかに，関心を抱いていたはずである。しかし，どれほど働きかけても，そうした欲求はいつまでも叶えられなかったのであろう。聡君は，自己についての意識を抱いている限り，自分が問題とせずにはいられない自己が他者から無視されていることを，ありありと感じざるをえなくなる。それどころか，両親だけではなく，ほとんど誰からも関わられなかった時間が18年間ずっと積み重ねられてきたために，彼は次第に，他者に対して無関心な態度を取ることさえできなくなっていったのではないだろうか。彼が，自己に対する意識までをも磨耗させ，そうすることで，他者からネグレクトされ続ける辛さを味わわずにすむようにならざるをえなくなった，ということは十分に考えられるであろう[6]。この時彼のまとっていた重苦しさや，周囲の者をも巻き込むようなじっとりとした陰湿な雰囲気に，筆者がやりきれない辛さを感じたのは，すなわち他者に対して無関心である人間が当然抱くであろうと筆者が思っていた居心地の悪ささえ感じることができなかったのは，自分自身に対してさえ無関心である彼の在り方ゆえである，と考えられる。

　聡君のこうした重苦しい雰囲気は，その後もしばらくの間，払拭されることなく，彼に漂っていた。ハル子さんも林さんも，生気の感じられない聡君に対して，しばしば，心配する様子を見せていた。他方，当の聡君は，林さんやハル子さんのそうした心配に対してさえも，関心をほとんど抱いていないように

見受けられた。例えば聡君は，XXX4年4月6日には，何の連絡もないまま夜遅くまで帰宅しなかった。ハル子さんは，心配のあまりおろおろして，近所のコンビニエンスストアやビデオショップに電話をかけて聡君を探していた。夜中の11時半にようやく帰宅した聡君を，ハル子さんは涙ぐみながら迎え入れたが，聡君は，そんなハル子さんや，心配して様子を窺っていた他の子どもたちを，黙ったままぼんやり眺めているだけであった。この日，聡君がいかなる事情で門限に遅れたのか，筆者はほとんど知らない。暗い表情を浮かべていた聡君の内面には，遅れてしまってホームに入りづらいという想いや，ハル子さんに心配をかけて申し訳ないという想いもあったのかもしれない。しかし，筆者が聡君の様子から依然として感じたのは，他者に対する何らかの感情というよりは，むしろ，彼に独特の疲労感や倦怠感なのであった。

第2節　自己意識の充実と共同的な在り方

　それでも，聡君は次第に，周囲の人と会話を交わすようになっていった。ハル子さんは後に筆者に，聡君の入所の約1ヵ月半後に，彼より2歳年下の晃君（16歳）がホームで暮らすようになると，先輩らしく振舞おうとしていて微笑ましかった，と語ってくれた。この時期の聡君のそうした様子は，彼が，ホームで暮らす他者に関心をもち始めていることを物語っている。というのも，晃君を始めとするホームの他者が，人（on）として，すなわち匿名化され全体のうちに埋没するような他者として現われているだけでしかないならば，聡君は，晃君に対して自分が先輩であるという，特定の相手との固有の関係を意識することはないからである。聡君は少しずつ，固別的な他者と他ならぬ自分との関係を生きようとしつつあるのであり，彼のそうした努力が，ハル子さんをして，微笑ましかった，と語らせるのではないだろうか。

　聡君のこうした変化は，筆者も実際に目にすることになる。XXX4年4月13日，聡君は，筆者の挨拶に対し，ほとんど抑揚のない口調ではあったが，初めて，挨拶を返した。確かにこの時の挨拶からは儀礼的な印象は拭えなかったが，聡君が，食事の間一言も発しないことさえあったことからすれば，筆者の挨拶に対して，比較的自然な口調で，「こんばんは」，と声を出して応じることは，聡君にとって大きな変化といえる。

またこの日は、風邪気味の聡君に対し、林さんが、晩ご飯のステーキを食べられないね、とからかうと、聡君は、苦笑いを浮かべながらも慌てて、「食べられますよ」、と応えた。確かにこの時の聡君には、林さんの冗談に対して、冗談を言い返し、自ら積極的な仕方で、この対話の楽しげな雰囲気に参与するだけの余裕はなかった。とはいえ、聡君が慌てるほど余裕を失うのは、彼が、美味しいステーキを食べることを自分の目的とし、それを強く望んでいるからに他ならない。以前の聡君は、確かにいわゆる食欲は旺盛であったが、彼の無気力で乱雑な食べ方からは、彼が空腹を満たすためだけに食べているように筆者に感じられた。他方、この時の聡君は、ステーキを食べるという目的を、阻害されたくない自分の目的としており、自分のこうした可能性を楽しみながら生きている、といえる。

彼にこうした変化が生じたのは、食事を楽しんでいるようには見受けられなかった時期から、途切れることなく毎日、ハル子さんの心のこもった料理を食べる、という体験を聡君が重ねてきたがゆえであろう。というのも、或る特定の味に対する欲求は、例えば他の料理ではなくてこの料理が食べたい、というように、他の味覚から浮き上がる形で、すなわち、食べる可能性のある他の料理の味を無化することによって生じるからである。そして、こうした無化が可能となるためには、無化される他の食事や、無化されず保持される美味しい食事が、既に実際に体験されていなくてはならない。聡君は、毎日、ハル子さんの料理を食べることによって、美味しい食事を味わうとはいかなる体験であるのかを、まさに体験するそのつど、身をもって実感していったはずである。こうした体験の積み重ねが、彼自身に定立的に意識されることはこれまでなかったとしても、美味しい料理を食べたい、という彼にとって重要な欲求を、彼の中に生じさせるようになったのであろう。

行為の実現による自己の在り方の実感

以上で述べたように、聡君は次第に、ホームでの生活に慣れていく。また同時に、聡君は、林さん夫妻から咎められるような振舞いをすることも増えていった。次の記録は、ホームの生活に徐々に馴染みつつある聡君が、門限に遅刻した場面である。

【コンビニ残業】XXX4 年 4 月 20 日

　7 時 50 分頃に聡君が帰宅する。「お帰りなさい」，とハル子さんが言うと，聡君は，入口で立ち止まって，それから皆の顔をゆっくりと見た。想像していたよりも明るい表情だった。「ただいまです」，と聡君は，おずおずと，小さな声で言った。「はい，お帰りなさい。ご飯を召し上がれ」，と言いながら，ハル子さんは，立ち上がると，聡君の食事の準備を始める。聡君は疲れたような表情で，自分の席に着いた。林さんは，明るい声で，しかし少し厳しさも含んだ口調で，「ここのところずっと毎日遅刻じゃない，何してたの」，と言った。聡君は，「すみません」，ととても小さな声で言い，それから，「そんなことないですよ」，と言った。林さんは，「何が違うの，続いてるでしょう」，と言う。聡君は，「いや，だって毎日じゃないですよ。1 週間に 1 回か 2 回ぐらい。昨日だって〔夕食の時刻に間に合うように〕帰ってきたでしょう」，と比較的しっかりとした口調で言った。林さんは，「ああ，そうか毎日じゃないか。でもかなり多いよ」，と言う。聡君は，「はい」，と言いながら，キッチンに行ってしまう。ハル子さんがくすくすと笑いながら，「でも本当に多いのよ。昨日は帰ってきたけど，ええと，木曜日も，日曜日も遅かったのよ」，と言い，カレンダーを指差した。聡君は，特にむっとした表情でもないが，素直には頷かないという様子で，ハル子さんの言葉を聞いている。そして，「でも毎日じゃないです」，と呟いた。食事を始めた聡君に，林さんは，「それで。何をしてたの」，と言う。これまでの聡君に対する言葉よりもずっと厳しい口調である。聡君はあまり気にする様子でもなく，「え，何って，コン……」，と言いかけ，言葉を失ったようにうつむいた。初めて，ばつが悪そうな表情を浮かべる。そして，小さな声で，「ビニ」，と付け足した。その途端にハル子さんが弾けたように笑い出し，「皆聞いた？今の。コンビニって，急に小さくなっちゃって」，と言う。林さんもようやく厳しい表情をほぐして笑い出し，「コンビニ。ほら，コンビニ残業〔＝コンビニエンスストアで雑誌や漫画を立ち読みして時間をつぶすこと〕だった」，と言う。

　林さんから遅刻について指摘されると，「そんなことないですよ」，と反論する聡君の様子からは，【豚しゃぶ】の事例時とは大きく異なる彼の在り方が感じられる。すなわち，【豚しゃぶ】の事例において，彼は，生の豚肉を茶碗にのせるという自分の行為を大声で制止されても，自分の行為に対する非定立的意識を携えていないかのように，自分の行為に注意を向けていなかった。他方この場面では，自分の行動が林さんからどのように見られているのかに，彼が強いこだわりをもちうるようになっていることが感じられる。しかしまた同時に，聡君のこうしたこだわり方は，林さんが指摘しているところの，遅刻が多

いという聡君自身の問題を捉えていない以上，この場面においては，不適切な側面をも備えている。そして，「コンビニ」，という言葉で自分の行為を語り始めた当初の滑らかな口調からは，この言葉でもって答える以前の聡君が，コンビニエンスストアに遅くまで立ち寄っていたことを，ほとんど問題視していなかったことが窺える。

　にもかかわらず，聡君は，ビニ，という最後の二文字を語る前に口ごもる。すなわち，コンビニという言葉が，実際に発音され，林さんにも，また聡君自身にも定立的に捉えうる即自的な存在を備えたまさにその瞬間に，コンビニエンスストアに立ち寄って食事に遅れたことが，ホームの決まりに反していることを実感することになる。聡君のこうした語り口は，遅刻の頻度を問題にしている限り，自分の振舞いの何が問題であったのかを捉えられずにいた聡君が，自分の行動について自ら言語化し，過去における自分の振舞いを振り返った瞬間に，その事実の重みに気づかされた，ということを物語っている。

　聡君が，自分の問題を明確に捉え，気まずそうな表情を浮かべると，その瞬間に，ハル子さんは明るく笑い出し，聡君の様子を冗談めかす。ハル子さんのこの笑いと言葉とによって，聡君は，林さんから一方的に叱られかねない状況に陥るその瞬間に，その状況を逃れられるようになる。このことによって聡君は，他者からの超越を蒙る辛さを一旦味わいながらも，そこから逃れられ，なおかつ，この体験を通して，自分自身の在り方を他者と共に見つめる契機を与えられたのではないだろうか。

　上述したように，この時期，聡君には，次第に，他の子どもたちと自然に対話の受け答えをしたり，時には笑いながら肩を叩く，といった様子もみられるようになった。聡君の変化は，また，【豚しゃぶ】の事例場面の1ヵ月後には，お金を無計画に使いすぎていることを，あえて茶化すような口調で指摘するハル子さんに対して，気まずそうな表情をすぐに浮かべる様子にも現われていた。この時に聡君は，ハル子さんの声音を，厳しくなりすぎないようにと茶化しながらも，自分をたしなめようとしているものとして知覚している，といえる。すなわちこの時の聡君には，ハル子さんという「他者の身体を」，ハル子さん自身の備えている「それぞれに特有の意味によって」，聡君をたしなめようという「目標へと向かって，絶えず超出されるところのものとして捉える」(p. 414, 下684頁) ことが可能となっているのである。

また，この時には，聡君は，ハル子さんに対しては苦笑いを浮かべながらもうつむくのに対し，林さんの言葉には，「はい」，とかしこまって答えていた。聡君が，林さんとハル子さんとのそれぞれに対して，振舞いの微妙な差を見せることは，ホームにおける林さんとハル子さんとの役割の違いを，聡君が敏感に感じとっていることを意味している。サルトルも述べているように，目の前に現われる他者とは，「《骨肉》を備えてそこに‐在る（son être-là de《chair et d'os》）」（p. 407, 下674頁）者のことである。日頃からハル子さんは，明るい口調で冗談めかしながら話しかけたり，林さんの言葉が聡君にとって深刻なものになると，適度に話を逸らしたりする。すなわち，ハル子さんは，多くの場合，子どもが林さんとの一対一の対話を生きられるように働きかけ，なおかつ，当の子どもにとって対話が辛いものとなる時には必要に応じてすぐに両者の間に入り込む，という仕方で在る者として，「自己を存在する（s'exister）」（p. 410, 下678頁）。ハル子さんのこうした在り方は，日々の生活においても，例えば聡君が残業等で遅く帰宅した際には，誰よりも最初に優しく大きな声で労う，といった振舞いに典型的にみられる。言葉をかけるだけではなく，ハル子さんは，自分の食事をすぐに中断して席を立ち，聡君のためにかいがいしく食事の準備を始める。こうした自己を存在することによってハル子さん自身に育まれる，ハル子さんという「自己の情味（goût de soi）」は，聡君には，ハル子さんという「他者の肉体（chair）と……なる」（p. 410, 下678頁）。すなわち，聡君にとっては，本来味わわれるべき経験を幼い頃から剥奪されてきた，母親らしさやその柔らかさや温かさを，また，その相手に作ってもらった料理を食べるという安心感を，ホームでの日常生活の中で，ハル子さんという他者の身体に，感じとることになる。他者の身体のこうした情味を捉える「直感は，単なる認識ではなく」，「絶対的な偶然性についての，気分的な（affectif）把握」（p. 410, 下678頁）である。聡君は，ホームで生活する中で，母親的役割を担う養育者のもつそうした情味を，定立的には意識せずとも，自分の全体を覆う気分として，覚えていったであろう。ハル子さんに対する際と，どっしりと構え，冗談を言ったり子どもたちをからかっては大きな声で笑う林さんに対する際とで，聡君の振舞いに微妙な差異が見られることは，聡君の中で，そうした情味を知る体験の蓄積が，彼の身体のとり方にまで現われるほどに結実したことを物語っている。そして，ハル子さんとの間で体験するこうした柔らかさ

第6章 「人」への埋没　　207

こそが，友人と自然に対話をするようになったり，相手の言葉の真意をすぐに捉えることができるようになる，といった聡君の変化をもたらすうえで，大きな役割を担っていた，と考えられるのである。

他者と共に楽しむ在り方
　聡君が相手への関心をもちながら他者と共に在ることができるようになりつつあることは，次第に，林さんと一緒になって他の子どもをからかう，といった軽やかな振舞い方がみられるようになっていくことからも明らかとなる。例えば，ホームでの生活が始まって約3ヵ月が経った或る日，同じ会社に勤める他の子どもが仕事を休むと，「今日の社食のメニューはステーキだったのに，休みで残念だったね」，とその子どもをからかう林さんと一緒になり，聡君は，「デザートのケーキも美味しかったのに」，と冗談を言った。そして，その子どもが残念がるのを，林さんと共に笑いながら楽しそうに見ていた。
　この時，聡君は，他者と共に，対話の流れに身をおき，自ら対話の担い手となっている。こうした「他者と共に」という在り方をしている時には，すなわち，「我々（nous）」という在り方をしている時には，「私は他人たちと共に或る共同のリズムのうちに拘束されており，私はこのリズムを生じさせるのに寄与している」（p. 497，下809-810頁）[7]。しかも，この「リズムは，私から自由に生まれる」（p. 497，下810頁）のである。他者と共に対話の流れに身をおくことのできるこの時期の聡君は，林さんとの共同体の中に巻き込まれながらも，聡君自身の自由によって，このリズムを生み出し，冗談を言い合う楽しい雰囲気を生み出すことができるようになっている。しかもサルトルのいうように，「このリズムは，自分を取り巻く」様々な営みの「一般的なリズムと，融け合っている」（p. 497，下810頁）。つまり，聡君が，林さんの在り方を自分自身の自由によって引き受け，その在り方を共に生きる時，他者と共に，という在り方には，融合や調和が生じることになる。
　他方，「私の取り入れるリズムの《波長がずれて（contre-tempo）》いる時には」，こうした調和は生じず，このリズムは，「その意味をおび（prendre）ない」（p. 497，下810頁）。実際，他者に対してほとんど関心を示していなかった頃の聡君には，他者と共に自らリズムを生み出すことはできなかったであろう。例えば聡君は，ホームでの生活が始まって数ヵ月間，7時半という食事の時刻

にしばしば遅れていた。ハル子さんは日々，7時半になるとすぐに食事が始められるよう，テーブルをセッティングしたり，料理を作ったり等と，細心の注意を払っている。また，他の子どもたちも，食事が始まる少し前になると，それぞれ自室から出てきて，お皿を運んだり，飲み水を用意する等をしながらダイニングで寛ぎ，食事をするための和やかな雰囲気を作り上げる。すなわち，共同生活を営んでいる，という自覚のある子どもたちは，ホームにおける食事という「共同の目的」や共に囲む食卓といった「共同の諸道具の受け入れによって」，自分を，この共同体におけるわれわれの「無差別的な」一部として「構成する」(p. 497, 下810頁)。この時，子どもたちは，自室で漫画を読んだり音楽を聴いたりするという「自分の個人的な諸目的を，今現に追求されている集団的な諸目的の彼岸に棄て去る」(p. 497, 下810頁) という仕方で，他者と共に在るという在り方を実現できる。他方，自分からは定刻にダイニングに入ってこなかった時期の聡君は，ダイニングのこうした雰囲気を味わうこともなく，こうした雰囲気が多くの人々の配慮によって支えられていることにも，気づいていなかったであろう。それゆえ彼は，食事に遅れることをハル子さんに頻繁に注意されていたが，その注意に含意されているところの，共同体のリズムを崩してしまうという意味内容を読み取ることができなかったのであろう。

厚かましさを伴った大胆さ

　ホームで生活した約3ヵ月の間に，聡君は，自ら能動的に他者へ関わろうとし，また実際に関わる体験を積み重ねることによって，他者と共に在る，という在り方を体得しつつある。しかし，当然のことながら，人間の能動性は，他者と共同の目的へと自己を投げ出すばかりではなく，時には，他者との間で齟齬を生じさせることもある。というのも，聡君にとって，自分自身に関心が生じるからこそ，他者から自分の在り方を脅かされかねない時には，自分自身を守ろうとする意識にもなるからである。

　例えば，先述した，お金を無計画に使いすぎているとハル子さんに注意された場面においては，林さんから，お金を貯めるために仕事の休みを減らしては，という提案がなされた。この提案に対し，聡君は，はっきりとは反論しなかったが，その提案を受け入れようともせず，答えを曖昧なままにしていた。休日が減る，という自分にとって望ましくない状況を作りかねない林さんの提案に

対する聡君のこうした振舞いは，他者が自分を脅かしうる自由を生きていることを無視しようとする，「他者に対する無関心な態度」にも通じかねない。確かに，聡君はこの時，林さんに対して，無関心な態度をとっているわけではなかったであろう。というのも，聡君にとって，林さんは，無関心な態度をとりうるほど，影響力の小さな存在ではないはずだからである。しかし，曖昧な態度のまま返事をしなかった聡君は，林さんの言葉が，自分の休日を自ら減らすように自分を強いかねない恐怖を見つめようとしていなかった，と考えられる。

他者に対する無関心な態度において典型的となるように，他人の自由が自己を脅かしうることを無視する時，あるいはそもそも他者の自由そのものを無視しようとする時，人間は，「《厚かましさを伴った大胆さ（toupet）》をもつ」（p. 449, 下738頁）。確かに，自分自身に対してさえほとんど関心を示すことのなかった聡君が，自分の可能性を問題にし，休日を減らしたくないと望むようになることや，そのために林さんに対して或る態度をとれるようになることは，彼にとって重要な変化といえる。しかしまた同時に，厚かましさ，という否定的なニュアンスをもつ言葉でサルトルも表現しているように，自分を守ろうとする態度は，ネガティヴに働くこともある。事実，この時期の聡君は，時に，自分の自由の主張によって，他の子どもとの間に齟齬をきたしてしまうこともあった。

次の記録場面には，聡君のそうした問題が典型的に現われている。或る日の食事後，ハル子さんは，土産を送ってくれた人に皆でお礼状を書くことを提案した。

【お礼状】XXX4年5月11日
「力作，ありがとう」，とハル子さんはニコニコして聡君からお礼状を受け取る。林さんも，「お，書いたねえ」，と言いながら聡君の書いた文字を声に出して読んだ。聡君は照れくさそうに笑うと，「皆のいいところをもらいました。つなげた」，と言った。林さんは，「うん，いいんじゃないそれで。これで立派なのできたじゃない」，と頷く。聡君は，大仕事を終えてほっとしたのか，表情が自然に緩んできた。（略）
聡君は，何度も書き直された晃君のお礼状をじっと見ると，「たこ焼きはおいしかったです」，と晃君の書いた文字を読み上げた。それから，あれ，というように首を傾げて，「ねえ，これだとさあ，たこ焼きは，おいしかったですってなっちゃうよ」，と「は」を強調しながら読んだ。そして，「これだとさあ，なんか，他のは

美味しくなかったみたい」、と指摘する。腕組みをして、どこか晃君をからかうような口調である。晃君は、いくらかむっとしたような表情を浮かべ、笑いながらも、「いいじゃん」、と小さく呟いた。聡君は、「これだとさあ」、となおも繰り返す。晃君の表情が、いくらかこわばってきた。（略）晃君が急にお礼状に手を伸ばした。そして、勢いよく椅子から立ち上がり、キッチンから出てきた聡君に向かって、「どういうことだか言ってみろ」、と大声で啖呵を切った。聡君は、晃君の様子にぎょっとしたように立ち止まる。その途端、ハル子さんが晃君に対して、仁王立ちになり、「ちょっと何よ」、と叫んだ。しかし、晃君はハル子さんではなく、聡君をじっと睨みつけている。聡君は、晃君が興奮した表情で自分を睨みつけているのに、それほど動じる様子でもなく、「なに？」、と平然と聞き返した。「どういうことだか言ってみろ、てめえ」、と晃君はもう一度大きな声で怒鳴る。（略）聡君は、しばらく困ったように晃君を見ていたが、そのうちに、「じゃあ言わせてもらうけど」、と言いかけた。その途端に晃君は、「言わせてもらうけどって、何が言いてえんだよ」、と再び声を荒げ、ハル子さんはその声をかき消すように、「晃君」、と怒鳴った。その途端、林さんが、「何をしてるんだ」、と、皆の声をかき消す大きな声で怒鳴りながら、ダイニングに入ってきた。（略）しばらく沈黙が続き、聡君は、「あのさ、俺、晃君がなんでそんなに怒ってるかよくわかんないんだけど」、と小さな声で言った。そして、そこで一瞬戸惑ったように林さんを見たが、林さんの目が真剣なのを見て、「あの、じゃあ、僕から説明します」、と小さな声で言う。「よし、説明してみろ」、と林さんは張り詰めた声で言う。聡君は、困ったような表情になり、わずかに口の端で笑いながら、「えっと、晃君がお礼状を書いたじゃないですか、で、それに対して、僕が何か要らないことを言っちゃって、それが晃君を怒らせちゃったって言うか……」、と言う。戸惑いを隠せない口調で、時々言葉に詰まった。林さんは、厳しい表情で聞いていた。そして、「聡君は何を言ったの、え？」、と言う。聡君は、困ったように、「え、だから」、と言うと口籠もった。（略）林さんは、「たこ焼きはおいしかったです」、と晃君のお礼状を読み上げた。「これの何がいけないの、聡君言ってごらんなさい」、と林さんは聡君をじっと見る。聡君は、林さんの視線にたじろいだのか、しばらく黙るが、やがて、「いや、だから、これだと、たこ焼きはってなっちゃって」、と小さな声で説明を始めた。冒頭はしっかりと話していたが、次第に自信がなくなってきたのか、声が小さくなる。林さんは聡君をじっと見てから、「これの何がいけないの、立派じゃないの。このまま素敵な手紙じゃないの。晃君はちっとも悪くないよ。悪いのは聡君だよ」、と林さんは言った。聡君は、むっとしたように林さんの顔を見て、「いや、悪くはないけど、ただ」、と説明しようとする。林さんは、「なんで、どこがいけないの。たこ焼きはって、たこ焼きが美味しかったんだからいいじゃないの。たこ焼き以外のものをまだ食べて

第6章 「人」への埋没

ないでしょう，晃君が正しいよ」，と強い口調で言った。そして，「え，どこがいけないの」，と聡君にもう一度言う。聡君は，その表情から笑いを消すと，「はい，そうですね，どこも悪くないです」，と小さく呟いた。(略) 晃君は大きな声をあげて泣き出して，床に崩れ落ちた。聡君は，晃君の涙に驚いた表情を浮かべていたが，次第に戸惑ったような暗い表情になる。「あなたがそうやってお兄さんぶりたいのもわかるけど」，と林さんが言うと，聡君は，それまでの表情をぴくりと動かして，意外そうに顔を上げた。そして，「いや，そんなつもりはないです」，と小さく言った。しかし林さんは，「それがあなたの問題なんですよ，いつもこうやって，斜に構えて。そりゃあ言われたほうは嫌ですよ，怒るの当然だよ」，と強い口調で続ける。聡君は，納得がいかないように首をかしげていたが，そのうちに，表情をこわばらせて，「はい，そうですね」，と呟いた。「あなたは何なの，そんな立派なの書いたの？　あなただって皆のを真似して書いただけでしょう，そんな，大したこと言えるの？」，と林さんは強い口調で言う。そう言われて，聡君は，初めて合点がいったように，「ああ，はい」，と頷いた。それまでの納得のいかなかったような表情が消えて，唇を嚙んで，暗い表情になる。

　晃君の書いた文章が晃君の意図したのとは異なる内容に受け取られてしまうことを指摘した時の聡君の穏やかな表情からは，聡君が，晃君をからかう気持ちは抱いていたであろうが，晃君のいわゆるあら探しをしようとするような悪意をもっていたわけではなかったように見受けられる。ただ，この時の聡君には，誰かをからかうことで楽しい気分を味わうために当然前提とされている，対話の相手もまた楽しい気分を味わっているかどうかを感じとり，敏感に対応することができずにいた，と考えられる。

　聡君のこうした在り方は，目の前にいる晃君が，自分の言葉に対して表情を大きく変化させていくことに気づかない，という点に典型的に現われる。晃君は，最初のうちこそは表情をこわばらせながらも笑っていたが，次第に笑わなくなる。そして，大きな音を立てて乱暴に椅子から立ち上がる。こうした晃君の仕草は，「怒りを表現している〔ものとして他者に認識される〕のではない」(p. 413，下683頁)。そうではなく，むしろ，晃君の仕草そのものが「怒りなのである」(p. 413，下683頁)。人間は，怒りの所作を表す身体の一部を，例えば「握りしめられたこぶしを」それだけとして「知覚するのでは決してなく，……或る状況においてこぶしを握りしめている一人の人間を知覚する」(p. 413，

下683頁)。怒っている人間は,「《状況における身体》という総合的全体から出発して」,怒っている者として,他者に直接現前し,怒りそのものとして「あますところなく,知覚に引き渡される」(p. 413, 下683頁)のである。次第に表情をこわばらせ,怒りを露わにしていく晃君の様子に,傍にいた筆者はハラハラせずにはいられなかった。また,この場面を見守っていた別の或る子どもも,「あー,〔晃君が〕怒ってる,怒ってるって,やっべーって思ってたら,どっかーんときたね」,と後で筆者に語ってくれたように,この時の晃君の様子の変化は,周囲の者にはっきり捉えられるほど顕著であった。しかし,対話を担っている当の聡君は,晃君のこうした変化に気づかない。そもそもいわゆる悪気のなかったように見受けられる聡君は,自分の言動が相手を怒らせてしまう可能性を全く考慮しておらず,それゆえ,晃君の変化に対しても関心を払うことがなかったのであろう。

　また,聡君は,晃君の大声に驚き,戸惑ったようであるが,自分が引き起こしてしまった当の事態に対して,さほど慌ててもいない。晃君を眺めている聡君の様子は,どこか淡々としており,晃君の怒りが自分に向けられていることを認識はしているものの,自分自身が強く作用を蒙るほどには,彼の怒りを実感していないように見受けられるのである。

　すなわち,こうした在り方となっている聡君は,晃君が自分のあらゆる想像を越えて他者の自由でもって振舞いうることを,十分には感じとれずにいる,と考えられる。こうした意識の在り方となっている人間は,「のんびりしており,自分自身を苦にしていない」(p. 449, 下738-739頁),とサルトルは述べる。同様に,この時の聡君も,晃君から怒りを向けられながらも,自分の振舞いを気にすることもなく,泰然としている。とりわけ,ハル子さんが大声で晃君を制止しようとする時には,ハル子さんの慌てている様子と,聡君ののんびりとした構えが,より一層如実に二人の在り方の対照を露わにする。

　林さんが入ってきた時にも,聡君は,自分が騒動の当事者であることは感じていても,この騒動の責任者である,という気持ちは抱いていなかったであろう。というのも,聡君が自ら説明を始める様子からは,彼は,自分が叱られるかもしれない,とは考えていないように見受けられるからである。そして,聡君自身が,「俺,晃君がなんでそんなに怒ってるかよくわかんないんだけど」,と語っているように,晃君の怒っている理由を理解できずにいる聡君が,自分

を事態の責任者として捉えられないのも，当然のことだからである。聡君のこうした想いは，「僕が何か要らないことを言っちゃって」，と，自分自身を事態の責任者として語り始めた時にも，変化していなかったであろう。しかし，実際に説明するうちに，次第に言葉を詰まらせる彼の様子からは，言葉で説明し，事態を林さんに眺められるものとして定立することによって，それまで自分では問題としていなかった自己の振舞いの意味について，彼が考え始めたことが窺える。それどころか，次第に自信を失ったような口調になっていく彼の語り口には，実際に林さんに眺められながら，その視線に適切に応えようとしている聡君の意識の在り方が現われている。すなわち，聡君は，単に過去における自分の行為を眺められているだけではなく，さらには，現在の自分の説明の仕方や，反省の仕方をも林さんに眺められていると感じていった，と考えられる。

とはいえ，林さんから一方的に「悪いのは聡君だよ」と言われると，聡君は，むっとしたような表情を浮かべる。この様子からは，聡君が，友人とのいわゆる対等な関係においては，他者の自由を十分に捉えることはいまだなくとも，林さんとの関係においては，相手から超越される恐怖を感じていることが窺える。実際，「〔晃君の文章の〕どこがいけないの」，と問われるうちに，聡君は林さんの言葉に従おうとする。ただし，聡君は，林さんの言葉に納得したからではなく，自らの意見をこれ以上主張すれば林さんからさらに超越されることを感じとり，そうした事態を避けるために，表面的に従っただけである，と考えられる。したがって，自分の主張の方が本来は正しいはず，と考えているように見えるこの時の聡君は，主張の正しさにのみ気を取られており，主張の正しさいかんにかかわらず，自分の振舞いが晃君を傷つけてしまったことを問題とすることができずにいた，といえる。

しかし，晃君の号泣を目にし，驚くだけでなく，次第に暗くなる聡君の表情からは，この時になって聡君が，友人を泣かせてしまう事態を引き起こしてしまった自分の振舞いの重さに気づかされつつあることが窺える。「お兄さんぶりたいのもわかるけど」，という林さんの指摘に，意外そうな表情を浮かべて顔を上げた聡君が，徐々に，こわばった表情を浮かべるのは，彼が林さんの言葉を受け入れていったことを表しているのではないだろうか。この時に聡君は，もはや，表面的にのみ林さんの言葉を受け入れているのではない。そうではなく，「そんなつもりはないです」，と林さんの指摘を一旦否定し，深く考え込み

咀嚼したうえで,「ああ,はい」,と認められるようになる。さらに,林さんから自分のお礼状の文面について指摘されると,聡君は,完全に納得したような表情になり,自分の振舞いが他者に与えた意味について,想いを寄せられるようになる。聡君が書いた文章が「皆のを真似して」いたことは,「皆のいいところをもらいました」,と照れくさそうに語った聡君自身も認めるところであったのであろう。そして,晃君をからかった自分の振舞いが,自分自身では気づいていなかったけれども適切ではなく,傲慢とさえみなされうることや,また,そのことに気づいていなかったことこそが問題であったことに,聡君は気づかされていったのではないだろうか。

　この時,聡君はそれ以上何も言わずに黙り込んでしまった。黙っている聡君がどのようなことを感じていたのか,筆者には正確には知ることができない。しかし,聡君の真剣な表情からすれば,彼が,以下のようなことに気づかされていった可能性も十分にある。すなわち,聡君は,自分の文章へと意識を向けさせられることによって,この時,ただ単に,自分の振舞いが晃君を傷つけてしまったことに気づかされただけではない,という可能性も十分に考えられる。「皆のいいところ」をもらった聡君の文章を読んだハル子さんと林さんが,一言お礼を書くのに何十分もかけて腐心していた自分を労ってくれたことにも彼は思い至ったのではないだろうか。お礼状を書くという,喜ばしく,かつ,おそらく聡君にとっては初めての体験を,自分がどれほど苦労しながらなし終えたのかを,また,労われることによって自分はどれだけ嬉しさを感じたのかを,聡君は思い出したのではないだろうか。そして,自分と同じように,晃君もまた,苦労しつつも楽しみながらお礼状を書き終えたであろうことに思い至ったのではないだろうか。もしもそうであるならば,聡君は,自分に対して林さんやハル子さんがかけてくれた言葉と,自分が晃君に対してかけた言葉とが,相手に対する思い遣りに関し,正反対の意味をもっていたことに気づかされるはずである。自分の味わった喜びが大きかっただけに,自分が晃君の喜びを台無しにしてしまったことによって,晃君がどれほど憤り傷ついたのかを,感じることができるはずである。そして,聡君がそのことに思い至った時に初めて,彼は,自分の振舞いがいかなる意味で問題とされていたのかを,本当に捉えることができるようになる。

　こうして,他者と共同的に在るとはいかなることであるかを徐々に実感して

いくことは，聡君が今後他者と共に生きていくうえで，重要な意味をもつはずである。事実，林さんは，この事例場面の前後から，聡君が，他者を大切にする在り方をも身につけるという課題に直面すべきことを，頻繁に指摘するようになった。筆者は直接にはそれほど知らないが，林さんやハル子さんの話によれば，聡君が，何気ない一言で周囲の人を苛立たせてしまったり，林さんの注意や助言に対して，いわゆる屁理屈を言うことでその場を逃れようとしたりすることは，この事例の少し前の時期から，頻繁に目につくようになっていた，ということである。また，仕事に対しても，無断で欠勤することはほとんどないが，積極的に働く姿勢を示すことがほとんどないことも，林さんを心配させていたようであった。この間，林さんは，「誰も見てくれる人がいなくなっちゃうと，あなたは浮浪者のような生活をすることになっちゃうよ」，といった言葉で，聡君にしばしば注意を促していた。

第3節　柔らかな振舞いへの変様

「聡月間」

聡君は，林さんにしばしば偏食を注意されていたが，自分の食習慣を変える気にはなかなかならないようであった。他者と共に生きていくことを聡君に学んでもらうために，林さんは，彼の嫌いな焼き魚を毎日食卓に出すことを提案する。ホームでは実際に約3ヵ月間にわたって，毎日焼き魚が食卓に上ったため，この期間は，「聡月間」と呼ばれていた。

林さんは，食事の好き嫌いという，一見すると他者と共に生きていく在り方にはさほど関係がないようにも思われる課題を聡君に課す理由を，次のように語っていた。

【焼き魚の理由】XXX4年6月8日
林さんは，いくらか真剣な表情になると，「あのね，食べ物の好き嫌いっていうのは，人の好き嫌いにつながるんですよ。食べ物嫌いっていうのは，食わず嫌いでしょう。たいていは。そういう人は，人に対しても同じなの。ちょっと見て，あ，この人は嫌だなって思っちゃう。いきなり人嫌いは治らないけど，食べ物嫌いは少しずつ治るでしょう。そうやって，少しずつ治していく。そうしないと，あなたなん

て本当に，人嫌いのままだからね」，と言った。聡君は，困ったなあ，という表情で林さんの話を聞いている。林さんは，「食べ物に嫌いな物が多い人は，必ず，人も嫌い。あれがやだ，ここがやだって文句をつけるの」，と真面目に言った。そして，口調を和らげて，笑いながら，「これ，逆もそうだったらいいんだけど，逆はそういうわけにはいかないんだ」，と言った。聡君がきょとんとして林さんの顔を見る。「何でも食べられる人が，誰とでもいい関係が作れたらいいんだけどね。それはそういうわけにはいかないんだ。何でも食べる人が，案外，人については難しかったりするからね」，と林さんは，笑いながら言う。

或る対象について何らかの価値判断をする時，人間は，当の対象に対する自分自身の判断基準に依拠することになる。とりわけ，いわゆる食わず嫌いによってその対象を拒む場合には，他者の価値観を受け入れようとすることなく，自分だけの判断基準に固執しがちになるであろう。というのも，他者の価値観を受け入れることは，或る概念をいわゆる自分の概念枠の中に取り入れることではなく，その価値観を身体でもって体現することだからである。とりわけ食べ物の場合には，自分の口には合わない物を食べるという危険をも受け入れつつ実際にその食べ物を食べてみなければならないからである。他者の価値観を受け入れることが同時に孕んでいる危険を感じる時，さらに自分が脅かされることのないよう，他者の価値観を強固に拒もうとしてしまうことが，人間には，しばしばある。そして，そうする時には，今現に自分の生きている世界が，既に十分自分を満足させてくれる豊かな世界である，と自分に言い聞かせることも多いのではないだろうか。

もしもこうした仕方で聡君が焼き魚を拒んでいるのであれば，彼は，焼き魚は美味しい，という他人の価値基準を受け入れるかどうかを考慮したうえで，それを無化しているのではないことになる。そうではなく，焼き魚などを食べなくとも十分に快適であり豊かである，というように，食事に関する自分の世界を，強固な要塞としてしまうのではないだろうか。また同時に，彼は，魚嫌いを自己の本質とみなすことで，自分の振舞いのすべてを説明しようとするのではないだろうか。

しかし，林さんによれば，食べ物に関する好き嫌いは，「ちょっと見て，あ，この人は嫌だなって思っちゃう」，という点で，人に関する好き嫌いに通じることになる。林さんのこの指摘に従えば，聡君は，ネグレクトされた過去の自

分の在り方にこだわり，自己をより豊かな世界へと投げ出すことなく生き続けることになってしまう。その結果，他者から切り離された孤独な世界を生きることになってしまう。林さんが聡君に対してしばしば，「気をつけないと浮浪者のようになってしまうよ」，と注意していたのは，他者と十分に出会いながら豊かに生きていくことが難しくなるのではないか，という林さんの危惧を伝えようとしてのことではないだろうか。

他者からの働きかけを受け入れる努力

聡君は，「聡月間」が続いても，なかなか焼き魚を食べられるようにはならなかった。ハル子さんは，そうした聡君に配慮し，聡君の焼き魚を小さめに切ったり，他のおかずに聡君の好物を選ぶ等の工夫をしていた。ハル子さんのこうした配慮により，聡君は，少しずつではあるが，魚を口にするようになっていく。また，焼き魚に関して他の子どもたちや林さんにからかわれても，軽い調子で対応できるようになっていった。次の記録は，焼き魚が毎日食卓に出されるようになって，約2ヵ月が経った頃のものである。

【アジを食べる】XXX4年8月3日
　ハル子さんは，ふと聡君のお皿を見て，「聡君は，アジのどこを食べたっていうの？」，と大きな声で言った。聡君は，「え，何言ってるんですか。こんなに食べたじゃないですか。あとどこを食べろっていうんですか」，と言いながら，アジの開きを箸で指す。皆が，聡君のお皿を覗き込んだ。聡君のアジは，まだかなりの量の身がついている。ハル子さんは笑い出し，「どこもかしこも食べられるじゃない」，と言った。聡君は，「え，どこがですか」，となおも言う。言いながらも，苦笑いを浮かべている。（略）「聡君のは，食べたとはいわない。身をぐしゃぐしゃにしたっていうの」，とハル子さんは言った。聡君は，げんなりしたように，大げさに溜息をつく。林さんは，にやにやしながらその様子を見守っていた。（略）聡君は，林さんが話している間もなんとか箸を動かしていた。しかし，やがて，大きく溜息をつくと，「もう限界」，と呟いた。その言葉に，皆，また大笑いになる。（略）
　ハル子さんは，「そういえば，聡君も髪伸びたんじゃない？　でも聡君，髪が前みたいになったのに，ちっとも前みたいに暗くありませんね。前はほら，前髪がだらーんとしてて暗かったけど。今は同じぐらい長いのに，悪くない」，と，感心したように言う。聡君は，「そうですか？」，と視線を上げて，少し照れたように言った。林さんは，聡君をじっと見て，「それは，表情が変わったからだよ。全然違う」，

ときっぱり言った。「そうか，表情」，とハル子さんは繰り返す。そして，「明るくなったんだ」，と，楽しそうに言った。

　この日の聡君からまず感じられるのは，ホームで暮らし始めた 5 ヵ月半前とは比べようもないほどの軽やかさである。この日聡君は，林さんや他の子どもたちと自然に笑い合い，冗談を言い合う。口数も多く，また，笑ったり苦笑したり，溜息をついたりする等，生き生きした表情を浮かべている。ハル子さんの言葉にうなだれる際の身振りもおどけるように大きい。
　自分の想いを伝えようと，他者の目を意識して振舞うことは，聡君が，共に在る他者を意識していることを物語っている。聡君のこうした変化は，詳述してきたように，他者との様々な関わりを通して，徐々に彼の中で育まれてきた。しかし，この時の聡君は，それまでよりも一層軽やかであり，対話の中に溶け込み，ホームの一員として共同的にこの場に臨んでいる，という印象を筆者に与えた。聡君のこうした印象は，焼き魚の食べ方の不十分さをハル子さんに指摘されると，言葉のうえではハル子さんに反論しながらも，必死に魚を食べようとする彼の努力がもたらした，と考えられる。彼はこの時，焼き魚を食べるべきであるという養育者の価値を，身をもって受け入れようとしている。また，その辛さを，無理に我慢するのではなく，他者に自然に伝える。それどころか，この反論は，あえて述べることによって皆に笑いをもたらそうとするものでもある。「もう限界」，と言いながら箸を置いた聡君の様子に，皆が思わず笑い出したのは，他者の価値観に自分を寄り添わせようとする彼の並々ならぬ努力や，それに伴う辛さを自然に伝えられる彼の在り方に，共に在る者が穏やかな温かさを感じるようになったことを意味している。
　サルトルは，他者の絶対的主観性を無視しようとする態度において，「私は安心する」(p. 449, 下 738 頁)，と指摘する。他方，先に考察したように，自分の苦手な食べ物を摂取することは，自分を危険に晒すことである。聡君は，他者に対する無関心な態度を脱し，身をもって他者の価値観を体験することにより，安心することのできない世界へと自分自身を晒すことになる。にもかかわらず，苦労しながらも，他者の価値観を受け入れることへと自己を投げ出すことが，この時の聡君には可能となっているのである。ハル子さんが，聡君の髪型の話題を選択し，林さんと共に「明るくなった」という言葉で指摘するのは，

聡君のこうした生き生きとした在りようへの変化そのものである，と考えられる。

　この時期から少しずつ，林さんは聡君に，彼自身の生い立ちを見つめ，捉えることによってそれを乗り越えていけるよう働きかけようとしていた。林さんが，この時期まで生い立ちの問題を直接的には取り上げなかったのは，他者とゆったりとした時間を過ごせるようになることによって，家族に関する話題と取り組むことのできるようになるだけの聡君の心の準備が整うのを待っていたからであろう。聡君にとって，家族に関する話題は，彼の偶然性ゆえに，焼き魚の問題とは比すべくもない辛さを伴う。しかし，そうした辛い話題に関する林さんの言葉を，焼き魚を「食わず嫌い」で拒んでいたのと同様に拒んでしまうのであれば，聡君は，ネグレクトされたという体験を過去のものとし，乗り越えていくことができない。焼き魚を食べるという経験を，他者の価値観を一旦は引き受けてみる，という在り方ができるようになることによって初めて，彼には，家族に関して林さんによってなされる指摘を受け入れていくための素地が出来上がりつつある，と考えられる。

　聡君は，ホームで約半年間生活し，本章で考察したように，次第に明るく軽やかに振舞うようになっていった。また，林さんから叱られたりする際に，林さんが何を問題としているのかを，的確に捉えられるようになっていった。他方で，聡君は，ホームにいる間，お金を計画的に使えるようにはなかなかならなかった。【アジを食べる】の約2週間後，お金を再び浪費してしまい，林さんに強く注意された聡君は，「自分は言い訳ばかりしていてだめだから」，と深く反省していたようである。そして，自分一人でやってみる，と言い，住み込みの就職先を自分で見つけてきた。そして，その翌日には，荷物をまとめ，ホームから自立していったそうである。その際に，このままでは，自分はいつまでも人に頼って，都合が悪くなると言い訳をしてしまう癖が治らない，と自らについて語ったそうである。

　唐突な自立に，当初は林さんもハル子さんも聡君のその後の生活を心配していたが，聡君は，自分で選んだ自立先で，きちんとした生活を送るようになり，時折ホームに電話をかけては，生活の様子を報告していた。自分の生い立ち等の問題を，林さんと共に語り合えるようになるのとほぼ同時に自立した聡君は，

ホームでそうした問題にじっくり取り組むよりも，より一層の苦労をすることになったであろう。しかし，時に，連絡が途絶えハル子さんを心配させるが，しばらくすると，再び聡君の方から連絡をしてくれるようになり，自立して約1年後には，ホームを訪ねてくることもあったそうである。その際の様子を，或る子どもは後に筆者に，「聡君，すごくさっぱりして，なんか，明るくなってましたよ」，と語ってくれた。自立後しばらくして，聡君の生活がそれなりに安定していることを確認した林さんは，「聡君のどこにあんな力があったのか，と思うけれど，子どもは知らないところでちゃんと育っているんだね」，と感慨深そうに筆者に語ってくれた。聡君のこうした変化や成長は，ホームで体験した，様々な仕方での他者との出会いを基盤に，彼が，ホームを出た後の社会においても，自分なりの仕方で豊かに他者を経験しつつ生きていることを如実に物語っている，と考えられる。

1) 第Ⅰ部および第Ⅱ部では，認識作用によって自己を捉えるという，サルトルのいうところの「不純な反省（réflexion impure）」（p. 201, 上288頁）について考察した。他方サルトルは，「反省される対自に対する反省的な対自の端的な（simple）現前」であり，対自の在り方そのものを損なうことなく捉える反省を，「純粋な反省（réflexion pure）」（p. 201, 上288頁）と呼んでいるが，その内実については十分に考察している，とはいいがたい。そこで，本書では，純粋な反省についての考察には立ち入らず，不純な反省によっては十分に捉ええない自己の在り方が，対他存在において捉えられるようになることについて，事例に即して考察することにしたい。
2) サルトルは通常，他者を「経験する」と表現し，他者との「出会い（recontre）」という語では，「他者が私にやってくる」（p. 327, 上474頁）という経験を，すなわち，他者が私に認識されるのではなく，その存在が直接的に把握される，という事態を表す。したがって，サルトルにおける他者との「出会い」は，対話哲学における他者との出会いとは異なる意味をもつ。本書では，サルトルのこうした表現に従うと，「経験」という表現では経験的（empirique）事態の記述に際し，表現上の曖昧さが生じかねないため，「他者と出会う」，「他者に出会われる」という表現も用いることにしたい。したがって，この表現によって，対話哲学において用いられる限定的な意味ではなく，一般的な意味で「他者と出会う」，ということを示したい。
3) 児童福祉の実践者によってしばしば「根無し草」という言葉で語られる，幼い頃の密接な他者関係の経験が欠如してしまった子どもにとっての不安定な他者経験については，フッサールの相互主観性理論に基づきながら，大塚類（2006）が解明している。
4) quelconque にはもともと，「なんらかの，（何〔誰〕でもよい）ある，任意の」（『小学館ロベール仏和大辞典』）という意味があり，松浪は，この語に「誰でもいい誰か」とい

う見事な訳語を与えている（サルトル，1999，下952頁）。本書では，松浪のこの訳語を借りて訳出することにする。

5) サルトルにおいては，心理的秩序は，他者関係の基づけ連関からすれば，存在論的な秩序に対し，二次的である，とされている。しかし，通常人間は，心理的秩序において自己を実感しながら生きているのであり，心理的秩序に関する記述は，サルトルの関心からすれば二次的であっても，この時の聡君の意識の在り方を理解するうえで重要な手がかりとなるはずである。

6) ネグレクトは，心理的・身体的・性的虐待に比べて，直接おとなから攻撃されるという側面が少ないために，比較的軽い虐待である，と捉えられがちである。しかし西澤哲は，養護施設に入所する子どもたちの調査に基づき，「ネグレクトが子どもに与える心理的影響は，場合によっては身体的虐待のそれよりも重いといえる」（西澤，1997，45頁），と指摘する。

7) サルトルは，「我々」という共同体の中に埋没した一人として生きている「主観－我々」という在り方と，共同的な関係を自ら生きようとする時の意識の在り方の違いを十分に考慮していない（cf. 中田，1997，第6章第2節）が，この両者は実際には大きく異なるはずである。ここで記述されている共同的なリズムに関しては，共同的な他者関係を自ら生きようとする意識においてもいえる，と考えられる。

第7章　他者との根源的出会い

第1節　対象 - 他者との出会い

　前章で考察したように，通常われわれは，親密な他者と個別的な関係を生きながらも，同時に，例えば道ですれ違うような，個別化されない他者を，ほとんど定立することなく意識している。そうである以上，われわれは本来，誰でもいい誰かである人（on）や，隣人との関係をも生きている，といえる。そもそも人（on）との出会いは，典型的には，例えば他の誰でもいい誰かが使うのと同じ仕方で，食器や洗濯機や浴室といった諸々の道具を用いることができる，という事態において生じている。また，われわれは，他の誰でもいい誰かにとっても可能な仕方で切符を買い，電車に乗り，会社に出かけ，仕事をする中で，自分と同じように切符を買い，同じ車両に乗り，同じ道を通っている隣人にも，彼らを意識の定立的対象とすることのないままに出会いうる。

　しかしながらわれわれは，道ですれ違う他者を，必ずしも人（on）として捉えるわけではない。例えばわれわれは，見知らぬ他者に対しても，不意にその他者の振舞いを気にかけたり，注意を向けたりすることがある。というのも，経験的にも明らかなように，いかなる仕方の出会いであっても，われわれが他者と出会う時の意識の在り方は，事物と出会う意識の在り方とは全く異なるからである。

　確かに，通常他者は，事物と同様，私にとって対象である。それゆえ，「私への他者の現前の諸々の様相の少なくとも一つが，対象性（objectité）であることは，疑いえない」（p. 310, 下 447 頁）。しかし，そうであるとはいえ，例えば，相手が通りすがりの見知らぬ人物であったとしても，通常われわれは，その相手が，電信柱でも看板でもなく，自分とは異なる或る主観を備えた他者であることを捉えている。そうだからこそ，振舞い方や感情といった，主観としての他者の在り方に注意を向けることが可能なのである。この時われわれは，自分の周囲の空間が，ひいては自分の生きている世界が，同時に，他者にとっ

ても生きられている空間や世界であることを了解していることになる。すなわち，われわれは他者との個別的な出会いにおいて，他ならぬ私の空間を，他者と共有することになるのである。

このように，自分とは異なる或る主観を備えているものとして私の知覚野に現われる他者を，サルトルは，対象－他者と呼ぶ。

他者と空間を共有することの辛さ

第6章で簡単に述べたように，ホームで生活する子どもたちの多くは，安心して信頼できる他者と共に生きる経験を損なわれてきている。それゆえ，通常のわれわれにとっての個別的な他者との出会いとは異なり，ホームの子どもたちにとっては，自分にとって馴染み深い空間を他者と共有することさえもが，非常に大きな苦痛を伴うことになる。

次の記録は，学君（18歳）に筆者が初めて出会った日に関するものである。学君は，この記録場面の約1ヵ月前に，ホームで暮らし始めた。

【林さんの隣の席】XXX1年9月1日
林さんが，林さんの隣の席に移動するように私に言う。もともと学君が座っていた席である。私は，お箸とお猪口を持って，移動する。（略）学君は，静かにダイニングに戻ってきて，自分の席に私が座っているのを目にした途端，戸惑った表情を見せた。困ったように立ち尽くしている学君に対して，ハル子さんが，「あっちの席に座ってちょうだいね」，と耳打ちする。学君は，ハル子さんの言葉にほっとしたように頷いたけれど，ハル子さんに言われた席をちらりと見ると，黙ったまま，またダイニングを出て行ってしまった。

ハル子さんは，ホームでの生活にいまだ不慣れな学君を気遣い，毎日，林さんの隣に学君の席を据えていた。それゆえ普段の学君は，隣にいて楽しそうに語りかけてくる林さんや，ダイニングの奥にあるキッチンから料理をてきぱきと運んでくるハル子さんの存在を日々感じながら，諸対象に対する彼自身からの距離をもった「自分の空間性」(p. 312, 上449頁) を生きていたはずである。例えば，手を伸ばせばすぐ手に触れる距離に箸があり，テーブルを越えてその奥に飲み水をコップに入れたり茶碗にご飯をよそうためのキッチンがある。彼はこのように，「諸対象の……一つのまとまり」(p. 312, 上449頁) として，事

物と自分自身との距離をみいだしている。しかしながら，一度ダイニングの外に出て，再び戻ってきた際に，学君は，時間的にはほんのわずか前に，そこを中心に自分の空間性を創り上げていた席に，筆者という他者が座っていることを目にし，当惑したように立ち尽くしてしまう。

　筆者が学君の席にまで運んだ筆者の箸やお猪口は，見慣れぬ事物として，学君の世界に突然付加される。学君の世界にこの付加を生じさせた筆者の出現は，彼の世界に新たな対象が一つ加わったこと以上の変化をもたらす。学君は，かつて自分がいたはずの場所や，そこにおいて自分が食器やテーブル等々との間に築いていた「道具複合へと……まとめられ総合されている」（p. 311, 上 449頁）自分の空間性が，今度は筆者という他者によって筆者の空間性として構成されてしまっていることを感じる。というのも，先ほどまでの学君と同様，箸やお猪口の並べられたテーブルに手を置き，そこに体重をかけるようにして座っているこの時の筆者もまた，それらの諸事物との間で，それらに直接手を触れられるという筆者自身に固有の距離を繰り広げているからである。この時学君は，自分の眼前に，「自分の空間性ではあらぬ空間性が繰り広げられている」（p. 312, 上 449頁），という事態に遭遇する。筆者によって新たに繰り広げられるこの空間性は，彼が「自分の宇宙の諸事物の間に……把握している（appréhender）諸関係の完全なる（pur）崩壊として，現われる」（p. 312, 上 450頁）[1]。筆者という他者は，彼の空間に侵入した途端に，学君の世界ならざる世界を作り上げ，学君から彼の「世界をひそかに奪い去った（volé）」（p. 313, 上 451頁）のである。つまり，たとえ直接何らかの作用を及ぼし合うことがなくとも，筆者という他者に出会うことは，「〔他者自身からの距離を繰り広げられるという〕特権を備えた〔他者という〕対象の周りに，私〔＝学君〕の宇宙の諸事物から〔成り立っているが，彼にとって〕距離をもたない或る一つの組織を刻み込む（enregistrer une organisation）」（p. 311, 上 449頁）ということ，すなわち，彼にとっての距離をもたないようにと他者の周囲が組織化されることを認める（enregistrer une organisation），ということなのである。この時筆者は，対象 − 他者として学君に体験されていることになる。

　サルトルは，対象 − 他者が自分の世界内に現われるこうした事態を，次のように記述する。「私の宇宙（mon univers）内の諸対象の間への，この宇宙を崩壊させる要素が出現すること，このことこそが，私の宇宙の中への〔私以

外の〕人間の出現，と私〔＝サルトル〕が呼ぶところのことである」（p. 312,
上449-450頁），と。

　しかしながら，通常，われわれには，自分の空間性ならざる他者の空間性が
展開されることを如実に感じたとしても，他者と共にその空間性のうちに存在
することが容易に可能である。他者は，私を脅かすのでない限り，私の世界を
一旦は奪い去るとしても，ことさらそのことを主題的に意識する必要もないま
まに，私は自分の空間性を再び回復することができる。事実，ホームにおいて
は，食事を終えた後に，子どもたちが食事の時とは異なる席に座ることは，日
常的になされている。そして学君自身も，席を替わることが何ら問題とされる
事態ではないことを，十分に認識していたであろう。しかしながら，この事例
時の学君は，そう認識しながらも，また，筆者が学君を少なくとも意図的に脅
かそうとする他者ではないことを了解しながらも，当惑したように立ちすくん
でしまう。この時の学君にとっては，他者だけではなく，椅子やテーブルまで
もが，いわば「自分から顔を背け，背けたその顔を他者〔＝筆者〕の方へと向
きかえる」（p. 313, 上451頁）のであり，学君は，ダイニングという場には，自
分の世界を再び築き上げることができない。

　ハル子さんは，学君を気遣い，どこに座ればよいかを教える。ハル子さんに
よって，自分の可能性が具体的に示されると，学君の当惑の表情は，安堵の表
情へと変わる。にもかかわらず，学君は，その席に座ることなく自室へと戻っ
てしまう。一旦奪われてしまった学君の世界は，ハル子さんに示された席に座
ることによってではもはや回復されえないのである。

　というのも，サルトルによれば，他者が出現することは，単に，諸事物が自
分から顔をそむけるだけに留まらず，「私の宇宙が，その存在のまっただなか
に，〔いわば〕排水口を穿たれる」（p. 313, 上452頁）ことだからである。筆者
が出現し，学君の世界に排水口を穿つことにより，「この〔排水〕口を通って，
私〔＝学君〕の世界は絶えず流出する」（p. 313, 上452頁）。たとえ他の席が学
君に用意されたとしても，その席もまた，筆者からの距離によって構成される
諸事物であることを，学君は実感させられる。すなわち彼は，本来は自分の新
たな席からの距離によって繰り広げられているはずの道具複合が，彼の世界か
ら流れ出してしまうことを，ありありと感じざるをえない。確かに学君にとっ
ては，新たに示されたその椅子だけでなく，筆者もまた依然として共に対象の

ままであり，椅子と筆者の「関係は，私〔＝学君〕が認識できる対象〔的関係〕として，そこに，すなわち世界の中に存在するのであるから，この関係は，欠けることなくすべてが（tout entier），一挙に私に与えられる」（p. 312, 上 450 頁）。しかし，このことと同時に，「この関係は全面的に（tout entier），私〔＝学君〕から逃れ出る」（p. 312, 上 450 頁）。筆者という他者と出会うことは，学君が自分からの「或る距離において同時に対象として捉えるところの一つの項へ向かっての」，すなわち，筆者という項へと向かっての「諸事物の不断の逃亡である」（p. 312, 上 451 頁）。学君は，この時，新たな席に座り直すことによって自分の世界をもはや回復させることもできず，ダイニングを立ち去ってしまうしかないのである。

　上述した【林さんの隣の席】の事例は，ダイニングに入ってくるという非常に些細な行為が，その些細さゆえに通常われわれには見逃されているにもかかわらず，ホームで暮らす子どもたちにとっては由々しい問題となりうることを明らかにしてくれる。ホームの子どもたちの多くは，ホームで生活し始めた時には，それぞれに，己の世界内の諸事物と自分との関係を崩壊させるような仕方で現われてくる他者としての林さんやハル子さんに，また他の子どもたちに，そして時には筆者のように時折訪れる他者に出会うのである。林さんやハル子さんがどれほど心を尽くして迎え入れたとしても，そしてそうした心遣いが子どもたちにとってどれほど温かく感じられていたとしても，林さんやハル子さんは他者である以上，彼らのそれまでの世界の崩壊をもたらすのである[2]。

　しかしながら，多くの子どもたちは，学君のように辛さを体験しながらも，次第にホームに慣れ親しんでいくことができる。というのも，先に述べたように，他者は，やはり依然として，私にとっての対象という在り方でもって出会われているからである。そうである以上，他者が子どもたち一人ひとりの世界内の諸事物との関係を崩壊する仕方で現われたとしても，その崩壊は，多くの場合，あくまでもその子ども自身の世界の範囲内に留まる。実際，子どもたちは，たとえダイニングに入って来られないとしても，それぞれに割り当てられた部屋へと戻り，そこで安らぐことができる。確かに入所当初は，自分の部屋さえも，馴染み深い場としては現われてこないであろう。しかし，自分の部屋は，鞄や服や時計といったその子ども自身の私物が，当の子どもの自由によって配置されることにより，他ならぬ自分の空間として作り上げられている。し

かも，自分の部屋には，林さんやハル子さんや他の子どもたちがむやみに侵入してこないがゆえに，自分の空間性は保障される。それゆえ，子どもたちは，少なくともダイニングにいるよりは寛いで過ごせることになる。そのようにして，自室を自分の空間とすることを足がかりに，子どもたちは徐々に，ホームそのものを自分の宇宙としていくのであろう。すなわち，他者の出現によって，確かに私の宇宙は，その存在のただなかに排水口を穿たれ，その排水口を通して，私の世界が流出する。しかし，一度は私から逃れ去った宇宙は，「再び……取り戻され，再び捉えられ，対象へと凝固する」のである（p. 313, 上452頁）。このことこそが，サルトルが，このようにして出会われる他者を，対象－他者，と呼ぶゆえんである。

他者との出会いにより経験される新たな世界

【林さんの隣の席】の事例と同様の困難な事態が生じたとしても，多くの場合，子どもたちは，他者との辛い出会いを，より楽しく充実した出来事へと変えていく可能性を生きているはずである。すなわち，他者と出会い，自己のこれまでの世界を一旦崩壊させられることによって，その後生きることになる新たな世界を，より一層意味深く居心地の良い世界とする可能性もあるはずである。例えば，次の記録からは，ホームで半年以上生活し，柔軟に振舞えるようになった時期の学君（18歳）が，対象－他者と出会うことによって，自分のこれまでの世界を，より豊かなものへと変えていく様子が窺える。

【クレソン】XXX2年2月14日
学君が，「これ何ですか？」，とステーキの上のクレソンを指して，ハル子さんに尋ねた。ハル子さんは，「クレソンっていうのよ。お肉の臭いを取るの」，と言った。学君は，「え，これ食えるんですか？」，と驚いたような表情になる。その途端に私がクレソンを食べたので，「あ，食べた，すげ」，と言った。私が，「知らないの？美味しいのよ」，と言うと，学君も小さく切って食べてみた。そして，首を傾げている。「うーん，まあ確かに食えるけど」，とぶつぶつ言いながら口に運んで，そのうち，「あ，美味しいや，これ」，と頷いた。

学君はこの日，ステーキの上の見るからに固そうな太い茎や，癖の強い味を想像させる濃い緑色をした香りの強い小さな葉を初めて目にする。この時学君

は，自分の世界に初めて現われたその見慣れぬ植物が，美味しそうなステーキを邪魔している，という抵抗感さえもったのではないだろうか。他方で，ハル子さんは，その濃緑色の物体をクレソンという食べ物として捉えている。また筆者は，実際にそれを食べ，「美味しいのよ」，と言う。その様子を目にして学君は初めて，それまでは得体の知れなかった植物が，いまだ未知の味であるとはいえ，食べられ味わわれうる食べ物へと変わるのを経験したであろう。この瞬間に，彼がこれまで捉えてきた，食べ物と自分との関係は，一旦崩壊させられることになる。

それどころか学君は，単に世界の変化を経験するだけではなく，実際にクレソンを口に入れてみる。例えば異なる食文化圏に行った時にわれわれが体験するように，一見しただけでは食べ物だと思われなかった未知の物を口にすることは，容易ではない。たとえ，それが人体に害を及ぼすものではない，それどころか場合によっては身体にとって非常に良いものである，ということが認識のうえではたとえ理解できたとしても，実際に口にするには，われわれは少なからずの抵抗感を抱く。なぜならば，われわれは，それまでの体験を通じて獲得してきた，事物との自分の関わり方を自明なものとみなし，その自明さに支えられることによって，諸事物と自分との距離によって繰り広げられる宇宙を非反省的に生きていられるからである。それゆえ，自分にとっては未知の事物との関わり方が，例えば食べ物と思えない物を食べ物とみなす関わり方が示されるだけで，サルトルが比喩的に述べるところの，「内出血（hémorragie interne）」（p. 315, 上 454 頁）ともいうべき，自分の世界の崩壊を体験する。そのうえさらに，それを口にして体内に摂取することは，この世界の崩壊が，私の身体の単なる外部の変化には留まらないことになるのである。

学君は，自分の体内で起こる変化をできるだけ小さく済ませようとするかのごとく，クレソンの葉を小さく切って食べる。いうまでもなくこの時，学君は，自分の世界の崩壊を拒もうとして，食べないことを選択することもできたはずである。にもかかわらず，実際に食べることのできる学君は，クレソンを食べることによって自らの世界が一旦崩壊したとしても，その先に待つのが耐え難い辛さではないことを了解していることになる。彼はこの時，クレソンが美味しく食べられる世界を新たに生き直す可能性へと，自己を投げ出すのである。そして，学君のそうしたいわゆる柔軟さを支えるものこそ，林さんとハル子さ

んのこれまで半年間のたゆまない働きかけである，と考えられる。

　ホームでの食卓には，日々，通常の家庭では食べることのできないような，豪華な，あるいは珍しい品々がのぼる。こうした食卓は，子どもたちが豊かな食を体験することで，料理を用意する者の心遣いを味わうと同時に，未知なる存在との出会いをポジティヴな仕方で体験し，自分の世界を豊かにしていってほしいという，林さんとハル子さんの想いそのものであるはずである。

他者と出会う身体

　他者と出会うことは，【クレソン】の事例がそうであったように，たとえ，一見すると些細な出来事のように思われたとしても，或る人間が生きている世界の一部を変えてしまう，という作用をもっている。とりわけ，学君が身をもってクレソンを味わい，彼の身体の内部においてその変化を蒙っているように，世界のこうした変化は，その世界を生きる身体の変化と密接に関わっていることになる。

　そこで，以下の記録から，他者と出会うことが，身体を介しての諸事物との関わり方をいかに変えることになるのかを考察したい。次の記録は，第5章第3節で，【3日後に自立】の事例に即し考察した朱美さん（16歳）が，ホームで暮らし始めてから，1週間が経った頃の場面である。

【食器を重ねる音】XXX0年11月10日
ご飯を食べ終えた朱美さんは，浩美さんとお喋りしながら食器を重ねた。ハル子さんは，朱美さんが浩美さんと話し終えるのをちらりと見てから，「朱美ちゃん朱美ちゃん，そんなにガチャンガチャンやると，お皿が割れちゃいますのよ」，と冗談めかして言う。朱美さんは，びっくりしたようにハル子さんの顔を見て，「あ，これ？」，と言った。「そう，これ。可愛いお皿さんだから，大事にしてあげてね，とか言っちゃって」，とハル子さんは，笑いながら言う。朱美さんは，苦笑いをして，わざと頭を掻いておどけた。（略）ハル子さんが林さんにつまみのチーズをもって来た。朱美さんは浩美さんと喋っていたが，急に真面目な表情になって，ハル子さんがお皿をそっと置くのを見ていた。それから，朱美さんをじっと見ていた私に気がついて，「いや，見ないで野ゆり〔＝筆者〕ちゃん」，とふざける。浩美さんが，「はー，朱美，何言ってんの？」，と笑った。

朱美さんが不快な思いをしないようにと，ハル子さんが，優しく，また冗談めかして注意しているにもかかわらず，その言葉を聞いた朱美さんは，驚いたような表情を浮かべている。それまでも朱美さんは，乱暴に取り扱えば皿を割ってしまうことを，認識していたであろう。しかし，彼女にとって乱暴に食器を取り扱うことは，食器をひっくり返したり，床に落とすことであったのではないだろうか。そうするだけではまず割れることはないであろうと認識される，皿を重ねるという仕草においても，乱暴であるか丁寧であるか，という問いが立てられうることを，朱美さんはこの時に初めて知らされることになる。

　そうである以上，この問いが立てられうることに気づく以前の朱美さんは，自分の食器の取り扱い方を，乱暴とも丁寧とも感じていない，ということになる。朱美さんが食器を重ねることによって生じた音は，キッチンとダイニングを往復しながら，使い終えた皿を下げたり，子どもたちにおかわりを配ったりする等，忙しく立ち振舞っているハル子さんの耳に届いている。にもかかわらず，その食器の最も近くにいて，実際に食器を重ねた朱美さんには，全く気づかれていない。それまでの朱美さんの手は，食器を丁寧に重ねるという適応の仕方をしていないのであり，朱美さんの耳は，食器の音を知覚するような適応の仕方をしていないのである。

　【クレソン】の事例において，学君が初めてクレソンを知ったのとは異なり，朱美さんは，この場面より以前から，食器と関わりつつ生きてきた。食器を取り扱う仕草において朱美さんの手が生じさせる音は，これまでも物理的には朱美さんの耳に届いていたはずである。しかしながら，これらの音が，朱美さんにとって，現に存在するものとして現れるのは，この時が初めてなのであろう。しかも朱美さんには，これほど大きな音をたててしまうと皿を割ってしまうのではないか，という気遣いと共に，この音が知覚されることになるのである。

　朱美さんの身体のこうした変化がより明らかになるのは，しばらくして別の皿を持ってきたハル子さんの仕草に，朱美さんが思わず注意を向けることにおいてである。この時に朱美さんが知覚するのは，物理的には音を発することに直接関わっているところの，皿を置いているハル子さんの手や腕といった身体の単なる器官ではない。そうではなく，ハル子さんの「生活の全体性をもとにして，……指し示される」(p. 412, 下681頁)ところの，すなわち，生活の中の

個々の「或る〔具体的な〕状況の中にあって」，皿という対象だけではなく，ハル子さんを対象－他者と捉えている林さんにも配慮しているところの「一人の人間を知覚する」(p. 413, 下 683 頁) ことになる。それゆえ，ハル子さんの手を知覚しながら，実は朱美さんが捉えるのは，この手がテーブルや食器といった諸事物との関わりにおいて生じさせる音である。そしてこの音こそが，ハル子さんが「在るところのもの〔が何であるか〕を」周囲の他者に「告げ知らしめる」(p. 412, 下 682 頁)。ハル子さんは，ダイニングでの対話を妨げることのないようにと，非常に丁寧な仕草で皿を並べる。したがって，ハル子さんが食器を並べる際には，物理的には，ほとんど音は生じない。にもかかわらず，朱美さんは，自ら大きな音を鳴らしていた時には気づくことのなかった，皿を並べる際に生じる音が，ハル子さんによって無化されていることを，またそのことによって，対話を中断させてしまう可能性がハル子さんによって無化されていることを，非常に敏感に感じとっている。この時，朱美さんは，ハル子さんの気遣いそのものを知覚するのである。

朱美さんは，筆者の知る限り，この記録場面の後は，丁寧に食器を扱うようになる。ハル子さんの身体が自分とは全く異なる仕方で食器を取り扱うのに適応しているのを見ることによって，朱美さんの宇宙にもたらされた崩壊は，朱美さんの身体の在り方にも変化をもたらす。ハル子さんが，言葉だけでなく，自身の振舞いそのものを通して，子どもたちに何かを伝えることには，このような作用があるのである。

　本節で考察したように，ホームにおける諸事物を介しての他者との出会いは，多くの場合，ハル子さんからの濃やかな配慮や気遣いに支えられている。こうした配慮によって，ホームの子どもたちは，日常生活を齟齬なく営めるようになるだけでなく，時には問題を起こしながらも，他の子どもたちや養育者に対してまで濃やかに気遣えるようになる。このことは，子どもたちにとって，ホームにおける対象－他者との出会いは，多くの場合，確かに宇宙崩壊の経験となるが，同時に，新たな，そしてより豊かな世界を生きられるようになる契機となっている，ということを意味している。

第2節　主観 - 他者からの超越

　前節で考察したように，対象 - 他者の出現は，たとえ一時であるにしても，また多くの場合すぐさま回復されるとしても，少なくとも一旦は，われわれの宇宙の崩壊を，そしてホームの子どもたちの多くにとってはその崩壊に伴う大きな辛さをもたらす。またそれゆえにこそ，その辛さが，そうした子どもたちに，新しいより豊かな世界を生きることを可能ならしめることもありえる。

　しかしながら，サルトルは，対象 - 他者の出現において，他者は，やはり私にとっての対象であり，そうであるがゆえに，「私の宇宙の崩壊は，私の宇宙そのものの限界内に押し留められる」（p. 313，上451頁），と述べる。すなわち，こうした他者経験が，対象として他者を経験する場合に限定されていることを示す。先に考察したように，対象 - 他者との出会いにおいて，私の宇宙はその存在のただなかに排水口を穿たれ，この排水口を通して，私の世界が絶えず流出する。しかし，その宇宙は回復されることにより，再び捉えられ，凝固して私の対象となるのであった。それゆえ，対象 - 他者との出会いにおいて生じる事態のすべては，「実際には宇宙の全体的な崩壊が問題となってはいるが，私にとっては，世界の部分的な構造として，そこに存在している」（p. 313，上452頁）のである。

　他方で，サルトルは，「私の見ているものを見ている対象として……規定される」対象 - 他者を経験することとは異なり，「他者から見られている（être-vu-par-autrui）という私の途絶えることのない可能性に帰着する」（p. 314，上453頁）他者経験があることを指摘する。

　他者によって私が見られているという経験は，対象 - 他者経験とは根本的に異なっている。というのも，自分が他者から見られている対象となっている時，当の他者は，私にとって対象では決してありえないからである。私を見ている他者は私にとってその対象性を既に失っている。それどころか，私が他者のまなざしを捉えるとは，「まなざしされて（regardé）いるという意識を抱くこと」である（p. 316，上456頁），とサルトルは述べる。

　他者によって見られていることを感じる時，本章冒頭で予描した，反省によっては決して捉えられることのない，自分自身の在りようそのものに晒される，という事態が生じる。このことを，サルトルは，他者の「眼が明らかにしてい

る（manifester）まなざしは，……私自身への純粋な送り返しである」(p. 316, 上 456 頁)，と明示する。すなわち，他者の「まなざしは，まず何よりも，〔私を〕私から私自身へと送り返す媒介者（intermédiaire）である」(p. 316, 上 456 頁) のであり，自分を見ている他者に出会うことは，在りのままの自分自身を知らされることになる，というのである。

他者に見られることによって自己を知ること

　例えば，親しい友人に偶然出会った途端，自分の服装や振舞いが気になったりするように，他者の存在によって自分の姿を知らされることは，経験的にもよくあることである。ホームにおいても，例えば，林さんが子どもたちと真剣に対話をしている際に，或る少女がふと，テーブルに人数分以上のコップが並べられていることに気づき，「あ」，と呟いたことがあった。この少女は，林さんに「なあに？」，と問いかけられた途端に，自分の呟きが周囲の注意を引きつけ，対話を中断させてしまったことに気づかされ，慌てた。この時にこの少女は，過去における自己の行為を振り返って定立し，その意味を吟味することによって，対話を中断させてしまった，という自分の在り方に気づかされているのではない。そうではなく，他者から見られることによって自分の在り方に気づかされる時には，その瞬間において，気づかされるべき「私（le moi）が，非反省的意識につきまといに来る」(p. 318, 上 459 頁) のである。

　こうしたことから，他者によって見られることは，自分自身の在り方を自分自身で一瞬のうちに捉えさせられることであることが明らかとなる。また，こうした他者経験によって，子どもたちは，林さんやハル子さんに自分の振舞いの一つひとつを言葉で注意されなくとも，自分を律していくことができるようになりうる，ともいえることになる。

　サルトルは，他者から見られている，という他者関係のうち，最も根源的な関係は，主観−他者との関係である，とする。そして，主観−他者によって見られていることを，眼差されて（regardé）いる，と表現する[3]。主観−他者に眼差されている，と感じる時の意識の在り方は，サルトルによって記述されている，以下の鍵孔の例において典型的となる。

第 7 章　他者との根源的出会い　　　　　　　　　　　　　　235

サルトルにおける眼差し

　サルトルは，扉の向こうで何が起こっているのかを，何らかの理由で知りたいがために，扉に耳をあてがいながら鍵孔から覗き込んでいる，という場面を想定する。こうした場面において，その行為のさなかに私が定立的に意識しているのは，扉の向こうで起きている出来事であり，自分にそうした振舞いをせしめている何らかの気がかりな事情である。この時私は，自分がいかなる振舞いをしているのかを，定立的には全く捉えていない。

　ところが，突然，廊下から足音が聞こえてくる。その瞬間，私は誰かがこちらへやってくることに気づく。私は感じる。鍵孔を覗きこむという恥ずべき行為をしている自分を，他者が眼差している，と。他者のこの出現は，鍵孔を覗き込んでいる時には定立されることのなかった，自分の振舞いが恥ずべき行為であることを，私に一挙に知らしめる。

　この時私は，私自身の存在を捉えることになるが，しかし，それは，「非反省的意識」の次元においてであり，私の「人格を，直接的に，自分の対象として捉えているのではない」(p. 318, 上 459 頁)。私の人格は，私にとっての対象ではなく，自分を眼差すように感じられる「他者にとっての対象である限りにおいて，〔私の〕意識に対し現前的である」(p. 318, 上 459 頁)。すなわち，他者にとっての対象となるという仕方で「私が私から逃れ去る限りにおいて，私は，一挙に，自分についての意識をもつ」(p. 318, 上 459 頁) ことになる。前項でサルトルと共に考察したところの，私自身が私の非反省的意識につきまとう，という事態に私は陥るのである。

　他者の眼差しが非反省的なままに私に知らしめるのは，恥ずべき行為をしていたという自分の在り方だけではない。恥ずべき行為をしていたからこそ，その羞恥心ゆえ，他者が自分を眼差していると感じた瞬間に，私は，例えば慌てて姿勢を正して素知らぬふりをしようとするかもしれない。あるいは，廊下の暗がりに身を隠そうとするかもしれない。ところが，他者の眼差しは，こうした逃避の可能性を私が備えていることや，私がそれらの可能性を考えたり，その中のいずれかの可能性を選択したり，目指したりするといった私の企てまでをも捉えてしまうように，私自身には感じられる。そのため，私はこうした可能性を備えている対自として存在することができなくなり，「対自の無化的超出が凝固する」(p. 320, 上 463 頁)。というのも，「私は，私の行為のまさにさな

かにおいて，私自身の諸可能性を固体化し，他有化するもの（aliénation）として，他人の眼差しを捉える」（p. 321, 上 464 頁）しかないからである[4]。サルトルの述べる他有化とは，私自身のものとして私に備わっているはずであった諸可能性が，他者に眼差されることにより，もはや私のものではなく，他者に所有されており，私から疎外されているように感じられてしまう，ということを表す。それゆえ，他者からの眼差しを感じることによって，私は，自分がこれから生きようとするあらゆる可能性を，例えば姿勢を正して素知らぬふりをする可能性も，暗がりに身を隠そうとする可能性も，その他すべての可能性も，もはや実現しえなくなってしまうのである。

　サルトル自身は明示していないが，この時，他者が実際に私を眼差しているのかどうかは問題ではない。他者が自分を眼差している，と私に感じられること，このこと自体が，他者の眼差しを経験することなのである。こうした経験において，「他者は」，或る主観を備えた対象としてではもはやなく，「主観〔そのもの〕として，直接私に与えられる」（p. 311, 上 448 頁）。サルトルが，このように経験される他者を主観-他者と呼ぶのは，それゆえである。

「眼差し」の具体的な体験

　鍵孔の例において典型的となるような，他者の眼差しは，ホームの子どもたちにとって，どのように体験されるのであろうか。このことを明らかにするために，まず，以下で記述する場面における浩美さん（17歳）の様子から，林さんに眼差されることによって，浩美さんがいかなる意識の在り方となったのかを考察したい。

　第6章において簡単に述べたように，浩美さんは，この記録場面の以前から，しばしば，ボーイフレンドとの付き合い方を，林さんに注意されていた。次の場面は，浩美さんが，仕事の休日に，門限の10時半ぎりぎりになって帰宅した時のものである。

> 【男を利用するな】XXX2 年 6 月 3 日
> 林さんが電話をしている最中に，浩美さんが帰ってきて，疲れたような表情でダイニングに入ってきた。（略）浩美さんは，電話をしている林さんをちらりと見たが，黙ったまま椅子に座ると，鞄の中からペットボトルのお茶を取り出して飲み始めた。

林さんはしばらくして電話を切ると,「いやー,難しいなあ」,と呟く。それから,浩美さんを見て,「お帰りなさい」,と言った。浩美さんは,「ただいま」,と言って小さく笑ったが,林さんが厳しい表情をしているのを見て,すっと表情を曇らせた。しばらく,林さんは仕事の話を私としていた。浩美さんは,ひとしきり休んだのか,立ち上がると,キッチンの方に歩き出した。浩美さんが林さんの脇を通り抜けて,2,3歩進んだ所で,林さんは急に私との話を中断すると,浩美さんに背を向けたまま,鋭い声で,「男を利用するな」,と言った。浩美さんは,林さんの言葉には何の反応もせずにそのままキッチンに入って,ペットボトルを水洗いし始めた。林さんも,それ以上何も言わずに,私に向かってもとの話を再開した。

　キッチンに向かって歩いていた浩美さんは,林さんから鋭い口調で「男を利用するな」と言われても,身体の動きを停止させたり変更することなく,キッチンへと行ってしまう。浩美さんのこの振舞いからは,一見すると,彼女は,林さんの言葉から何の作用も受けておらず,その言葉に対して何ら反応を示していないかのようにも思われる。

　しかし,林さんのこの時の言葉には,傍で様子を見ていた筆者が,思わずどきりとし,この言葉を投げかけられた浩美さんを凝視せずにはいられなかったほどの強い意味が含まれている。林さんが,浩美さんの内面にこの言葉を響かせるために,意図的に鋭い言葉で語りかけたことは明らかである。また,この場面の半年後,浩美さん自身も,この日の出来事について林さんと話し合ったそうである。そのことからは,この一瞬の出来事が,浩美さんにとってただならぬ経験となっていたことが窺える。おそらく,この時の浩美さんは,以下で詳しく考察するように,立ち止まって話を聞く可能性を打ち消し無化したうえで,立ち止まらずにキッチンに行く,という行動を彼女の意志でもって選択しているのではなく,むしろ,そのように振舞わざるをえないのではないだろうか。

　この場面において,当然ながら,林さんは,この日の浩美さんの行動を具体的には知らないはずである。しかし,そうであるにもかかわらず林さんがこうした鋭い言葉をかけたことからは,林さんをして浩美さんにこの言葉をかけせしめるような彼女の帰宅直後の表情や雰囲気を,林さんが捉えていたことが窺える。そしてまた,浩美さんが,林さんの言葉に何ら反論をしないのは,林さんの言葉がそれなりの妥当性をもっていることを,浩美さん自身も認めざるを

えなかったからである，とも考えられる。もしもそうならば，浩美さんのこの日の行動を具体的には知らないままに語られるからこそ，林さんの言葉は，彼女に対して，より一層鋭く響くことになる。というのも，もしも林さんが浩美さんのこの日の行動を知っているのであれば，林さんの言葉が指摘している彼女の行動は，林さんが知っている内容に限定されることになるからである。しかし，林さんは具体的には何も知らない以上，浩美さんの表情や雰囲気から林さんが何を読みとるのかは，彼女にはあずかり知れない。浩美さんは，彼女がこの日，あるいはかつてなしたであろう，後ろめたい行動のすべてを，林さんに見透かされてしまうように感じることになる。

　同時に浩美さんは，そうした行動を指摘されて後ろめたい想いを抱いているところの自分の行動が，林さんから頻繁に指摘され注意されていることそのものであることにも気づかされる。浩美さんは，非反省的なままにボーイフレンドと会っている最中には，林さんからネガティヴに捉えられている自分の行動を定立的な意識の対象としなくてすんでいたかもしれない。しかし林さんとの対話においては，自分の行動を後ろめたく感じるからこそ，彼女は，この後ろめたさから逃れる様々な可能性を生きることになる。例えば，林さんは彼女のこの日の行動に関し具体的な事実は何も知らないはずであるから，今日は女友だちと遊んでいた，と偽ることによって，林さんからの小言を逃れる，という可能性を生きることもできる。林さんにボーイフレンドとの付き合い方を注意される以前に，今日会うことを約束してしまっていたのであり，約束を反故にするのは良くないから会ってきた，というように，何らかの正当化や言い訳をする可能性もある。ボーイフレンドと会うことが，どうして「男を利用する」ことになるのか，と林さんに問い返す可能性もある。あるいは，林さんの言葉が聞こえなかったかのように振舞い，素早くその場を立ち去ってしまう可能性もある。

　しかしながら，こうした可能性が浩美さんに生きられるのは，浩美さんが，自分の行動を後ろめたく思い，その後ろめたさから逃れようとしているからに他ならない。しかも，こうした可能性はすべて，林さんに見透かされていると感じられている限りにおいてしか，浩美さんにとって明らかにならない。というのも，私を眼差している「他者は，〔言い訳をしたり黙って立ち去るといった行動〕傾向を予見してしまっており，そうした私の行動に対し既に身構えて

第 7 章　他者との根源的出会い

〔いると私が感じて〕いる限りにおいて，その傾向を私に知らせる」(p. 322, 上 466 頁) からである。それゆえ，「私は，私の諸可能性を存在すると同時に，私の諸可能性を〔私の〕外部から，すなわち他人を介して，知ることになる」(p. 322, 上 465 頁)。

したがって，浩美さんは，林さんの鋭い言葉を聞いたその瞬間に，後ろめたさを感じている自分の生きているあらゆる可能性が林さんの眼差しによって見越され，解体させられてしまうことを実感する。すなわち，自分のそうした諸可能性を現在的な意識において捉え，そうした可能性を生きている意識で在り続けざるをえなくなる。サルトルがまさにいうように，「私の諸可能は限界づけられ，凝固させられ」(p. 329, 上 477 頁)，彼女は，いかなる可能性をも実現できなくなってしまう。

可能性を何ら実現できなくなる浩美さんは，この瞬間，自分がその時やりかけていた，歩くという行為を中断することもなく継続させる。この時彼女は，林さんの言葉を聞いたうえであえてキッチンへ向かって歩くという自分の可能性を選択したわけではないであろう。というのも，自分の可能性が解体され他有化されてしまっていることを実感する以上，彼女の在り方そのものが，キッチンに向かうという彼女の行為のさなかにおいて，固体化されているからである。歩き続けることはむしろ，林さんの言葉を聞く直前の，非反省的なままに選択されたがゆえに，林さんの言葉を聞いた瞬間に改めて選択されることを必要としない行為を，いわば機械的に継続することである，といえる。すなわち，一見すると林さんの言葉を無視したかのように思われる，それゆえ，傍にいた筆者を思わず冷やりとさせた彼女の振舞いは，浩美さん自身によって選択された行為ではなく，何も選択されなかったがゆえに，いわば事物的な仕方で継続された動作でしかなかったのではないだろうか。

とはいえ，主観 - 他者の眼差しは，それほど長い間にわたって経験されるものではない。浩美さんは，身体運動の継続によってキッチンに足を踏み入れ，背後で，林さんが筆者と，浩美さん自身には関わりのない話を始めたのを感じる瞬間に，林さんから眼差されている，と感じることから逃れられるようになる。彼女はペットボトルを洗いながら，林さんの言葉に対してどのように振舞うかを，今度は，林さんに他有化されているのではない彼女の可能性として捉えることができる。そして，おそらくは彼女なりの反芻や考慮を経て，浩美さ

んは，今度はあえて何も言わずに，林さんの前から立ち去ったのではないだろうか。

可能性の他有化

　前項において考察したような，主観‐他者によって可能性のすべてが見透かされてしまうという意識の在り方をしている時に，こうした可能性は，いかなる仕方で当人に捉えられるのであろうか。このことを明らかにしながら，次に，以下の記録場面における樹理さん（16歳）の様子に即し，養育者から鋭く眼差された時に，子どもたちがどのように振舞わざるをえなくなるのかを考察したい。この時期の樹理さんは，ホームで生活し始めて2ヵ月近くが経っていたが，これまでも何度か触れてきたように，無断外泊をしたり他の子どもたちと齟齬をきたしてしまう等の問題を起こし，林さんからしばしば厳しく叱られていた。

【麻薬】XXX2年2月8日
　樹理さんが，「今，そういうキャバクラとかよりももっと恐いのって何だか知ってますか？」，と林さんに少し自慢げな口調で言った。林さんは，黙って，樹理さんの様子を眺めてから，「なあに？」と尋ねる。樹理さんは，「クラブですよ」，と言った。そして，「クラブって，すごい麻薬が飛び交ってるんですよ」，としたり顔で言う。浩美さんたちが一斉に頷く。「麻薬」，とハル子さんが，目を見開いて言った。「渋谷とか行ったらすごいもん。センター街とか，外人がいて，よく売ってるよね」，と浩美さんは言った。「今，麻薬はすごいのよね。昔はシンナーだったけど，今はシンナーなんてちっとも見かけないしね」，とハル子さんは言った。「特にね，トランス系のクラブが危ないんですよ」，と樹理さんは言う。すると，それまでじっと黙って聞いていた林さんが，「樹理ちゃん，なんであなたそんなこと詳しいの？」，と慎重な口調で言った。樹理さんは，まだ得意げな表情を浮かべたまま，「聞いたんですよ。やってる人から」，と言う。林さんが，「ふうん？」，と疑わしそうな表情になって言うと，樹理さんは慌てて，「本当ですよ。私が家出してた時に，友だちのうちに泊めてもらってて，その人がやってたんですよ，で，樹理もやってみなよって言われたけど，私はやらなかったの」，と説明を始めた。林さんは，「何でやらなかったの？」，と鋭い口調で言う。樹理さんは，「何でって」，と言って口ごもった。そして，注意深い口調で，「だって怖いでしょ」，と言う。林さんはじっと黙って樹理さんを眺めていた。樹理さんは，うろたえたような表情になって，さらに

第7章 他者との根源的出会い

何かを言いかけたが，林さんの方をちらりと見て，ぴくりと表情を動かすと，黙った。樹理さんの表情は，次第にこわばってきた。林さんは，しばらく黙っていた後に，「やっぱり樹理ちゃんは少し囲われ〔＝少年院等の矯正施設へ措置変更し〕ないとだめだなあ」，と突き放すような口調で言った。その瞬間，樹理さんの表情がさらにこわばる。「え？」，と林さんは，樹理さんに向かってさらに言った。「少し，そういうところに入ってくるか」。樹理さんはじっと黙り込んで身動きしなかったが，次第に不機嫌そうな表情になっていった。樹理さんは，唐突に立ち上がると，「ご馳走様でした」，とハル子さんに言い，ハル子さんの，「はーい，お粗末様でした」，という声を聞きながら，キッチンにお皿を持っていった。そして，さっさと洗うと，ダイニングを出ていってしまう。しばらくして，2階から，樹理さんが聴いている音楽が聞こえてきた。

　この時樹理さんは，クラブや麻薬といった話題に，彼女にとっての「かっこよさ」を感じており，通常は知りえないことを自分が知っていることや，その内容の過激さといったものを自慢しているように見受けられる。すなわち樹理さんは，こうした情報を価値あるものとしている者として自己を選択することが，林さんにとっての望ましい価値から照らされた時にはいかなる意味をもつのかを，十分了解できずにいた，と考えられる。
　林さんは，樹理さんほど積極的にではなくとも，同じ話題に興じていた他の子どもたちに対しては何も言わず，樹理さんだけに問いかける。樹理さんは，他の子どもたちを意識しつつ得意げに振舞っていたそれまでの状況から，一挙に，林さんとの一対一の関係を，そしてまたそのことによって，自分自身との関係を生きなければならなくなる。
　「なんであなたそんなこと詳しいの？」，と林さんに問われた時には，樹理さんは，依然として得意げな様子のまま答えている。しかし彼女は，自分の言葉に対して，林さんが「ふうん？」，と呟いたその瞬間，一挙に，こうした話題を得意げに語っていた自分の行為が，林さんからは肯定的に眺められていないことに気づかされる。何らかの疑問や疑わしさをもって自分を眺めていた林さんにとって，自分の言葉が，ほとんど全くといってよいほど信用されていないことを痛感する。また同時に，そうであるからこそ，林さんを何とか信用させようと努力せざるをえなくなる。
　事実，樹理さんは，慌てたように，自分がそうした情報を得た経緯を説明し

始める。例えば樹理さんは,「家出してた時に……」という言葉に続けて,「その人がやってたんですよ」,と説明を加える。樹理さんが,説明を次々に重ねることからは,林さんが自分の説明に納得してくれないことを感じるからこそ,彼女は説明を終わらせられず,状況をより具体化して述べずにはいられなくなっていることが窺える。しかしながら,説明を加えれば加えるほど,樹理さんは,そうした説明では林さんを十分に満足させられないことを実感し,新たな説明をさらに加えなければならなくなる意識へと陥っていく。

林さんは,樹理さんの説明に対して,「なんで」,と問いを重ねる。この問いは,説明し続けざるをえなくなっている彼女の意識に一端中断を差し挟み,林さんが自分に対して何を問いかけているのかを,彼女自身に考えさせるはずである。事実,樹理さんは,それまでのとめどない説明から一転して,言いよどむ。この瞬間に,彼女は,説明するという自分の可能性が,非常に脆いものでしかないことを悟るのであろう。

「怖いでしょ」,という自分のさらなる説明に対し,林さんから何も言われなくとも,樹理さんは,これまでの説明と同様,この言葉でも林さんを満足させられないことを感じている,と考えられる。事実,樹理さんは,この言葉の不十分さを補おうとするかのように,新たな言葉を発すべく口を開きかける。この時,彼女は確かに,例えばその友だちとの関係をより詳しく説明したり,麻薬についての自分の考えを述べたりするといった可能性を,いまだ自分の可能性として有している。しかしながら,彼女がこうした可能性を有していると知らされるのは,林さんが,そうした可能性を見透かしているがゆえにである。樹理さんは,こうした困難な状況から逃れようとする自分自身の傾向といったものが,「自分を支配し,誘惑している」(p. 322, 上465頁)ことを,林さんの眼差しのうえに読みとることになる。自分の不都合な過去に対して,林さんに何らかの指摘をされるよりも先に,とっさに自分の麻薬使用を否定するような,自己保身のための振舞いをする自分の傾向さえをも林さんに見透かされていると感じ,樹理さんは,表情をこわばらせて黙り込む。この時,「自分のこうした可能性は,原理的に,自分から逃れ去っていく」(p. 322, 上463頁)のであり,樹理さんは,「ただ,自分の可能性の死を捉えるだけ」(p. 322, 上464頁)となってしまうのである。

こうして,樹理さんは,「他者の見るがままに自分が存在することを自認す

る（reconnaître）」(p. 276, 上 399 頁）ことになる。とはいえ，彼女は，林さんによって捉えられていると感じられる彼女の在り方と，彼女にとっての自分の在り方とを比較したうえで，他者の見るがままの自己を自認するのではない。なぜならば，そもそも自認においては，自分自身から或る隔たりを備えたところにいる自分を，或る観点から捉える，というわけにはいかないからである。自認において私は，まさに「自分が在るところのものと，……他者に対し私がそれで在るところの即自とを，〔何らかの〕関係のうちに取り入れることができない」(p. 276, 上 399 頁）。

　他者の出現によって自己がそれで在るところのもので在ることを一挙に捉えさせられる，という自認の経験は，その経験において生じる事態を「推論して心構えすることの全くないままに，私の頭のてっぺんから爪先まで駆け巡る無媒介的な戦慄のことである」(p. 276, 上 399 頁）, とサルトルは述べる[5]。すなわち，樹理さんは，林さんの眼差しを戦慄のごとく感じるその一瞬のうちに，林さんが見越している傾向を備えた者であることを，自分自身で自認させられる。そして，そうであるからこそ彼女は，自分に可能ないかなる説明も効力を発揮しないことを実感する。彼女はいかなる説明をする可能性をも生きることができなくなり，黙り込んで表情をこわばらせてしまうことになる。自分の諸可能は限界づけられ，凝固させられるのであり，まさに，樹理さんの身体までもが文字通り凝固させられる。

　「やっぱり樹理ちゃんは少し囲われないとだめなあ」，という林さんの次なる言葉は，樹理さんの言葉を差し止めるだけでなく，全身をもこわばらせる。樹理さんにとって，林さんのこの言葉でもって無効にさせられてしまうように感じられるのは，彼女のそれまで重ねてきた説明だけではない。さらには，こうした説明をしている彼女自身の自由も林さんによって無効にされるのである。林さんは，実際に，樹理さんの措置変更の決定権をもっているのであり，樹理さんの自由は，現実的にも深刻に脅かされる。いかなる説明をしても，林さんは，その説明を信じてくれないだけではなく，そうした説明をすることによって困難な状況から巧みに逃れようとする者として樹理さんを描き出す。自分は，少年院等に措置変更して矯正されなければならない者として，林さんという「他者の自由において，また他者の自由によって自らに書き込まれるような私〔＝樹理さん〕の存在」(p. 320, 上 462 頁）として捉えられてしまっているよう

に樹理さんは感じる。林さんが自分をいかなる者として捉えるのかは，林さんの自由に委ねられており，樹理さんは，「〔他者の〕諸価値によって自分の性質を規定されてしまうことに対し，働きかけることも，〔それどころか〕その性質づけを認識することさえもできずに，自分の性質を規定しにくる諸価値の対象で在ることになる」（p. 326, 上 472 頁）。そうであるにもかかわらず，林さんに見透かされているように思われる自分の存在は，他者によって勝手に作りだされ，「他者のうちに住みついているのではない」（p. 276, 上 399 頁）。そうではなく，他ならぬ「私が，この新たな存在に責任を負う」（p. 276, 上 399 頁）のである。樹理さんは，林さんが見透かして指摘する自分の在り方を，自分ではどのように操作も対処もできないままに，自分の責任のうちに引き受けるという仕方で，一挙に自認させられることになる。

そもそも，林さんを説得しようとする様々な可能性が樹理さんにとって明らかになるのは，それらの可能性が，林さんによって超越されてしまう，ということを感じることにおいてである。しかし，そうであるとしても，樹理さんは，逃げたり言い訳をしたりするという樹理さんの可能性を林さんがどのように超越するのかを明瞭に見通したうえで，自分や自分の可能性を超越する他者として，林さんを捉えるのではない。というのも，林さんの超越は，その超越を蒙っている樹理さんには，限定し捉えることのできないものだからである。まさに「私のあらゆる可能性を，どうなるともわからないまま（ambivalent）に生きる恐怖のうちに」（p. 323, 上 466 頁），樹理さんは，林さんの超越に出会わされる。自分の可能性が，林さんによって超越され，他有化される時，この可能性は，ただ単に自分によって実現されえなくなるだけではなく，他者にとっての在るところのものとなってしまう。しかも，このことにより，樹理さんは，林さんという他者の自由によって書き込まれる或る「性質」（p. 321, 上 463 頁）をもたされることになってしまうのである。

林さんの眼差しを感じたこの一瞬，樹理さんの身体は，凍りついたかのように「石化（pétrification）」（p. 502, 下 818 頁）させられてしまっている。こうした石化は，他者に眼差されていると感じた時の，いかなる可能性をも他者によって奪われ，他有化され，凝固させられ，自分は何も実現することができない，という意識の在り方をしている身体の典型的な現われである，といえる。

とはいえ，樹理さんは，石化させられ続けているわけではない。そもそも対

自である限り，こうした厳しい内実を孕む主観－他者経験が，長時間にわたって生じる，とは考えにくい。事実，樹理さんは，林さんから，「え？」，と挑発するような言葉をかけられることによって，この凝固を解かれる。というのも，林さんのこの言葉は，樹理さんに，怒りや憤りといった反発する感情を抱かせるからである。そして樹理さんは，こうした感情の動きの中で，立ち上がりダイニングを立ち去る可能性へと自らを投げ出せるようになる。

樹理さんは，自室に戻り，苛立ちを体現するかのように大音量で音楽を聴き始める。しかし彼女は，自室で一人になることにより，林さんに他有化されることを通して彼女自身に知らされた自分の諸可能性や，そうした諸可能性を備えている自分自身の在りように，今度は，対自存在として向き合うことになる。彼女のこうした経験は，彼女が，対自存在として，自分自身を乗り越えていくための重要な契機の一つとなったのではないだろうか[6]。

では，可能性を凝固させられることによって身体までをも石化させられるような，主観－他者経験は，子どもたちがいかなる変化を生きることを可能にしてくれるのであろうか。次節では，主観－他者と出会うことの意味をさらに考察したい。

第3節　眼差される辛さと可能性の開き

前節において考察したように，主観－他者に眼差されることは，眼差される者にとって，自分の可能性のすべてを見透かされることであり，身動きのとれないまま，非常に辛い想いを味わうことである。しかしながら，主観－他者に出会うという出来事は，それほど頻繁に起こるような，ありふれた体験ではない。そうであるからこそ，われわれは，主観－他者として実際に現われかねない他者を前にした際には，相手を無視したり，表面的に相手に従ったりすることで，その他者の，主観としての存在をできる限り奪おうと必死に格闘するのではないだろうか。また，そうした努力をするからこそ，こうした時には他者は，自分の存在をまさに超越しようとする逆行率を示すものとして，われわれには感じられることになるであろう。そうした緊迫した状況においては，他者は実際には，主観－他者として現われたり，主観－他者としての様相を失って現われたりすることを繰り返し続け，われわれは，その揺れ動きの中に

あり続けなければならなくなる，と考えられる．

眼差しから逃れようとする試み

　次の一連の記録からは，主観－他者として自分を眼差す林さんの眼差しから，何とかして逃れ出ようとする樹理さん（16歳）の，激しい格闘の様子が窺える．ホームで暮らし始めてから約2ヵ月半が経っていた樹理さんは，林さんに対し，依然としてしばしば強い反発を示していた．次の記録場面は，前節で考察した【麻薬】の事例の3週間後のものである．

　この場面の数日前から，樹理さんは，ホームでの居心地悪さのせいか，連日門限に遅刻しており，この事例の2日前には，優しくではあったが，林さんに遅刻をたしなめられていた．にもかかわらず，彼女はこの日も，門限の時刻を1時間近く過ぎて帰宅した．

【階段の軋む音①】XXX2年2月28日
　8時25分に，玄関の音がして，樹理さんが帰ってきた気配がした．小さな音だったが，林さんもすぐに，「あ，樹理ちゃん帰ってきたね」，と言った．しかし，樹理さんがダイニングに入って来る気配は全くなく，しばらくすると，2階にそっと上がる音が聞こえた．階段が幾分老朽化しているので，昇る時には，どんなに音をたてないようにしても，階段が軋む音がダイニングにまで聞こえてしまう．しばらくしても樹理さんがダイニングに入ってくる気配がないのを感じたのか，ハル子さんが，「私，声をかけてきますね」，と言うと，林さんは頷いた．ハル子さんは廊下に出て，階段の下から，「樹理ちゃん，帰ってきたなら一度ご挨拶にいらっしゃいな」，と声をかけていた．しばらくして，樹理さんがようやく降りてきた．樹理さんはダイニングに入ってきた途端に，ドアのところで，「ごめんなさい」，と大きな声で言うと，頭を深く下げた．林さんは何も言わずに，しばらくじっと樹理さんの様子を見ていた．少しして，「まあ入りなさいよ」，と林さんが言うと，樹理さんはおずおずと部屋に入ってきた．そして，自分の席の前で立ち止まった．「どうして上に行ったの．なんで最初にこの部屋に来なかったの」，と林さんは淡々とした声で言った．樹理さんは少し困ったような表情を浮かべ，「〔遅刻が〕続いてたから」，と低い声で言う．「そうだよ，あなた，ここのところ続いてるよ」，と林さんは少し低い声になって言った．「まあ座りなさい」，と林さんが言ったので，樹理さんはおずおずと椅子に座る．

第7章 他者との根源的出会い　　247

　この場面における樹理さんは，連日門限に遅れたことを林さんに叱られるとわかっており，1階にいる皆に挨拶をせずに，こっそりと2階に上がってしまう。この時，階段の軋む音は，1階のダイニングにいる筆者たちに，樹理さんが可能な限り音をたてないようにしながら2階へ上がったことを知らせる。こっそりと2階に上がってしまわざるをえないこの時の樹理さんの様子からは，彼女が，ホームに帰宅する前から既に，帰って挨拶をすれば強く叱られ，帰宅が遅くなった理由を追及される，と感じていたことが窺える。それどころか，帰宅し，2階に上がった時の樹理さんは，まだ実際には林さんの前に立っていないにもかかわらず，自分が今まさに林さんに叱られているかのような辛さを，ありありと感じていたのではないだろうか。眼前にはいまだない林さんの目が，あたかも実際に樹理さんを眼差しているかのように感じられるからこそ，樹理さんは，林さんのいるダイニングに自ら入ってくる可能性を奪われてしまったのであろう。
　このことは，記録場面の2日前，林さんに優しく注意された時にも，実は樹理さんが深く反省していたことを物語っている。樹理さんは，同じ過ちを再び繰り返すことは許されない，と強く想っており，その想いゆえに，この日は，同じ過ちを繰り返してしまった自分を，これまでのように林さんの前に晒すことができなくなってしまっているのであろう。
　しかしながら，樹理さんは，息をひそめ，音をたてないようにそっと階段を昇りながら，階段が軋む音を自分でも耳にしたはずである。樹理さんがこうした音を捉えるのは，この音が，ダイニングにいる他者に，自分の帰宅を，そしてまたこっそり2階に上がってしまう自分の後ろめたさを知らせてしまう，と感じることにおいてである。「他者の眼差しは，……私に関し〔諸事物の複合から切り離された私を捉えるのではなく〕，諸々の道具との〔複合的で〕分解しえない関係をしか捉え〔させてくれ〕ない」（p. 321, 上464頁）。そうであるからこそ，普段何気なく昇っている時には知覚されない階段のこうした音は，ダイニングにいる林さんたちの眼差しを逃れようとして恐る恐る階段の板に足を乗せても，まさにそうした在り方をしているという自分の身体の事実性を，他者の眼差しに対し暴露するものとして，樹理さんにとって非常に大きく響くはずである。樹理さんは，この音を介し，「自分は或る場所を占めており，守るべき術もないままに自分がいる当の場所からはいかにしても逃れえないこと

を，つまり，私は見られていることを……直に（immédiatement）捉える」（p. 316, 上 456 頁）ことになる．

　それどころか，階段を上がる前においても既に，玄関を開けた時から，廊下の突き当たりのドアの向こう側にあるダイニングから漏れてくる光や話し声や賑やかな物音を，樹理さんは知覚したはずである．そして，そこに他ならぬ林さんがいることを強く意識したはずでもある．ホームへ帰ってくる道中の樹理さんには，ダイニングに入ってくるという可能性を，自分の可能性とすることが十分にできた，と考えられる．というのも，この日，2 日前と同じように林さんが優しく注意するのであれば，樹理さんは，それほど辛さを味わわなくてもすむからである．この日樹理さんが，遅くなっても無断外泊をせずホームに帰ってきたことは，帰宅途中の樹理さんが，そうした可能性に期待しえたことを物語っている．またそうであるからこそ，ダイニングに自ら行って素直に謝った方がよい，と彼女が感じていた可能性も否定できない．ところが，2 階に上がってしまうという可能性が，ダイニングから漏れる光によって照らし出され，彼女にとっての自分の可能性となってしまえば，こうした想いすら，その効力を失う．ダイニングから漏れてくるざわめきが，ダイニングへ入ることを不可能ならしめる時，玄関の目の前にあって，2 階の自室へとつながる階段に備わる，自分の身を隠してくれることになるという「潜在的な可能性（potentialité）」が，彼女にとっては，林さんの眼差しを避けるために「与えられた可能性（possibilité donnée）」（p. 322, 上 465 頁）となる．眼差しを避け，2 階にこっそりと上がってしまうという彼女の可能性は，林さんが自分を眼差していることを彼女が捉える限りにおいて，彼女の非反省的意識に現前してくる．自分がそのような可能性を生きているということが，樹理さんにはまざまざと知られることになるのである．

　それほどまでにありありと林さんの眼差しを感じざるをえない樹理さんは，おそらく，下に降りてくるようにいつ声をかけられるか，と不安を感じ，身体をこわばらせ，1 階の物音を知覚しようとして，じっと身をすくめていたのではないだろうか．そうであるならば，樹理さんは，2 階に上がって自室に籠りながらも，降りていかなければならない自分の可能性を，降りてきなさい，と声をかけてくるハル子さんのうちにある可能性として捉えることになる．そして，そのように捉えてしまうのは，「自分の不安によって，そして《さほど安

全ではない》この隠れ場を〔いずれ〕放棄するという自らの決心〔を既にしてしまうこと〕によって」(p. 322, 上465頁) なのである。彼女が恐怖を抱いているがゆえに，自室に籠った時のその部屋の床の向こうに，すなわちダイニングにおける天井の向こうに，樹理さんにとって聞かれる「べき (à) 情景 (spectacle) がある」ことになる (p. 317, 上457頁)。しかしながら，彼女の恐怖は，床の向こう側に聞かれる「べき情景がある，という端的な客観的事実以外のなにものでもない」(p. 317, 上458頁)。すなわち，林さんが自分を厳しく叱るという可能性が現にあるからこそ，樹理さんは，じっと耳を澄ませながら，林さんが自分を叱ろうとしていることそのものや，その可能性に対して自分が恐怖を抱いていることまでをも，ありありと感じざるをえなくなるはずである。

　ハル子さんが呼びかけたために，1階に降りてこざるをえなくなると，樹理さんは，ドアの前でまず謝る。そうすることで，自分は叱られるべき存在で在ることを，すなわち，林さんに指摘されなくとも自分にはその自覚があることを，彼女は林さんにまず伝えようとする。それだけではなく，自分の椅子の前に立っても，深い反省を示すかのように，自分からは座らない。すなわち樹理さんは，反省する者の在るべき姿となり，その姿を在るがままに実現しようとすることによって，叱られる存在では在らぬ意識を生きるのである。事実，樹理さんは，謝罪することができるということにおいて，不完全な形ではあれ，林さんの眼差しを避けることが可能となる。樹理さんを超越する林さんの自由によって，樹理さんをいくらでもどのようにでも叱責することが林さんに可能となったこの時，林さんの眼差しに晒されながら，樹理さんが石化されることなく実現しえた唯一の可能性は，叱られる前に謝罪してしまうことであったのである。

【階段の軋む音②】XXX2年2月28日
「どこで何してたの」，と林さんは厳しい口調で言った。樹理さんは黙ったままだ。しばらくして，「どこって」，と低い声で呟く。「こんなに遅い時間まで，どこで誰と何をしてたの」，と林さんは続ける。「何をしてたっていうわけじゃないんですけど」，と樹理さんは，しばらくして，用心深く切り出した。「沙希さん (17歳) と会ってました」。樹理さんがそう言うと，林さんは，ふうんと少し考えるように頷いた。「僕は，あなたが沙希ちゃんと会うのは反対だな」。林さんが少しして切り出

すと，樹理さんはうなだれる。しかし，それは林さんの言うことを最初から予想しており，用意周到にうなだれたかのように私には見えた。

「どこで何してたの」，と林さんが最初に尋ねた時に，樹理さんは，「どこって」，と言いよどみ，林さんの問いから，一瞬中心を外す。樹理さんの在り方が林さんに一方的に眺められているこの時に，その一方的な視線を一瞬ずらし，自ら問いを発することは，林さんの問いに対して，林さんからの距離ではなく，自らの距離を繰り広げることになる。彼女がこの日どこで何をしていて夕食に遅れたのか，林さんは徹底して明らかにしようとはしない。したがって，事実は最後まで曖昧なままであったが，樹理さんのこの言いよどみは，林さんにどこまで事実を語らされるかを推し量り，どのようにしてこの場を切り抜けるかを考える，という構えのようにも，筆者には感じられるのであった。

その後，樹理さんは，林さんに問われるままに答えるのであるが，この時の樹理さんの反応は，傍にいた筆者には意外に感じられたほどに，素直でよどみなかった。こっそり2階に上がってしまうほどに後ろめたさを感じていたはずであるにもかかわらず，うなだれているこの時の彼女の様子に，どこか演技めいた印象を筆者は抱いた。この時の樹理さんがこうした印象を筆者に与えたのは，この時の樹理さんの様子が，次の記録で見られる，その後の彼女の反応と，大きく異なるからである，と考えられる。

【階段の軋む音③】XXX2年2月28日
「沙希ちゃん，今どうしてるの」，と林さんが尋ねると，樹理さんは，「あ，なんか，友達のお母さんのお友達のおうちで内職してるって言ってました」，と答える。林さんは，「いや，それは信じられないな。そんないい人なかなかいないよ。困ってるんじゃないのかな」，と首を傾げて言う。樹理さんは表情を動かさなかった。「あなた，沙希ちゃんと一緒にいたのなら，沙希ちゃんが困ってるのわかってるんでしょう。なんで平気な顔してただ会ってるだけなの」。林さんは，相変わらず厳しい声だ。樹理さんはうつむいて，肩にぎゅっと力を入れて林さんの話を聞いていた。「沙希ちゃんが困ってるのはあなた，知ってるんでしょう。あなたと沙希ちゃんで嘘つき合って，それでお互い困ってしまって沙希ちゃんここを出ていったの，あなただってわかってるんでしょ。ちゃんとあなたが沙希ちゃんにホームの正しいことを伝えてくれてるならいいけど，あなたと沙希ちゃんで嘘つき合って，沙希ちゃん

第7章　他者との根源的出会い　　251

はそれでここに帰ってこれないんだよ。僕が，〔樹理さんが〕沙希ちゃんと会うのを反対するのはそこだよ。ホームのことを，本当のことを伝えてくれればいいけど，あなた，どこでもそうでしょ，あそこで嘘ついて，こっちでも嘘ついて，（略）そんなの友情じゃないでしょう。え？」。林さんが勢いよくしゃべるので，樹理さんは最初じっとしていたが，嘘ばかりつくと言われた時にはちょっとむっとしたような表情になって顔をあげた。「あなた，ちゃんと言ってる？　沙希ちゃんに，ホームに帰っておいでよって。一緒に会ってたなら今から一緒に電話して，ご飯食べようって。林さん待ってるよってちゃんと言ってるの？　今でも連絡を取ってるぐらいなら，そのぐらいの友情があるのなら，ちゃんと沙希ちゃんのことを考えなさい。自分の都合の良いようにばっかりしてるんじゃありません」。林さんがそう言うと，樹理さんはむっとしたように，「言ってますよ，ちゃんと。Ｆちゃんと私は伝えてます」，と少し小さな声で言った。「Ｆちゃんは言ってるかもね。そういう子だから。でも，あなたは言ってるの？　僕は嘘だと思うな」。林さんの断定するような強い口調に，樹理さんは本当にむっとしたようだったが，すぐに息を大きく吐いて，諦めたような表情になった。（略）「あなた，嘘をついてもこっちにはわかっちゃうんだよ。それを知っておいた方がいいよ。あなたはそれでそんなに沙希ちゃんと仲がいいのかね。沙希ちゃんになんて，普通の神経じゃ会いにいけないよ。沙希ちゃんは，あなたに追い出されたようなものだよ。少なくとも向こうはそう思ってるよ。ここを出て行く時にはものすごくあなたのこと恨んでたんだから。知ってるでしょう」。林さんは強い口調で言い，それからじろりと樹理さんの様子を見つめて，黙っている。樹理さんは，必死に怒りを抑えているように，肩でゆっくりと深く息をした。樹理さんがようやく動き出そうとした途端に，林さんがまた強い口調で話し出した。「人を操作することを覚えたらだめだよ。それは絶対にしちゃだめだよ。（略）人を利用して生きては絶対にいけません」。樹理さんがいらいらしているのが，隣にいる私にまで伝わってくるようだった。樹理さんはじっと黙ったまま，こみあげてくるものを抑えるように，無表情を決め込んでいた。何も言わないし全く動かない。じっと，肩をこわばらせて，嵐が過ぎ去るのを待っているようだった。

内的否定を向けられる辛さ

　沙希さんは，かつてホームで暮らしていたが，樹理さんとの関係に齟齬をきたし，ホームを出て行ってしまった少女である。その沙希さんと会っていた，という樹理さんに対し，林さんは，沙希さんがホームに帰って来られないのは樹理さんのせいであり，樹理さんはどこでも嘘をついてばかりいる，といった，非常に厳しい言葉を投げかける。樹理さんは，「なんで平気な顔してただ会っ

てるだけなの」，という林さんの言葉に対しては，身体に力を入れながらも静かに聞いている。しかし，「あなた，どこでもそうでしょ，あそこで嘘ついて，こっちでも嘘ついて」，と決めつけられるように言われると，初めて，それまでのいわゆる従順な態度とは異なり，むっとしたような表情を浮かべ，林さんに対する抵抗を示す。そして，沙希さんに対して本当のことを言っていないだろう，という林さんに対し，「言ってますよ，ちゃんと」，と反論せずにはいられなくなる。

樹理さんのこうした振舞いは，うなだれ自ら謝罪した時の彼女の様子とは大きく異なる。実際，たとえ樹理さんが何らかのことで林さんに嘘をついたことがこれまであったとしても，彼女は，即自的な「嘘つき者」でありえない。したがって，林さんのこの言葉を，不当で理不尽なものと感じ，それまでの沈黙を破って反論せざるをえなくなるのも，自然なことであろう。そして，思わず反論してしまうこの時の樹理さんの様子にこそ，彼女のいわゆる本心が現われているように，傍で見ていた筆者には感じられるのである。他方，謝罪した際の樹理さんは，自らそうせずにはいられないほど深く反省してはいるが，同時に，林さんからも認められるような，反省する者の在るべき姿となろうとしているように感じられた。少なくとも，彼女を眺める者には，どこか演技めいた従順さを感じさせたのである。

2階にそっと上がらずにはいられなかった樹理さんは，門限に遅れたことが林さんに叱られることであることも，また，そうした行為を繰り返し行なってしまったことに対するやましさをも十分に自覚していたであろう。そうである以上，そうすることでさらに叱られるかもしれないにもかかわらず2階に上がってしまった彼女が，ダイニングへと降りてくるためには，それを可能にするだけの支えを必要としたはずである。つまり，通常われわれの多くがそうするように，この時の樹理さんは，自分を待ち受ける叱責に耐えられるだけの，いわゆる心の準備をしたのではないだろうか。あらかじめ心の準備をしておくことは，例えば，叱られるであろうから下を向いていようとか，こう尋ねられたらこう答えようというように，自分の中で，可能性を定立し表象しておく，ということである。表象することは，認識作用の一つである以上，対話に先立って心の準備をしておくことは，われわれをして，こうした対話を眺める者たらしめる。対話を眺める者である限り，われわれは，対話の相手によって眼差さ

れ，自分の可能性の隅々までをも見透かされることはない。われわれは，こうすることで，自分を超越する仕方で現われてくる他者を，すなわち，対象性を脱した他者を，今度は自分から超越し返し，何とかして自分の対象に押し留めようとするのではないだろうか。

　林さんは，自ら謝罪した時の樹理さんの様子に，そうした演技めいた従順さを感じとったからこそ，演技をすることのできない状況へと，樹理さんを陥らせる必要を感じたのではないだろうか。林さんは，「そんなの友情じゃないでしょう。え？」，「自分の都合の良いようにばっかりしてるんじゃありません」，「あなたは言ってるの？　僕は嘘だと思うな」，と断定的な口調で言葉を続ける。「言ってますよ，ちゃんと。Ｆちゃんと私は伝えてます」という樹理さんの反論にも，あたかも全く耳を貸していないかのようである。この時樹理さんは，叱責を超越するために反省する者の在るべき姿になるという自分の可能性が，林さんによって奪われてしまい，今度は自分の諸可能性が，樹理さんの予想を越えた仕方で叱責する林さん自身の諸可能性によって超越されることを，林さんのこの可能性の実現と共に感じることになる。すなわち，この時，樹理さんが林さんの叱責に対してあらかじめ試みていた超越は，超越された超越となる。

　林さんが樹理さんに対して投げかけた否定は，サルトルに従えば，「内的否定」（p. 223, 上 321 頁）と呼ぶことができる。内的否定は，テーブルはインク壺ではない，というような「外的否定」（p. 223, 上 321 頁）とは明らかに異なる。すなわち，「外的否定の根拠は，テーブルの中にも，またインク壺の中にもない」のであり，こうした否定は，テーブルとインク壺の「両者を何ら変様させることなく，また，ほんのわずかな性質をも豊かにしたり貧しくしたりすることがない」（p. 223, 上 321 頁）。他方，内的否定においては，「或る特定の性質が拒否されるだけでなく，この拒否そのものが，その性質を拒否された肯定的存在〔＝内的否定を蒙る当の者〕へと，その内的構造の中にまで影響を及ぼしにやってくる」（p. 223, 上 321 頁）。ネガティヴなニュアンスをこめられた内的否定は，「私を内面から性格づける」（p. 223, 上 321 頁）。こうしたことからすれば，林さんが樹理さんを嘘つき者と決めつける際に生じる，樹理さんと，正直者ではないというネガティヴで否定的な性格は，例えば，或る真珠を贋物とみなすような，即自に関する外的否定の関係にあるのではない。そうではなく，もしも樹理さん自身が林さんのこの決めつけを受け入れたならば，彼女は，樹理さ

んという「一方の存在によって否定された他方の存在〔＝即自としての嘘つき者〕が，当の一方〔＝対自としての樹理さん〕を……その本質の核において性質づける」(p. 223, 上 321-322 頁)，という事態に陥ってしまうであろう。それどころか，林さんの決めつけをたとえ受け入れられないとしても，こうした内的否定を突きつけられるだけで，彼女は，「自分の存在の全体を肯定的なままにすべくそこに手を触れないでおくだけではすまなくなってしまう」(p. 223, 上 321 頁)。この時彼女には，ダイニングに降りてきたばかりの時とは異なり，叱責を受ける者の在るべき姿となることによって，叱責する林さんを何とか対象化することが，もはやできなくなってしまっているのである。

　嘘つき者と決めつけられることが，樹理さんにとって非常に苦しく，辛い体験であったことは，疑いえないであろう。この時，樹理さんは，反論することと黙ることとの二つの可能性から，黙ることを選択しているのではないはずである。林さんの強い口調は，反論する余地もないところまで樹理さんを追い込むのであり，ひとたび反論すれば，さらに厳しい言葉が浴びせられることを，樹理さんは感じざるをえない。すなわち，反論するという樹理さんの「可能性そのものは，……超出され凝固させられたものとして，私〔＝樹理さん自身〕に現前せしめられて（présenté）おり，或る〔＝林さんの〕自由が，〔樹理さんのそうした可能性を〕予見するのと同時に，先回りをしている」(p. 329, 上 477 頁) のである。そうであるからこそ，樹理さんは，反論する可能性を自ら無化することもできずに，ただ黙っているしかなくなる。黙り込んでじっと動かない樹理さんは，そうすることで，彼女を一方的に超越してくる林さんを，何とかして対象へと転落させ，このことによって自己がさらに脅かされることを防ごうとするしかない，と考えられる。実際，黙っていることは，少なくとも林さんの超越に飲み込まれてしまうことから樹理さんを守ってくれるのである。

眼差しからの解放

　しかし，このことはまた同時に，自ら選択するのではない在り方でしか自分を守ることができないほど深く，樹理さんは林さんからの否定を蒙ったことをも物語っている。ここに至って，樹理さんは，林さんの言葉に内面を強く動かされることになる。林さんは，樹理さんの内面のそうした揺れ動きを確認した

うえで、樹理さんに、次のように切り出す。

【階段の軋む音④】XXX2年2月28日
「まあ、メシの前に説教したって不味くなるだけだ。はい、食べなさい」。林さんが促した。しばらくじっとしていた樹理さんは、ようやくご飯に手を伸ばした。樹理さんは、林さんの動きを窺うかのように、おずおずと箸を動かした。林さんは明るい調子に戻って、「あなたにとっては食べないなんて地獄だろうしなあ」、と言うと、いつものからかうような表情で樹理さんをじっと見た。学君が林さんの言葉に笑ったが、樹理さんは、表情を動かさずに、黙々と食べているだけだった。初めのうちは、樹理さんは本当に小さくしか箸を動かさなかった。（略）やがて、林さんが学君と話し始め、樹理さんへ視線を向けなくなると、樹理さんの動作は次第に大きくすばやくなり、樹理さんはしっかりと食べるようになった。

「まあ、メシの前に説教したって不味くなるだけだ。はい、食べなさい」、という林さんの言葉によって、樹理さんは林さんとの会話から逃れることができる。それと同時に、林さんが自分を眼差しているという事態からも、逃れられることになる。
【階段の軋む音③】までの場面において、林さんと樹理さんとが、もしも、超越する者とされる者という相克関係のみを生きていたのであれば、この関係は、互いにとって辛いだけのものになってしまったであろう。その時には、樹理さんは、林さんから眼差されあらゆる可能性を奪われているがゆえにダイニングにいるだけとなる。したがって、この眼差しから解放されたとしても、自室に籠ったり、あるいはホームを出て行ったりする等をして、林さんと共に在る場所から離れざるをえなくなってしまうはずである。しかし、実際には樹理さんは、林さんの眼差しが解かれ、ダイニングに留まることも立ち去ることも、彼女自身によって選択しうるようになった時にも、林さんに促されるままに、食事を始める。樹理さんのこうした振舞いは、林さんと樹理さんの生きている関係が、単なる相克関係ではないことを物語っている。たとえこの場で林さんに眼差され、決めつけられ、辛い思いをしようとも、それでも林さんと同じ部屋に在り続けることのできる関係を、樹理さんは林さんやハル子さんと共に、この時生きているのである。そして、そうでなければ、林さんには、これほど強い口調で、樹理さんを問いつめることができなかったのではないだろうか。

この場面において，林さんの眼差しから解放された時には，自分の心身を力づけてくれる食事が，樹理さんを待っている。それどころか樹理さんは，ダイニングに入ってきた時から，自分のために調えられている食卓を目にしている。すなわち，食事の時刻に遅れることが何日も続いても，またそのことで叱られているさなかにあっても，ハル子さんが自分のための食事を用意してくれていることを，常に感じていたはずである。この食事によって，彼女には，どのような言い訳をすることなくこの場に留まることが可能となる。それどころか，次第に，こわばりも憤りも解かれた状態で，林さんとの対話を反芻することができるようになるのではないだろうか。

事実，樹理さんは，最初は林さんの視線を気にするかのようにぎこちない動作で食べているが，林さんの注意が樹理さんを離れると，彼女の表情も徐々に柔らかくなり，仕草も自然になっていく。樹理さんの表情が和らぐのは，単に林さんの注意が自分から逸れたからだけではないであろう。空腹が満たされることによって，それまで感じていた憤りがおさまることはしばしばある。樹理さんの表情や仕草の変化からは，彼女の場合にも，満腹になるにつれて，林さんに対して感じていた憤りや反発や悔しさが，少なくとも一時的には鎮まっていく，ということが窺える。そしてこのことは，多少の気まずさや反発を感じることがあったとしてもやはり，これからも共に同じ空間の中に在り続け，生活を共にすることが，樹理さんと林さんにとって可能となっている，ということを明らかにしている。

眼差しから蒙るもの

【階段の軋む音⑤】XXX2年2月28日
一度皆が自室に戻った後で，樹理さんがまた降りてきた。そして，電話をしに外に出て行った。しばらくして戻ってくると，「林さん」，と嬉しそうな表情で話しかけた。すっかり屈託のない話し方になっていた。「Ｆちゃんがね，『林さんが話したいって言ってた』って言ってたら，いいですよって」。林さんも，嬉しそうに目を細めて「本当」，と言った。樹理さんは嬉しそうに，「Ｆちゃんね，えー，私も林さんにいじめられるのかなあって言ってました」，と報告する。林さんは，かかか，と笑った。それから，パソコンで作業をしている林さんを見て，樹理さんは，「林さん，私，何も入ってないCD-ROM持ってるんですけど，何か入れたいんですよ

ね」、と言う。林さんが、「いいよ、作ってあげるから持っておいで」、と言うと、樹理さんは目を輝かせて「本当ですか」、と嬉しそうな声を出す。

　樹理さんは、食事を終えしばらく経った後にダイニングに戻ってくると、何事もなかったかのようにのびのびと振舞っている。林さんもまた、それが当然であるかのように、そのように振舞っている樹理さんに対して、自然に接している。樹理さんの堂々としたこの振舞い方からは、一見すると、彼女は林さんから叱られる以前の彼女と比べて全く変化しておらず、したがって、さきほどの対話が、樹理さんの内面には全く届いていないかのようにも、思われるかもしれない。しかし、さきほどの対話において、樹理さんがあれほどに強い反発を示したことを考えれば、彼女のこの振舞い方は、叱られた体験から彼女が何も蒙っていないことを意味している、とは考えられない。

　【階段の軋む音②および③】の事例についての考察において、林さんが樹理さんに対して強い言葉をかけなくてはならなくなった理由は、樹理さんが林さんとの対話を対象化しようとしていたからである、と筆者は考えた。沙希さんと会っていた、と言った時の樹理さんの振舞い方は、彼女の普段の振舞いに比べて素直すぎるといった違和感を与えるほどであり、後にハル子さんが、「沙希ちゃんが今樹理ちゃんに会えるはずないし、多分あれは嘘ですよ」、と林さんと話し合っていたほどであった。筆者には、樹理さんの言葉の真偽はわからないが、林さんの問いに対し素直に答える樹理さんの様子は、どこかいつもと異なるように感じられた。ハル子さんが言うように、もしも樹理さんの言葉が真実を語っているのではないとしたならば、確かに、樹理さんは林さんとの対話を対象化し、そのことによって、林さんから一方的に眼差され、超越されることを逃れようとしていたことになる。

　しかしながら、【階段の軋む音⑤】の事例においては、樹理さんは、自分は反省していることを、ことさら強調しようとはしていない。樹理さんのこうした振舞い方は、先ほどの対話が樹理さんの内面に突き刺さるものであったからこそ、樹理さんは、反省を示すことによって林さんとの関係を対象化することができなくなっている、ということを明らかにしている。樹理さんはむしろ、あたかも何事もなかったかのように振舞うことで、これからも、今までどおりの楽しい関係を続けていけることを、林さんと共に確認し合っているのではな

いだろうか。そしてまた林さんも，樹理さんのそうした内面を了解しているからこそ，「反省していない」，などと言って樹理さんをさらに叱るのではなく，屈託のない様子で樹理さんとのお喋りに興じるのではないだろうか。

　樹理さんが今後もこれまでと変わらぬ親しく楽しい関係でいることを求めてくることは，樹理さんが，林さんに少しずつ心を開いていっていることの現われである。林さんがこれからの生活の中で樹理さんに求めることが，樹理さんにとっても，また林さんにとっても苦しくも感じられる体験となることを，林さんは十分に承知していただろう。そしてまた樹理さんも，林さんとの関係を続ける限り，林さんにはこれからも叱られたり辛い思いをさせられたりするかもしれないことを，感じているのではないだろうか。しかしそうでありながらも，樹理さんが林さんとの関係を対象化しなくなっているということは，辛い体験もお互いに乗り越えることができ，ホームでの二人の関係を育てていけることが，いまだ漠然とした形ではあるとしても，樹理さんと林さんの間で徐々に確認されつつある，ということなのではないだろうか[7]。

　本章で考察したような，主観‐他者経験は，子どもたちの可能性そのものに強く作用する。そして，辛さを味わいつつも同時に，当の養育者によって支えられているからこそ，子どもたちには，自らの可能性を大きく開いていくことも可能となる。次章では，他者から眼差される子どもたちが，同時に，いかなる仕方で他者に支えられているのかを考察したい。

---

1) サルトルは，第2章第2節において考察した世界という語と区別し，宇宙という語を，諸事物が或るまとまりをもって取り集められている集合体，という意味で用いている，と考えられる。対象‐他者との出会いは，まず何よりも，諸事物との関わりにおいて，私の宇宙が崩壊させられる事態なのである。
2) ホームへの入所後すぐに無断外泊等によってホームから去ってしまう子どもたちは，ホームの外での自由な生活を求めてホームを出て行った，という側面と同時に，ホームという場の諸事物さえもが自分を拒むように感じられる辛さを過度に味わい，ホームで生活することがもはやできなくなってしまったという側面を併せもつ，とも十分考えられる。
3) サルトルは，他者によって見られている一般的な事態についても，以下で考察するような，主観‐他者によってあらゆる可能性を他有化される仕方で見られる事態についても，同じregardéという語を用いているが，両者には明確な差異がある。そこで，本書では，

第 7 章　他者との根源的出会い

一般的に見られている事態については「まなざされる」という平仮名で，主観 - 他者によって見られている事態については「眼差される」という漢字で表記することにする。
4) aliéner という語は，本来は，離反させる，奪う，疎外する，遠ざける，失わせる，という事柄を意味し，サルトルにおいては，我が物にする（m'approprier）という語の対語として用いられている。こうしたことから，邦訳者松浪は，この語に，他有化するという意訳語を充てている。本書では，松浪訳に従う。
5) こうした事態は，例えば他者に自分の野卑な振舞いを眺められた瞬間に感じる「羞恥（honte）」において典型的となる，とサルトルは指摘する。
6) 樹理さんのその後の様子については，第4章第3節で，自分の生い立ちの問題を自ら捉え直すことによって，次第に，養育者や他の子どもたちと柔らかな関係を生きることができるようになっていった経緯を考察したが，そこで考察した事例の以前の彼女の様子については，次節で詳しく考察することになる。
7) 本節で考察した【階段の軋む音】の事例のように，ホームで生活を始めた樹理さんは，しばしば，非常に厳しく叱られることがあった。しかしながら，林さんは，彼女の在り方を厳しく叱るだけではなく，彼女と冗談を言い合ったりする等の柔らかな関係も築いていた。そして，第4章第3節で考察したように，彼女の生い立ちの問題を取り上げ，彼女が自分の辛い過去を引き受けられるようになるまで，彼女の傍らで支え続けた。こうした働きかけの中で，樹理さんは，養育者に対しても甘えるようになり，また同時に，友人たちに濃やかな心遣いを配るようになり，ホームでの約3年の生活を経て，自立していった。

第8章 対象-我々への変様

　前章において考察したように，主観-他者の出現は，われわれがその状況において現にいかなる在り方をしているのかを，また，いかなる可能性を生きているのかを，根源的に私たち自身に知らせてくれる。しかしながら，われわれには，自分の可能性を他有化されたままでは，自分自身を新たに乗り越えていくことは可能とならない。他者に一旦は眼差されようとも，何らかの契機を経て，石化を逃れることにより，われわれは，再び対自存在として，自己を未来へと投企することができるようになるのである。

第1節　第三者の出現と対象-我々

第三者の出現

　他者に他有化されている際のわれわれが再び対自存在として生きることを可能にしてくれる契機として典型的となるのは，第三者（Le Tiers）の出現である。そもそも，前章までで考察してきた，私と或る他者との相互相克という，「私とこの他人〔＝主観-他者〕との関係は，あらゆる他人たちに対する私の関係，および，そうした他人たちに対するこの他人との関係を無限の背景として現われる」（p. 487, 下794-795頁）。つまり，私が，或る一人の他者との相克関係を生きることは，私と彼という二人の関係の背景となる第三者の存在を，暗黙のうちに前提としているはずである。したがって，前章で考察したような，主観-他者としての林さんに眼差され，あらゆる可能性を他有化される子どもたち一人ひとりの体験においても，ホームでは，ハル子さんや，他の子どもたちが，そうした体験の背景として存在しているのである。そして，背景としての第三者は，主観-他者を経験している子どもの意識に，何らかの仕方で影響を及ぼさずにはいられないはずである。

　実際，或る子どもは，自分が林さんに強く叱責されている場に同席していた筆者に対し，その数日後，次のように語ってくれた。「〔筆者のような第三者が

同席している方が〕子どもは楽です。林さんはおとなで，こっちは一方的に子どもだからさ」，と。厳しい状況におかれている自分を，林さんによってだけではなく，第三者である筆者にも眺められることにいくらかの辛さが伴うことは確かであろう。しかし，養育者と子どもとのいわば二極的な関係において，子どもたちは，いわゆる下の立場へと一方的に追いやられざるをえなくなる。そうであるからこそ，筆者のような，年齢においても立場においても，この二極的な関係に組み込まれない他者によって，この二極構造を弱められるように感じられることもある，ということをこの子どもの言葉は語っているのである。

ましてや，筆者のように，それほど頻繁に会うのではない第三者とは異なり，日々生活を共にしているハル子さんが第三者として現われる時には，その出現のもたらす影響も，より大きいはずである。実際，ハル子さんは，例えば第7章第3節で【階段の軋む音】の事例に即して考察したように，門限に遅れて叱られている樹理さん（16歳）に，温めた食事をさりげなく出してあげていた。このことによって，樹理さんは，叱られた後でも，何の言い訳をすることもなくダイニングに留まれることになる。また，第6章第2節で【コンビニ残業】の事例に即して考察したように，聡君が，自分の振舞いに対する林さんからの追及に口ごもってしまった瞬間に，ハル子さんは朗らかに笑い出すのであった。聡君は，自分の問題に気づかされた瞬間に，問題を追及する林さんの厳しいまなざしから逃れられることになるのである。こうした場面において典型的となるが，ハル子さんは，林さんが子どもたちを強く叱責せねばならない場面においても，多くの場合，林さんと子どもとの間に立って，さりげなく食卓の皿を下げたり，林さんの言葉に大きく頷いたりするという仕方で，対話に加わっている。林さんとの間で，一対一の相克関係を生きねばならない厳しい対話場面において，ハル子さんという「第三者が〔現われ〕，私を眼差している他人（Autre〔＝主観‐他者〕）をまなざすならば……第三者によってまなざされる超越は，私を超越している〔他人による〕超越 (la transcendance qui me transcende) を，〔さらに〕超越することになる」(p. 487, 下795頁)[1]。したがって，ハル子さんという「第三者の超越は，私を超越している超越を〔かなりの程度〕和らげ (désarmer) てくれるのに寄与する」(p. 487, 下795頁) のである。実際，ハル子さんが，一言も語りかけなくても，何気なく子どもの隣に腰掛けたりすることによって，林さんから叱られていた子どもは，ほっと表情

第8章　対象−我々への変様　　　263

を和らげ，それまでよりも落ち着いて林さんとの対話に臨むことができるようになることも少なくない。

　あるいは，子どもが林さんからの問いに応えられず言葉に詰まってしまうと，ハル子さんが，「林さんが聞いてるのは○○っていうことじゃないの？」，と問いを具体化してあげることもある。林さんからの問いにどう応えるべきか当惑している子どもは，ハル子さんの言葉によって，自分の応えの可能性を具体化され，より実現しやすくしてもらえることになる。こうした時には，サルトルによれば，以下のような事態が生じることになる。

　まず，いわゆる対等な立場にある二人が生きているごく普通の状況を考えたい。この場合には，「他人の諸可能性によって取り囲まれている一つの状況があり，私は〔他人の諸可能性の〕手段（instrument）としてそこに在り，また，私自身の諸可能性によって取り囲まれているといった一つの状況があり，この状況は他人を含みこんでいる」(p. 489, 下798頁)，といった事態が生じうる。この時には，両者の立場は相互に入れ替わりうる，といえよう。他方，例えばホームでの厳しい対話といった相克関係が生きられる場合には，事態は異なってくる。この場合には，「こうした二つの状況はそれぞれもう一方の人〔の諸可能性〕の死であり，〔二つの状況のうちの〕一つを捉えることは，もう一方を対象化することによってしか，可能とはならなかったのである」(p. 489, 下798頁)。しかしながら，二人のこうした相克関係において，第三者としてハル子さんが出現し，二人へと語りかけることにより，それまでは，対話において生じていた「逆の二つの状況が，〔相互に，いわば〕地ならしされる」(p. 489, 下798頁)。林さんと子どもたちは，ハル子さんによって共に超越される対象となることにより，「〔互いに〕等価で連帯的な構造，と名づけられるような姿を呈する (figurer)」(p. 489, 下798頁) ことになる。このことによって，子どもたちは，林さんから一方的にまなざされ超越される状況を逃れられることになるのである。

　このように，第三者が出現し，それまで自分をまなざしていた他者をまなざす時，私は，自分をまなざしていた他者と共に，第三者の対象となっていることを感じる。こうした仕方で，第三者の対象として経験される自己と他者との一体的な在り方を，サルトルは，「対象−《我々》(le《nous》-objet)」(p. 486), と呼ぶ[2]。

養育者にとっての第三者の意味

　子どもを叱りながらより望ましい在り方へと導いていかねばならない場面においては，養育者自身もまた，非常に厳しい状況を生きることになる。というのも，そうした場面を生きている子どもは，養育者に対して，自分のあらゆる可能性を他有化された者として自己を投げ出しているからである。養育者は，そのように自分へと向かってくる子どもと対峙しなければならない。それゆえ，子どもたちだけでなく，養育者もまた，しばしば，第三者の出現によって，一方的な関係を免れることを必要とせざるをえなくなる。養育者にとって第三者が出現する際には，以下で考察するように，子どもたちにとっての第三者の出現とは異なる事態が生じることになる。例えば，次のような出来事があった。

【他の子どもへの確認】XXX2 年 3 月 4 日
　林さんは，房江さん（17歳）に対する樹理さん（16歳）の行動を吟味した後で，樹理さんを，厳しい言葉で注意した。そして最後に「知らなかったことは，覚えていけばいいんです。わかるよね」，と林さんが言うと，樹理さんは，じっとしていたが，しばらくして硬い動作でうなずき，「わかります」，と言った。林さんは，房江さんを見る。房江さんは，まだかなり不満そうな表情だった。林さんは，「房江ちゃん，あなたはまだわかってない顔をしてるね」，と言う。房江さんはそれでも体を動かさない。（略）「ここはそういうことを勉強するところだよ。あなた，長いんでしょ，ここに。ここはお金を貯める下宿屋じゃないんだよ。わかった？」。林さんは，房江さんに言った。房江さんは，ようやく，「わかりました」，と低い声で頷いた。林さんは，少し明るい声になって，だらんとして話を聞いている学君（18歳）に向かって，「わかった？」，と話しかける。学君は，びっくりしたような表情になって，「わかりますよ，はい」，と答えた。「わかるよね，そんなに難しいことじゃないよね」，と林さんは明るく言う。そして，「はい，もうこの話は終わり」，と宣言するように言った。

　この場面の前半やそれ以前において，林さんは，房江さんや樹理さんと非常に厳しい対話を生きていた。この場には，林さんと房江さんの他に，房江さんとの間で直接トラブルを抱えていた樹理さんと，それらの問題に全く関与していなかった学君と，ハル子さんと，筆者とがいた。この時のこの場には，非常に張り詰めた雰囲気が漂っており，当事者ではない学君だけが，場の雰囲気を

第8章　対象-我々への変様

壊すことなく静かにではあったが，過度に緊張することのない穏やかな様子で，この対話を見守っていた。

　林さんは，子どもたちに語るべき事柄を語った後に，厳しい雰囲気で場がいつまでも満たされ続けることを，望ましいとは感じないであろう。というのも，子どもたち一人ひとりに示された課題は，その場で容易に遂行され解決されるものではなく，子どもたちが生活の中でこれからじっくりと取り組んでいくべきものだからである。それゆえ，厳しい対話そのものは，はっきりとした形で終えられることが望ましい，と考えられる。確かにこの時に，たとえ林さんが学君に話しかけなかったとしても，林さんが「終わり」と言いさえすれば，この対話には終止符が打たれていたであろう。しかしながら，房江さんや樹理さんは，林さんとの間で，叱る-叱られるという関係を生きているために，自分では，林さんからの超越を覆すこともできないように感じているはずである。したがって，林さんが，学君を第三者として対話に加わらせ，「超越する林さん-超越される子ども」，という二極構造の中に，性質を異にする新たな項を出現させることによって，樹理さんと房江さんはそれぞれ，この二極化を逃れられるようになる。房江さんも樹理さんも，まさに，林さんから蒙る超越の脅威を和らげてもらえるのである。

　他方林さんは，身体をこわばらせ，林さんに対して何の反論も示せずにいる目の前の二人の姿から，二人がそれぞれに，林さんから超越されていると感じていることを，はっきりと捉えているはずである。この時に林さんは，二人のそうした在り方だけではなく，そうした在り方となることによって，それぞれが蒙っている辛さをも，ありありと感じざるをえないであろう。にもかかわらず，子どもたちを望ましい在り方へ導くという役割を担っているために，林さんは，自分から超越されていると感じている二人の在り方を，養育者として自ら引き受けつつ，二人に接し続けなければならない。

　以上のことからすると，学君の出現により，叱る-叱られるという二極化を逃れることは，房江さんや樹理さんだけではなく，超越する者として存在し続けなければならない林さんにとっても必要であることになる。「私は，他人にまなざしを向けているさなかに，……第三者によってまなざされている者として自己を体験する」ならば，「私が〔まなざしを向けている〕他人の他有化を定立する（poser l'aliénation de l'Autre〔＝他人を他有化することに成功す

る〕）まさにその瞬間に，〔第三者による〕私〔自身〕の他有化を非定立的に体験する」(p. 488, 下797頁）ことになる。すなわち，この時には，自分がまなざしを向けることにより，自分によって超越されていると感じている他人に対する「私の諸可能性を，私は，〔第三者からの超越によって〕死せる－諸可能性〔とされたもの〕として体験する」(p. 488, 下797頁）ことになる。林さんは，房江さんや樹理さんに対して語りかけ，二人が自分によって超越されていると感じているであろうことを了解するまさにその時に，学君という第三者を介入させることによって，自分の超越の脅威を和らげてもらえることになる。房江さんや樹理さんを超越し続ける，という可能性は，もはや死せる可能性となり，林さんは，この可能性を，生きたまま迫ってくる可能性として立てることから逃れられるようになる。サルトルが述べるように，「私自身の目的へ向かって他人をまさに超越しようとしている私の超越は，再び〔第三者によって〕超越された－超越へと後退する」(p. 488, 下797頁）ことになるのである。

　学君という第三者の出現によって，房江さんと樹理さんだけではなく，さらにまた林さんさえもが，「他の複数の対自にとって〔も同じ〕世界であるところの世界へと出現する」(p. 603, 下965頁），という人間同士の在り方を，再び体験することができる。このことにより，林さんには，「彼によって世界へと到来したのではない複数の意味を前にして，自己をみいだす」(p. 603, 下965頁）ことが可能になる。しかも，この時に林さんは，房江さんと樹理さんを他有化することによって生じる自分の立場に対する責任を感じなくてすむ。すなわち，林さんは，房江さんや樹理さんといった他人たちの「対象性に対する資格が自分にあるとは，もはや感じない」(p. 488, 下797頁）ですむことになるのである[3]。

　この時には，林さんが，子どもたちを超越する自分を，さらに超越してくれる第三者としての学君を出現させることにより，超越する者としての自己の在り方から解放される。他方，ハル子さんが子どもたちにとって第三者として現われる際には，子どもたちが，超越される者としてしかいられない自分の在り方から解放されることになる。第三者が出現することによって生じる作用は，その第三者の現われ方のこうした相違によって，大きく異なってくるのである。さらには，他者からまなざされ辛い想いを味わっている子どもにとって，一体的な我々となり，共にまなざされる者となってくれる他者の出現もある。次節

第8章　対象-我々への変様

では，主観-他者の眼差しから逃れ難くなっている子どもにとっての，我々としての養育者の出現について考察したい。

第2節　眼差しの共受

第7章第2節で考察したように，他者から超越される経験は，主観-他者から眼差されることにおいて，最も典型的となる。そこで，本節では，自分一人では逃れることが非常に困難である主観-他者の眼差しを体験した学君（18歳）にとって，養育者が第三者として出現することはいかなる意味をもつのかを，林さんが筆者に語ってくれた話から考察したい。

自分の過去に対する苦悩

学君がホームに措置されてきてから，次の記録場面までに，半年近くの月日が経過していた。学君は，ホームで生活を始めてしばらくの間，自分から言葉を発することもほとんどないほど，非常におとなしく振舞っていた。仕事に対しても真面目に取り組み，何ら問題を起こすことなく過ごしていた。しかし，学君のそうした振舞いに，どことなく，いわゆる「殻に閉じこもっている」ような印象を筆者は抱いた。学君の表情や振舞いが少しずつ生き生きとしてくるのは，以下の記録場面の，約1ヵ月前頃からであった。とりわけ，この時期に新しくホームに入ってきた他の子どもの伸び伸びとした様子に刺激されたかのように，学君は，次第に，冗談を言ったり，ふざけたりするようになってきた。

また，ホームへの措置期間があらかじめ明確に決定されていた学君は，この時期になると次第に，ホームを出て新たな生活を始めることを意識するようになってきたようであった。林さんは，学君との近い将来の別れを惜しんでいるようであったが，或る日，子どもたちが寝静まった後に，筆者に次のような話をしてくれた。

【赦されるだろうか】XXX2年1月18日
学君が自室に戻ると，林さんは，本当に寂しそうに，「学君もね，変わったよね」，としみじみと言う。「私，最初の頃はあんなひょうきんな子だとは思ってませんでしたよ」，と私が言うと，林さんは大きく頷く。「この間，教会のことで，話をして

たんだよね。そしたら学君がさ，後で一人で来てさ，『林さん，俺は本当に赦されるのかなあ』って言うんだよ」，と静かに林さんは話し始めた。「自分の相手はもう死んじゃってる。その人にどうやって償ったらいいかわからないだろ。赦されるのかな，もう赦されないんじゃないかなって，学君は言うんだよね。涙をぽろぽろこぼしながらね」。話してくれる林さんの声は，優しくて，そして悲しそうだった。その時の情景を思い出しているかのように，遠い目をしていた。「だから，赦されるよ，大丈夫だよ，絶対に赦されるからね，神様はそういう人のためにいるんだよ。大丈夫だよって，何回も何回も言ったんだよね。ぽろぽろ泣くんだよ，あの学君がさ」，と林さんは言う。「わからん，赦されるなんて言って良かったかどうか。人間を赦すのは人間じゃないからね。簡単に赦されるなんて，学君に言っていいかわからなかったよ。でも，あの時は言わずにはいられなかったね。だから，赦されるように祈ってるって。僕はね。そう言ったよ」。しばらくして，林さんは，小さな声でそう付け足した。

　この事例のしばらく後に林さんが筆者に語ってくれた話によると，学君を少年院からホームにつれてくる途中の自動車内で，林さんは，学君に，「学君は，これから成熟すればするほど苦悩することになると思う。そうして辛くなった時には，いつでも僕たちに相談してくれればいいから」，と話したそうである。しかし，その時の学君は，ホームで生活することの意味や，ホームへの措置がなされる背景としての，自分の過去の行為の意味について，十分に内省する機会をそれまでもつことができずにいたようであった，という。それどころか，少年院に措置されていた自分が，世間で考えられているような一般的な価値観に即して，いわゆる道徳的反省を求められていることにさえ，十分に思い至っていなかったそうである。それゆえ，林さんが述べるところの，成熟するにつれて味わわねばならない苦悩がいかなるものであるかは，ほとんど理解できていないようであったそうである。また，この記録場面において林さんによって語られた出来事は，他の子どもたちとの対話の中で，林さんが，「罪というのは，想いと，言葉と，行ないそれぞれによって犯すものであって，どれが重いっていうんじゃないんだよ。僕だって，誰かを憎んだり，時には殺したいって思う時さえある。だから，そういう意味では僕もまた罪深いんだ。それを懺悔することしかできない」，という話をした後のことであった，という。
　林さんによれば，ホームのそれまでの暮らしの中で，過去の彼の行為につい

て，学君に，いわゆる道徳的反省でさえ直接求めたことはなかったそうである。それにもかかわらず学君は，おそらく他の子どもたちと共に林さんとの対話に同席したり，あるいはハル子さんの心のこもった料理を毎日食べたりする中で，自分の過去について，自ら内省するようになっていったのであろう。そして，単に世界の要求構造に従い，通俗的な道徳的反省をするだけではなく，自分の反省の基となる価値を支えているのは自分自身でしかない，という不安を覚えながらも，深く反省するようになっていった，と考えられる。

　これまで繰り返し考察してきたように，過去の過ちに対して真に内省することは，現在の自分と既に切り離された出来事について反省することではない。そうではなく，一瞬ごとに自分の過去を取り戻し，その過去を現に存在するものとする限りにおいて，人間は，本当の意味で自分の過去を反省することができる。したがって学君は，自分の過去を反省しようとするならば，いわゆる道徳的反省を強いられる時に通常求められることとは異なり，「それで在るべきである」という仕方で自分の過去であり，さらには，「いかなる種類のいかなる可能性もないままに存在し，己の諸可能性を既に使い果たしてしまったところのものである」自分の過去について，「責任をもつ」（p. 159, 上224頁）のでなければならない。

　学君は，「どうやって償ったらいいかわからない」と語った，とのことである。通常，過去の過ちに対する反省は，その過ちを何らかの仕方で償う，という可能性を指し示すのであり，学君もまた，どうやったら償えるのかを具体的に可能性として立てることになる。また，償うという可能性を立て，自らをそこに投げかけることによって，人間は，過去の過ちを犯した者で在りながら，その者自体では在らぬ，という在り方となることができ，救われることになるのであろう。

　確かに，過去が償われるべきもの，すなわち，「《変えられるべきであるもの》」であることが，過去の償いを実現するという「未来を選択するうえでは不可欠である」（p. 578, 下929頁）。と同時に，過去を償うという「未来を選択することそのものによって，取り返しがつかないという性格が，過去にやってくる」（p. 578, 下929頁）ことになる。この時にこそ，未来においてどのように償ったとしても，過去そのものは，もはや自分ではどうすることもできないものとしてしか，既にそれが在るべきところのものとしてしか存在していないこ

とを，学君は実感させられることになるのである。

ましてや，学君は，償うべき相手が既に亡くなっているという事実性ゆえに，相手に対して直接謝罪することも，何らかの仕方で償うこともできない，という意味で，自分の償いが不可能であるという事実に遭遇せざるをえなくなる。すなわち，この相手に関する彼の過去は，いかなる可能性へと向かって自己を投げ出そうとも，当の過去そのものに対してはどうすることもできない，ということによってだけではなく，さらには，償うという可能性がそもそも挫折せざるをえない状況を生きている，ということによって，まさに文字通り，取り返しのつかない過去となってしまっているのである。

筆者は，学君に関するこの話を，林さんから聞いた限りでしか知らない。学君が林さんに，どのように語りかけ，どのように涙を流したのかは，筆者には具体的にはわからない。したがって，学君のこの時の反省の内実や，味わった苦悩の内実に関する考察が，筆者の推測の域を出ないのは確かである。しかしながら，そうではあっても，学君が，非常に深い次元で苦悩した可能性は否定できない。また，たとえこの時に実際には，以下で筆者が考察するような苦悩を，学君が体験していないとしても，彼が，こうした苦悩を今後味わうかもしれない可能性を生きていることは確かであろう。そこで，学君が体験していたかもしれない苦悩について，以下でさらに考察することを試みたい。

学君が，サルトルの述べるところの真の反省をするならば，彼は，自分が過去に犯した過ちの重大さを悟り，その事実性の重苦しさを背負いながらも，過去を反省する行為そのものによって，再び，苦悩せざるをえなくなるはずである。というのも，第3章第2節において考察したように，自分がその過ちを立てこれを認めるやいなや，自分はその過去から完全に免れたかのように思われてしまうのが，対自としての人間の在り方だからである。すなわち，学君は，自分は赦されない人間である，と自身に語ることによって，赦されない自己そのものを生きることはもはやできなくなってしまうからである。

サルトルによれば，自分が悪かったことを自分に告白し，「自分は悪人で在ることを自らに認める」ことで，誠実さそのものを実現しようとする「人間は，〔自分を〕悩ませるような《悪に-対する-自由》〔＝悪事を犯しうる自由〕を，悪〔で在らぬ可能性の全くない〕生気の失せた性格と取り替えてしまったのである」（p. 105，上146頁）。しかし，この時同時に彼は，即自的に「悪人」

第8章 対象-我々への変様

で在るという、「事物〔の在り方〕から逃れる」ことになる（p. 105, 上146-147頁）。というのも、彼は、こうした事物を注意深く眺める者となるからであり、そうした事物の在り方を、自分の視野の範囲に留めるのも、あるいは、それを本質的ではなく単に個別的なものとみなすのも、彼次第となるからである。同様にして、学君は、自分が赦されないのではないか、という告白を自分にすることによって、自分のそうした在り方を眺める者となってしまい、赦されない存在として生きることができなくなってしまう。

そもそも、誠実であることの目標は、「私が在るところのものを自らに認め、その結果、最後には、〔私が在るべきであるところの〕私の存在に合致させること」（p. 106, 上147-148頁）である。つまり、対自である限り、「私は、《私が在るところのもので在らぬ》という様式で在る」にもかかわらず、理想としての誠実さを実現することとは、「私が即自の様式で在るようにさせること」（p. 106, 上148頁）なのである。したがって、私には本来、誠実で在る、ということの理想そのものに到達することは許されていない。その理想に到達しようとして努力するまさにその瞬間に、意識の半透明性ゆえに、「私はそこに到達できないであろうことを、漠然と、先判断的に了解する」のである（p. 106, 上148頁）。

学君は、自分自身の過去を悔いながら、過去に対しても、また、未来における過去の償いに対しても、誠実であろうと努力したであろう。しかし、この「努力は、本質的に、挫折する運命にあるであろうし」、学君は、罪を自らに認める瞬間に、こうした「努力の空しさについて、先判断的な或る了解を抱く」（p. 103, 上143頁）ことになる。

意識の半透明性は、過去に対して、また未来の生き方に対して誠実で在ろうという理想の本性上の挫折に対する学君の苦悩を、さらに深くまで落ち込ませることになる。というのも、人間は、理想的な価値としての、例えば「悲劇の仮面の上に……読みとる苦悩」（p. 135, 上188頁）と同様の完全な苦悩を実現することは、できないからである。苦悩という「或る感情（sentiment）は……一つの規範（norme）を前にして、言い換えれば、それとそっくり同じ型ではあるがしかし規範に則った完全な感情としてそれが在るであろうところの感情〔でしかないもの〕を前にして〔初めて〕感情〔として捉えられるもの〕なのである」（p. 135, 上188頁）。他方、対自は、規範たりうる理想的な価値として

の苦悩に対して，常に欠如分を含む。したがって，「私が強く感じている苦悩は，……決して十分に苦悩では在らぬのであり，……この苦悩は，苦悩することについての意識へと向かって〔いるがゆえに，価値としての〕苦悩〔の在り方〕そのものからは，逃れ去ってしまう」(p. 135, 上 189 頁)。学君は，過去を反省するだけではなく，どれほど過去を反省したとしてもその反省の理想には到達しえないことに気づかされ，苦悩せざるをえなくなる。しかしながら，学君のこの苦悩でさえも，苦悩の価値として実現されることはないのである。「意識の半透明性は，私の苦悩から，あらゆる深さを奪い去る」(p. 135, 上 189 頁) ことにまで学君が気づかされてしまう可能性は，否定できない。それゆえ，「人間が苦悩し，さらに，十分に苦悩しないことに苦悩する」(p. 135, 上 188 頁) ように，学君も，過去の過ちについての反省が完全に到達されえないことによる自分の苦悩もまた，深みの足りない，不十分な苦悩でしかない，ということを苦悩せざるをえなくなる。この時，ホームに連れて来られる車中において林さんが語ってくれた，「過去に対して苦悩することになる」，という言葉の意味は，学君にとってようやく明らかとなったであろう。

　しかし，実際には，学君は，苦悩しながらも，日常生活を送ることができる。というのも，学君は，対自である以上，それが在るところのもので在らぬという在り方に留まるために上述した苦悩へと陥るのであるが，同時に，それが在るところのもので在らぬという在り方で在り続けることによって，自己欺瞞的な在り方をしている時と同様に，「謙虚で，慎み深くなる」(p. 109, 上 152 頁) からである。すなわち，彼は，理想的に苦悩する者では在らぬという己の在り方ゆえに，謙虚に，慎み深く，この苦悩を存在し続けるからである。

逃れ難い眼差し

　前項において考察してきたところ学君の苦悩が彼に訪れるのは，学君が，償うべき相手の眼差しに気づかされるその瞬間であろう。というのも，償うべき相手の眼差しは，学君の反省が挫折することも，十分に苦悩では在らぬことも，それゆえ，どのような償いも十分な償いとはならないことをも，一挙に見抜いているように，学君には感じられることになるからである。学君は，例えば心から謝罪することで，赦されようとする可能性を生きているかもしれない。さらには，自分の謝罪の言葉に対し，相手から，そんなに簡単に赦されると思う

な，と怒られるかもしれない，という可能性を立てているかもしれない。主観－他者によって知らされる自分のこうした諸可能性は，例えば安易に赦しを請いたいというような，自分の傾向を再び学君に知らしめる。このように，主観－他者としての相手の眼差しによってこそ，学君は，自分の苦悩が，不十分であることを，自分はそのようにしか苦悩することのできない者で在ることを，この件に関する彼の在り方と可能性の隅々にわたって了解することになる。

　学君の償うべき相手は既に亡くなっているため，この他者が，その肉眼でもって，学君を知覚することは決してない。しかしながら，そうであるからこそむしろ，学君は，この他者の眼差しから，決して逃れることができなくなってしまう。というのも，そもそも「私の方へ向けられている眼差しを私が把握することは，《私を眼差している》眼〔が視覚器官であること〕の破壊という〔事態を〕基盤としたうえで現われる」(p. 316, 上455頁) からである。私を眼差す「眼は，まず何よりも，視覚器官としてではなく，眼差しを担っているものとして捉えられる」(p. 315, 上455頁)。他者からの眼差しにおいて，「その眼は」，視覚器官としては相変わらずそこにあるにもかかわらず，視覚機能を果たしているものとしてはもはや捉えられていないために，「中立化され (neutralisé)，〔視覚〕作用の外におかれて (hors jeu) おり，……いわば《回路の外におかれた (mise hors circuit)》状態のままに留まる」(p. 316, 上455頁) ことになる。「他者の眼差しは，他者の〔視覚器官としての〕眼を覆い隠してしまう (masquer)」(p. 316, 上456頁) のである。したがって，逆に，もしも眼を，眼差しの担い手としてではなく，肉眼として捉えることができるのであれば，この眼は，もはや，私を眼差すことはなくなるのである。しかしながら，学君を眼差すこの他者は，既に肉眼を有しておらず，それゆえ，学君は，この他者の眼を，感覚器官という機能を備えた他者の身体の一部として，捉えることができない。学君は，償うべき相手の死によって，彼の意識の在り方にかかわらず，この主観－他者の眼差しから解放されえなくなってしまっているのである。

　したがって，学君は，彼一人だけでは，いわば半永久的に，この眼差しに晒され続け，赦しを請おうとする可能性も，自分の過ちに対して開き直る可能性も，目を逸らす可能性も，既に他有化されており，これからも他有化され続け

るしかないままに，これらの可能性を生き続けなければならない。学君は，相手の眼差しによって石化し続けなければならなくなるのである。

第三者としての養育者の出現

　このように苦悩していた学君は，林さん自身でさえも罪を犯している，という林さんの話を聞いた時に，その辛さを林さんに打ち明け，共に分かち合ってもらいたい，と強く願ったのであろう。この時に，林さんは，学君にとって，様々な現われ方をするであろう。学君は，彼の辛さを預けようとする林さんが，或る意味では，彼自身の反省の仕方を眺めるように感じてしまう，といったことにもなりうる。というのも，林さんは子どもたち一人ひとりに，自分の在り方を見つめ，問題を乗り越えることによって成長していくことを求めており，学君もその例外ではないことを，彼自身が十分に了解している，と考えられるからである。すなわち，林さんが，第三者として学君に現われることによって，林さんの眼差しでもって，彼が償うべき相手と彼自身という「我々を包み込む」(p. 488, 下797頁) その瞬間に，「この包み込みに対応する仕方で，私〔＝学君〕は〔償うべき相手によって〕自分が他有化されていることや，〔相手にとっての〕自分の対象存在とを体験する」(p. 489, 下797頁) ことになるからである。

　それゆえ確かに，償うべき相手によって眼差されている学君を，林さんもまたまなざしていることになる。この意味において，学君は，二人の他者にとっての対象となっていることを感じてしまう，という事態に陥るかもしれない。しかしながら，学君にとっては，林さんが自分を脅かす仕方でしか現われていない，ということにはならないであろう。むしろ，林さんは，償うべき相手から学君が眼差されている時の，この他者からの超越を眺めてくれる第三者としても現われるはずである。この時に学君は，第三者としての林さんを，やはり林さんという「〔第三者によって〕眼差されている‐他人，となっているところの他人〔＝償うべき相手〕のうえに捉えることが……できる」(p. 487, 下795頁)。それゆえ，林さんという第三者の超越は，償うべき相手による，学君への超越を超越してくれる。学君にとって，自分一人では逃れえなかった相手からの眼差しは，この時，林さんが出現し，学君とこの相手との間に介入してくれることによって，弱められ，脅威を和らげられる。

第8章 対象-我々への変様 275

　第三者の出現によって，他人から眼差されている時と同様に，「私は，〔私の〕外部に，すなわち他者にとっては，《私のもの》ではない世界のただなかにおける対象として存在する」だけではなく，「私を眼差していた他人も，同じ変様を蒙る」(p. 489, 下797-798頁)。なぜならば，この瞬間，学君を眼差す相手も，学君と同様，林さんという第三者の世界のただなかにおける対象となるからである。学君は，「自分がこの変様を体験するのと同時に他人の変様を発見しているのである」(p. 489, 下798頁)。さらには，サルトルによれば，「他人の対象存在は，……私の蒙る変様と平行しているだけの，他人の存在の単なる変様ではなく，私がそこに在り，しかも他人がそこでみいだされるところの状況が全体的に変様する中で，二つの対象性が，私へと，また他人へと到来する」(p. 489, 下798頁) のである。すなわち，この時には，償いようがないにもかかわらず償うべきである相手から一方的に眼差される，という学君をそれまで取り巻いていた状況そのものが変様し，また，自分を眼差している相手を取り巻く状況も同時に変様するように，学君には感じられることになる。学君は，林さんが出現するこの瞬間に，或る種の救いを体験しえたであろう。

「我々」としての養育者

　林さんへの学君の語りかけは，林さんをして，学君の苦悩を彼と分かち合い，その一部を担う，といった仕方で彼の苦悩を引き受けせしめることになる。事実，林さんは，他者の苦悩を引き受け分かち合うことの重さを，「わからん，赦されるなんて言って良かったかどうか。人間を赦すのは人間じゃないからね。簡単に赦されるなんて，学君に言っていいかわからなかったよ」，と自ら述懐している。苦悩を分かち合うために，林さんは，苦悩し泣いている学君に対して，「赦されるよ，大丈夫だよ」，としか言うことができなかった，という。学君が林さんに語りかけた時には，そう答えることによって，その時まさに学君が苛まれている罪の意識から彼を救ってあげることが，切実に必要とされていたであろう。しかしながら，林さん自身が語っているとおり，林さんにとって，赦しとは，他人が簡単に与えることのできないものであり，またそうであるからこそ，学君は深く苦悩し，涙を流しながら林さんに問いかけずにはいられなかったはずである。それゆえ，林さん自身は，学君とのこの対話によって，赦されるよ，と学君に言ってしまった自分の行為ははたして正しかったのであろ

うか，という疑問に苛まれることになったのではないだろうか。養育者は，子どもを支えることによって，今度は，自分が，その子どもからも，また，第三者からも眼差される，といった体験をせざるをえなくなるのではないだろうか。

　学君は，この時には林さんに語りかけることによって，償うべき相手からの眼差しを一瞬は逃れたとしても，この相手との関係から完全に解放されるわけではない。彼は今後も自分の過去の事実性の重みを背負い続けなければならないのであり，おそらくこの相手からの眼差しは，学君のこれからの人生において，消失することなく，彼につきまとい続けるであろう。彼は，そのつど自分の過去に苦悩し，過去に対する自分の苦悩が十分に苦悩ではないことにも苦しまなければならない。この場面において林さんに語らざるをえなくなった学君の苦悩の経験は，これからも続く学君の，苦悩の第一歩にすぎないはずである。

　そして，もしもそうであるならば，これから苦悩し続けるそのさなかに，自分の苦悩を語ることによって林さんが引き受けてくれた重みを，学君は了解することになるのではないだろうか。林さんさえもが，自分と共に他者から眼差される存在となってくれた，と感じる時，学君には，林さんという「他人に対し自分が根源的に際立ってくることはもはやなく，むしろ，その他人と共に連帯的に協力し合うだけとなる」(p. 489, 下799頁)。その結果，彼一人によっては捉えることができなかったところの，償うべき相手に対する彼のかつての振舞いによってもたらされた彼の事実性による事実性への「拘束(engagement)」を，「私〔＝学君〕の責任が他人〔＝林さん〕の責任を含んでいる限りにおいて」，「その根底から引き受けること」(p. 490, 下799頁)を林さんと共に学君に可能にしてくれるはずである。学君は，林さんが，我々として，学君と共に彼の苦悩を引き受けてくれるという，「〔相互間に〕等価性を備えた共同体」(p. 489, 下799頁)を担ってくれることを感じることになる。すなわち，林さんが，学君にとって，我々として，真の共なる存在として，現われることになる。学君が償うべき相手に眼差されるのと同じように，林さんもまたこの相手から眼差されていると感じ続けてくれることを，学君は了解する。そして学君は，林さんのこの想いを支えとすることによってしか，自分の過去を，これからも見つめながら生きていきえないのではないだろうか。

　第Ⅱ部では，養育者という他者によって子どもたちがいかなる変様を遂げて

いくのかを考察してきた。ホームの子どもたちは，ホーム以前の生活において，安心できる他者と信頼関係を築き，共同的に生きる，というごく日常的な在り方を損なわれてきている。そうであるからこそ，そうした子どもたちの生を支えるために，養育者自身もまた時に，非常に深く苦悩せざるをえなくなる。しかしながら，子どもと共に苦悩し続けるもので自ら在る養育者の存在によって，子どもたちは，他者を，また自分自身を信頼しつつ，より豊かな人間関係を築いていく在り方の基盤を支えられているはずである。

1) サルトルは，通常は「他人」と邦訳される autre という語を，しばしば頭文字を大文字にして，特別な意味をもたせて用いている。邦訳者である松浪は，この語を，第三者との関連で捉えやすいように，「第二者」としているが，本書では，「他人」と訳すことにしたい。
2) サルトルは，2人以上の人間存在が共同的に，等価的な仕方で在るときの在り方を nous という語で記述している。本書では，こうした共同的在り方という意味で用いられている場合にのみ，術語として理解し，漢字の「我々」という表記でもって訳出すると同時に，地の文における平仮名表記の「われわれ」という語と区別する。
3) しかも，このことは，そもそも一般に，養育者や教師や親といった立場にある者が，自らも他者にとっての世界内の対象となることによって，時としてそうなってしまうところの，いわゆる権力者となることを防いでくれる。すなわち，養育者と子どもとが，いわゆる同じ立場に立つことを可能にしてくれる。

おわりに　まとめと今後の課題

　本書では，被虐待経験を抱える思春期の子どもたちが，辛い過去を乗り越えいかに未来へと自己を投企していくのかを，サルトルによる意識の解明に基づき，明らかにしてきた。この考察を通し，自ら選んだのではないにもかかわらず自身につきまとう辛い過去を，子どもたち一人ひとりが乗り越えていく，苦渋に満ちた過程を描き出した。とりわけ，当人が捉えてしまえばその在り方そのものが変様してしまう対自の在り方に一貫して定位することにより，思春期の子どもたちのそのつどの言動や振舞いを可能ならしめている意識の在り方を考察し，彼らの生そのものに迫ることを目指した。

　自己を捉えることによって変様を蒙る対自の在り方は，他者にとっての，また自分にとっての自己の存在をしばしば過度なまでに意識せずにはいられなくなる思春期の子どもたちの在り方そのものである，といえる。とりわけ，過去の苛酷さゆえに，その過去についての強い意識から逃れられなくなり，深く苦悩させられるホームの子どもたちにおいては，自らを捉えようとすることによって変様する思春期に特有の子どもの意識の在り方が，典型的に現われている。したがって，本書全体を通じての解明は，思春期の危機に在る子どもたちの生を捉えるうえでの重要な手がかりともなるはずである。

　それどころか，思春期の子どもたちの在り方は，既に思春期を通過し終えているために，彼らとは異なる生を営んでいるわれわれの在りようをも明らかにしてくれる。なぜならば，思春期の子どもたちは，とりわけホームの子どもたちは，自分とは何かというアポリアにしばしば突き当たり，対自として，自らに向き合わざるをえなくなるからである。彼らのこうした在り方こそ，われわれが日常生活で行為の次元に埋没し，対峙することを避けるだけでなく，対峙からの逃避にさえ気づかなくなってしまっている人間の在りようを，われわれに対し如実に示しているはずである。すなわち，己の事実性を背負いながら，そのつど可能性を具体的に生きており，その可能性そのものによって不安に陥る危機に晒されつつも，中心を外しつつ自己へと何とか向き合おうとする彼ら

の在りようは，まさにわれわれの本来の在りようである，といえる。

　第Ⅱ部および第Ⅲ部での事例の考察においては，ホームでの日々の養育実践に即すことになった。このことにより，子どもたちが過去を乗り越えていく過程そのものである日常生活における，子どもたちの在りようが記述された。とりわけ，食卓における対話を中心とした林さんと子どもたちとの関わり合いに主眼がおかれ，養育者と対峙しながら対話している子どもたちの口調，表情，雰囲気をも記述することになった。この記述を通して，自分の発する言葉や振舞いの一つひとつを強く意識し，その体験を通して成長を遂げる思春期の個々の子どもたちに固有の在りようが描き出された。

　こうした記述においては，思わずとってしまった行動や，当人にも認識しえなかった自らの在りよう等も，意識の具体的な営みの現われである以上，当人の意識の在りようを根源的に表すものである，とみなす立場をとった。このことにより，日常生活における，容易に見過ごされがちで，一見すると養育にとって意味のないものと思われてしまうような些細な事態の内実にまで記述が踏み込むことになった。またその際に，対自の生きているそのつどの可能性から，当人の意識の在り方を捉えることにより，子どもたちのいわゆる表面的な言動の内容ではなく，彼らが今まさにいかなる在り方へと向かいつつ在るのかを明らかにすることが試みられた。その結果，ホームの子どもたちは，一見すると明るく振舞っている時でさえ，世界から受動的に脅かされる恐怖にだけではなく，万引き等々の可能性を無化するという自分の行為を支えるのは自分であって自分でしかない，という不安に陥る状況をしばしば生きざるをえないことが明らかになった。また，当人以外から見れば同一の空間，同一の世界が，そのつど生きている可能性の違いによって，当人にとっては全く異なるものとして経験されることを，個々の場面に即して具体的に考察した。さらには，彼らの生きている可能性を捉えることにより，子どもたち自身の身体感覚もが，解明の射程に入ることとなった。例えば，ホームに入所当初は何に対しても関心を示さなかった少年が，半年後には，他者に対し自然に振舞えるようになるまでの様子や，自分の過去をほとんど思い出せない，存在感の希薄な少年が，過去を徐々に取り戻し生き生きとした表情を浮かべるようになる様子が，彼らの身体感覚に即して考察されることになった。

　とりわけ，対自の可能性に着目することにより，子どもたち一人ひとりが未

来へと向けて投げ出すことになる，対自の事実性が考察されることになった。この考察は，被虐待等，自分で選んだのではない生い立ちを，自らの事実性として引き受けていかなければならないという，本書で考察される子どもたちに特有の在り方に関する，重要な解明となった。こうした体験を抱える子どもたちにとって，自分の過去を乗り越えるうえで必要となるところの，過去を充実した取り返しのつかない即自としていく苦渋に満ちた過程そのものが，記述され明らかにされた。

　また，対自としての意識に定位することにより，思春期の子どもたちにとっての他者経験も，子どもがそのつど生きている可能性という観点から考察されることになった。とりわけ，ホームでしばしばなされる，被虐待の事実を子どもに直接指摘したり，「嘘つき」といった峻烈な言葉でもって自らの問題へと子どもを直面させる，厳しい働きかけの内実が考察された。こうした働きかけは，子どもを非常に辛く苦しい状態に陥らせるため，教育や養育の観点からすれば，望ましくないものともみなされかねない。しかし，こうした関わりを蒙った子どもたちの意識が，逃れ難い己の在り方に向き合う在りようへと変様した事実を記述することによって，子どもにとっての厳しい働きかけの意味と意義とが明らかとなった。確かに，子どもたちに及ぼす作用の大きさゆえに，こうした働きかけが，子どもたちを過度に苦悩させる危険を備えていることは，ひいては，子どもたちに対する教育や養育の断絶といった事態に陥る可能性は，決して否定できない。あるいは，教育や養育の場面では，そうした事態も実際に生じているであろう。しかし，そうであるからこそ，本書で考察したように，子どもと共に自らも他者からの超越を蒙るものとなることでもって子どもを支える，という養育者の在り方が明らかにされる必要があるのである。

　本書での子どもたちの在り方に関する記述は，それ自体が，子どもたちの在り方の解明となることが目指された。とりわけ，養育者の働きかけによって，自らの生きる可能性を徐々に，しかし確実に，しかも豊かに変様させていく子どもたちの姿を捉えるために，本書では，特に何人かの子どもたちに関して，中・長期的な変化を追うことになった。このことにより，個々の子どもの変化が詳しく記述され考察されるだけでなく，本書においては記述されなかった子どもたち一人ひとりの，それぞれに固有で多様な在り方の可能性もが示唆されることになった。

また，第Ⅱ部および第Ⅲ部の解明の基礎となる考察をした第Ⅰ部では，『存在と無』が，徹底して，世界の中で或る可能性を生きている対自の具体的な在りようそのものの解明である，という筆者独自の観点から，サルトルの哲学が再構成された。しかも，こうした考察は，第Ⅱ部および第Ⅲ部での，具体的な個々の人間において実際に生じた出来事に即した記述につなげられることによって，サルトルの哲学をより豊かにしうるものである，といえる。それどころか，反省においても，対他存在においても，自己自身を捉える対自の意識の在りようは，サルトルが捉えているよりもはるかに多様なものであることが明らかにされた。ホームの子どもたちがまさしくそうであったように，対自は，時には自己から逃避しつつ，その逃避において，非常に大きな辛さや深い苦悩へと誘われ，その大きさや深さに応じた多様な在り方へと導かれていく。対自の在り方のこうした多様さと深さの記述は，『存在と無』で描かれる対自の在り方の捉え直しと深化へと導かれるのではないだろうか。

　こうした捉え直しによって，本書の記述は，サルトルの哲学が抱える以下のような内在的問題を明らかにすることにもなる。すなわち，サルトルは，行動のさなかに在る意識こそ本来的な意識とみなし，なおかつ，例えば，「人間が自己欺瞞で在りうるためには，非反省的なコギトの瞬間性において……意識はいかなるものでなければならないのか」(p. 84, 上116頁)，といった超越論的問いを『存在と無』の各所に立てている。にもかかわらず，サルトル自身は，行為の次元にある意識がそのつど非定立的に自己を意識することによって生じるいわゆる感情や，行動の実現に伴う実感の内実を明らかにしていない。換言すれば，サルトル自身の立てたこの問いに，意識の構造を示すことによっては答えていても，こうした構造から生じてくる感情や実感の発生的根拠を超越論的次元では十分解明していない。事実，自己についての非定立的意識から，いかに作用を及ぼされ，その結果いかなる在り方となるのかは多様であり，特に，人間はしばしばポジティヴな仕方で即自的な在り方となりうることを，サルトルは描き出せない。このことは，典型的には，価値としての苦悩に到達しえない対自を，サルトルは，自己欺瞞という在り方に即してしか描けないことに現われている。しかし，第8章第2節で考察した【赦されるだろうか】の事例において深く苦悩していた学君が，日常的には他の子どもたちと楽しく過ごしている際の，彼のそうした在りようを，自己欺瞞とみなすことはできない。サル

トルは，意識の半透明性によってもたらされる苦悩の挫折に固執するあまり，人間の本来的な在り方を，日常的な行為の次元に求めながらも，その本来的な次元における，人間の慎み深さや，苦悩しえない在り方に留まることにおける，人間の内面の襞の深さを見落としている，といえよう。

　確かに，筆者は，子どもたちに対し意図的に養育しようとして関わることはなくとも，ホームを訪ね，場を共有するだけで，子どもたちに少なからぬ作用を及ぼす。それどころか，筆者は時に，養育者や子どもたちと語り合い，関わり合いの場を共に生きている。そうである以上，本書で考察されるのは，第三者の作用を蒙っている養育実践であり，いわば誰にも手を触れられていない実践ではありえないことになる。このことは，教育や養育という，本来生じると同時に過ぎ去りつつも確かに蓄積されていく，一度限りの実践そのものの真の姿を研究することはいかにして可能か，またいかなる意味をもっているかをも射程に入れるべき，という今後の筆者の課題に導かれる。
　しかしまた同時に，ホームにおける養育実践は，教育実践のすべてがそうであるように，養育者と子どもとが真剣に対峙し，その対峙を定立することのないまま，求められる生き方へと向かって共に可能性を超出していくことそのものである。それゆえ，養育者や子どもたちがその対峙の在り方を自ら捉えようとするならば，捉えられた対峙は，生成した出来事とは異なるものとなってしまう。そうである以上，本書で考察してきたような，極めて優れた実践でさえ，筆者のような第三者が，子どもたちと共に在りながらも養育者としてではなく関わり続け，その対峙の様を捉えるのでなければ，解明されることもないままになる。それゆえ，本書で一貫して試みてきた記述と考察とによって，生成の流れにおいて産出されつつ消失していく現実的で具体的な教育実践は，現にここに留まるものとして明らかにされることとなるのである。
　また，本書の中心となる第Ⅱ部および第Ⅲ部における，養育実践の事例の記述とその考察は，被虐待や非行といった苛酷な経験をしてきた子どもたちの支援と養育を目指すあらゆる議論に先立って，まず何よりも理解されなければならないはずのところの，当の子ども自身の在りようを明らかにするものである。なぜならば，苛酷な経験からの立ち直りのための支援と養育は，立ち直ろうとする当の子ども自身にとっての意味を明らかにすることによって，初めて当の

子どもに即したものとなりうるからである。したがって、辛い体験を抱える子どもたちのケアを充実させるためには、本書で試みられたような考察を基盤とし、子どもたちの在り方に即した養育論を確立することが、今後の重要な課題となる。

　この課題を遂行するうえでは、とりわけ、次のことを忘れてはならないであろう。すなわち、本書で考察することができたのは、ホームに来て生活し、辛さを味わいつつも、いわば人生そのものを変えることのできた、ごく一部の子どもたちの在りようでしかない、ということである。現実には、入所してもすぐにホームを出て行ってしまう子どもや、それどころか、自立援助ホームで養育者と出会う機会そのものさえ与えられないまま、今なお不安と苦悩の中に在り続け、何ら支えを与えられないままの子どもたちが多くいる。そうした子どもたちこそ、その苦悩を理解されることが最も必要であるにもかかわらず、本書は、そうした子どもたちの在りようを捉えることができていない。「本書で考察してきたような経験を得られなかった子どもたち」、という否定文による規定ではなく、彼らの在りようそのものを捉えていくことこそが、被虐待や非行表出といった辛い状況に在る子どもたちの内面を理解し、彼らが少しでも豊かな生を生きられるよう支えていくうえで、これから遂行されねばならない、不可欠の課題として残されている。

　教育や養育実践に関わるあらゆる解明においては、教育という営みが、常に、現にここに在るものとしての具体的な人間の生そのものの開示となるべきことを忘れてはならない。この営みにおいて、子どもたちも、また実践者も、「受難として……直面する」（pp. 720-721, 下1137頁）ことになる自らの生を開示し続け、己の生を懸けて自己を危機に晒すという「苦痛を自らに与えている」（Sartre, 1948, p. 69, 45頁）。そうである限り、たとえ人間の生そのものは汲み尽くしがたいとしても、子どもたちの味わわねばならない辛さや苦悩が癒され、彼らが豊かに生を花開いていけるように、世界を「変えるという誓い」でもって、彼らの「宇宙の深遠さ」（Sartre, 1948, p. 69, 45頁）を記述しつつ解明していくことが、筆者の、また教育研究そのものの、今後はてることのない課題である、といえよう。

引用文献

蘭千壽　1999：『変わる自己変わらない自己』金子書房
朝西柾　1998：『サルトル知の帝王の誕生——「世界という魔界」と「全知への野望」』新評論
Berg, J. H. van den.　1972：*A different existence — Principles of phenomenological psychopathology*, Duquesne University Press,『人間ひとりひとり——現象学的精神病理入門』早坂泰次郎他訳，現代社　1976
Brand, G.　1955：*Welt, Ich und Zeit — Nach unveröffentlichten Manuskripten Edmund Husserls*, Martinus Nijhoff,『世界・自我・時間——フッサール未公開草稿による研究』新田義弘他訳，国土社　1976
ブランケンブルク，W.　1978：『自明性の喪失——分裂病の現象学』(*Der Verlust der natürlichen Selbstverständlichkeit — Ein Beitrag zur psychopathologie symptomarmer Schizophrenien*, 1971）木村敏他訳，みすず書房
ビュルニエ，M. = A.　1968：「政治的たたかい」『サルトルと構造主義』平井啓之訳，竹内書店
カステル，R.　1968：「有意義な危険」『サルトルと構造主義』平井啓之訳，竹内書店
遠藤司　2006：『重障児の身体と世界』風間書房
藤中正義　1979：『実存的人間学の試み——サルトル思想の深層構造』耕土社
箱石匡行　1980：『サルトルの現象学的哲学』以文社
浜田寿美男　1998：『私のなかの他者——私の成り立ちとウソ』金子書房
長谷川宏　1994：『同時代人サルトル』河出書房新社
林信弘　1999：『意識の弁証法——人間形成論入門』晃洋書房
Heidegger, M.　1927：*Sein und Zeit*, Max Niemeyer,『ハイデッカー選集　存在と時間』細谷貞雄他訳，理想社　1963-1964
Held, K.　1966：*Lebendige Gegenwart — Die Frage nach der Seinsweise des transzendentalen Ich bei Edmund Husserl, entwickelt am Leitfaden der Zeitproblematik*, Martinus Nijhoff,『生き生きした現在——時間の深淵への問い』新田義弘他訳，北斗出版　1988
Husserl, E.　1959：*Erste Philosophie（1923/24). Zweiter Teil*, Martinus Nijhoff
Husserl, E.　1962：*Phänomenologische Psychologie*, Martinus Nijhoff
Husserl, E.　1950：*Cartesianische Meditationen und Pariser Vorträge*, Martinus Nijhoff,「デカルト的省察」船橋弘訳『世界の名著51　ブレンターノ　フッサール』中央公論新社　1970
Husserl, E.　1954：*Die Krisis der europäischen Wissenschaften und die transzendentale Phänomenologie*, Martinus Nijhoff,『ヨーロッパ諸学の危機と超越論的現象学』細谷恒夫他訳，中央公論社　1995
市倉宏祐　1980：「サルトルの無をめぐって」『理想』567号，理想社
市倉宏祐　1985：「サルトル哲学における translucide の概念」実存主義協会編『実存主義』以文社
James, W.　1961：*Psychology — The briefer course*, Harper,『心理学』上，今田恵訳，岩波書店　1939
金子武蔵　1967a：『サルトルの哲学』清水弘文堂書房

金子武蔵　1967b：『キェールケゴールからサルトルへ——実存思想の歩み』清水弘文堂書房
Kant, I.　1974：*Kritik der reinen Vernunft*, Herausg. v. Wilhelm Weischedel Suhrkamp,『純粋理性批判』(上) 篠田英雄訳, 岩波書店　1961
川瀬良美　1996：「自己意識」青柳肇他編著『パーソナリティ形成の心理学』福村出版
木村敏　1975：『分裂病の現象学』弘文堂
木村敏　1981：『自己・あいだ・時間——現象学的精神病理学』弘文堂
小林利裕　1957：『サルトル哲学研究』三和書房
小林康夫　1991：「存在と無のあいだ——ヴェネチアのサルトル」『いま, サルトル——サルトル再入門』思潮社
高坂正顕　1949：『キェルケゴオルからサルトルへ——実存哲学研究』弘文堂
Laing, R. D.　1960： *The divided self*, Tavistock,『ひき裂かれた自己——分裂病と分裂病質の実存的研究』阪本健二他訳　みすず書房　1971
レイン, R. D.　1973：『結ぼれ』(*Knots*, 1970) 村上光彦訳, みすず書房　1997
Laing, R. D.　1969： *Self and others*, Penguin Book,『自己と他者』志貴春彦他訳, みすず書房　1975
ル・クレジオ, J. M. G.　1968：「範とすべき人間」『サルトルと構造主義』平井啓之訳, 竹内書店
レヴィ, H.　2005：『サルトルの世紀』(*Le siècle de Sartre*, 2000) 石崎晴己他訳, 藤原書店
松本雅彦　1998：『こころのありか——分裂病の精神病理』, 日本評論社
松浪信三郎　1966：『サルトル』勁草書房
May, R.　1953：*Man's search for himself*, W. W. Norton,『失われし自我をもとめて』小野泰博訳, 誠信書房　1970
Mead, G. H.　1913："The Social Self" *The Journal of Philosophy, Psychology, and Scientific Method*, X,「社会的自我」『デューイ=ミード著作集13　社会心理学講義・社会的自我』河村望訳, 人間の科学新社　2001
Merleau-Ponty, M.　1945： *Phénoménologie de la perception*, Gallimard,『知覚の現象学』1・2　竹内芳郎他訳, みすず書房　1967-1974
Minkowski, E.　1933：*Le temps vécu — Études phénoménologiques et psychopathologiques*, J. L. L. D'Artrey,『生きられる時間——現象学的・精神病理学的研究』1　中江育生他訳　みすず書房　1972
三浦つとむ　1967：『認識と言語の理論』第1部, 勁草書房
村上嘉隆　1970：『サルトル』清水書院
中田基昭　1984：『重症心身障害児の教育方法——現象学に基づく経験構造の解明』東京大学出版会
中田基昭　1997：『現象学から授業の世界へ——対話における教師と子どもの生の解明』東京大学出版会
中田基昭　2003：「実存としての人間存在」中田基昭編著『重障児の現象学——孤立した生から真の人間関係へ』川島書店
中田基昭　2004：「人間研究における生の深さとその感受」『人間性心理学研究』第22巻第1号　日本人間性心理学会
中田基昭　2006：「サルトル『存在と無』に基づく人間研究の意義——己の存在において苦悩する人間への視座を求めて」『学ぶと教えるの現象学研究』11　東京大学教育学研究科学校

教育開発学コース
西澤哲　1997：『子どものトラウマ』講談社
新田義弘　2005：「自己意識の現象学の課題」新田義弘他編『自己意識の現象学——生命と知をめぐって』世界思想社
大塚類　2006：「児童養護施設で暮らす或る子どもの他者経験の変化——相互主観性理論に基づく意識の解明」『学ぶと教えるの現象学研究』11　東京大学教育学研究科学校教育開発学コース
ペルザー，D.　1998：『"It"と呼ばれた子』(*A child called "it"*, 1995) 田栗美奈子訳，青山出版社
Rogers, C. R.　1964：*Behaviorism and phenomenology contrasting bases for modern psychology*, University of Chicago Press, 『行動主義と現象学——現代心理学の対立する基盤』T. W. ワン編，村山正治編訳，岩崎学術出版社　1980
Sartre, J. P.　1943：*L'être et le néant — Essai d'ontologie phénoménologique*, Gallimard, 『存在と無——現象学的存在論の試み』上，下，松浪新三郎訳，人文書院 1999（初版は「I」が1956年に，「II」が1958年に，「III」が1960年に出版された），*Das Sein und das Nichts — Versuch einer phänomenologischen Ontologie*, übers. v. Schöneberg, H. Rowohlt 1952
Sartre, J. P.　1948：*Qu'est-ce que la littérature ?*, Gallimard, 『サルトル全集　第9巻　文学とは何か』加藤周一他訳，人文書院　1952
Sartre, J. P.　1965：*La transcendance de l'ego — Esquisse d'une description phénoménologique*, J. Vrin, 「自我の超越——現象学的一記述の粗描」竹内芳郎訳『サルトル全集　第23巻　哲学論文集』人文書院　1957
澤田直　2002a：『新・サルトル講義——未完の思想，実存から倫理へ』平凡社
澤田直　2002b：『〈呼びかけ〉の経験——サルトルのモラル論』人文書院
霜山徳爾　1989：『素足の心理療法』みすず書房
Shoemaker, S.　1963：*Self-knowledge and self-identity*, Cornell University Press, 『自己知と自己同一性』菅豊彦他訳，勁草書房　1989
末次弘　2002：『サルトル哲学とは何か』理想社
鈴木道彦　1991：「生きている同時代人——戦後のサルトル」『いま，サルトル——サルトル再入門』思潮社
田端健人　2001：『「詩の授業」の現象学』川島書店
竹内芳郎　1965：『サルトルとマルクス主義——『弁証法的理性批判』をめぐって』紀伊國屋書店
竹内芳郎　1972：『サルトル哲学序説』筑摩書房
滝沢広忠　1994：『日常性の心理学』北樹出版
鑪　幹八郎　1990：『アイデンティティの心理学』講談社
戸川行男　1978：『人間学的心理学』金子書房
Trilling, L.　1972：*Sincerity and authenticity*, Harvard University Press, 『〈誠実〉と〈ほんもの〉』野島秀勝訳，筑摩書房　1976
渡辺幸博　1992：『サルトルとポスト構造主義』関西大学出版部
矢内原伊作　1967：『サルトル——実存主義の根本思想』中央公論社

【辞書】

『ロベール仏和大辞典』1988：小学館

『*Sagara Großes deutsch-japanisches Wörterbuch*』1958：博友社

補遺　先行研究（2006年まで）

【自立援助ホームに関する先行研究】
1986：小林道雄『翔べ！はぐれ鳥――ドキュメント「憩いの家」を巣立った三人の問題児』講談社
1997：青少年と共に歩む会編『静かなたたかい――広岡知彦と「憩いの家」の30年』青少年と共に歩む会
2002：遠藤浩「自立援助ホームからの提言」村井美紀他編著『虐待を受けた子どもへの自立支援――福祉実践からの提言』中央法規出版

【少年非行全般に関する研究】
1928：椎名龍徳他『体験に基づく不良児と其の指導』霊岸授産場出版部
1936：三好豊太郎『不良児童と職業との関係』中央社会事業協会社会事業研究所
1939：日本少年指導会幼少年教化研究部編『少年不良化の原因と其の対策』第2巻，日本少年指導会
1943：藤井英男『勤労青少年の不良化とその対策』立命館出版部
1959：国立教育研究所編『京浜工業地帯の中学校における非行生徒と正常生徒との対調査』国立教育研究所
1962：植松正他編『少年非行の予防』有斐閣
1964：水島恵一『非行少年の解明』新書館
1965：大島静子『非行化と親の責任』明治図書出版
1973：我妻洋編『非行少年の事例研究――臨床診断の理論と実際』誠信書房
1974：山口透編『少年保護論』有斐閣
　　　：平尾靖『犯罪と非行の心理』川島書店
　　　：平尾靖編『非行――補導と矯正教育』有斐閣
1977：守屋克彦『少年の非行と教育――少年法制の歴史と現状』勁草書房
1979：望月一宏『少年非行の動機と心理』有信堂高文社
1980：関西非行問題研究会編『非行克服の現場と理論――「あきらめるな」からの出発』三和書房
1982：三上満『非行問題と学校』新日本出版社
　　　：少年非行研究会『女子非行』学事出版
　　　：全国生活指導研究常任委員会『現代の非行にどうとりくむか』明治図書出版
1983：竹内常一『非行をとらえ直す』民衆社
1984：岸本弘『青少年期の特質と教育』明治図書出版
1985：石川義博『非行の病理と治療』金剛出版
　　　：家庭裁判所現代非行問題研究会編著『日本の少年非行――第三波非行の特徴とその分析』大成出版社
　　　：福島章『非行心理学入門』中央公論社
1986：森武夫『少年非行の研究』一粒社
　　　：野村総合研究所編『非行発生過程における社会環境の影響』総合研究開発機構

：児童非行研究会編『児童非行の芽を促進させる不健全性要因に関する学際的研究』伊藤忠記念財団
1987：青少年適応問題研究委員会編『児童・生徒の問題行動——社会的不適応の研究』ぎょうせい
1988：高橋良彰『非行抑止に関する社会心理学的研究』東海大学出版会
　　　：檜山四郎『戦後少年犯罪史』酒井書店
1989：坪内宏介編『非行』同朋舎出版
1990：和田謙寿『少年補導の研究』駒沢大学青少年問題研究室
　　　：麦島文夫『非行の原因』東京大学出版会
1993：小野善吉『累犯少年と家族に関する研究』近代文藝社
1994：加藤幸雄他編著『司法福祉の焦点——少年司法分野を中心として』ミネルヴァ書房
1995：星野周弘他編『犯罪・非行事典』大成出版社
1996：花島政三郎『10代施設ケア体験者の自立への試練——教護院・20歳までの軌跡』法政出版
1997：荒木伸怡編著『非行事実の認定』弘文堂
　　　：芹沢俊介『現代〈子ども〉暴力論　増補版』春秋社
1998：浅川道雄『「非行」と向き合う』新日本出版社
1999：後藤弘子編『少年非行と子どもたち』明石書店
　　　：近畿弁護士会連合会少年問題対策委員会編『非行少年の処遇——少年院・児童自立支援施設を中心とする少年法処遇の現状と課題』明石書店
2000：川崎二三彦『子どものためのソーシャルワーク2　非行』明石書店
　　　：萩原惠三編著『現代の少年非行——理解と援助のために』大日本図書
　　　：総務庁青少年対策本部編『青少年の暴力観と非行に関する研究調査』総務庁青少年対策本部
　　　：藤井誠二『17歳の殺人者』ワニブックス
2002：神谷信行『犯した罪に向きあうこと』明石書店
　　　：鮎川潤『少年非行の社会学』世界思想社
　　　：高原正興『非行と社会病理学理論』三学出版
2003：生島浩『非行臨床の焦点』金剛出版
　　　：加藤幸雄『非行臨床と司法福祉——少年の心とどう向きあうのか』ミネルヴァ書房
2005：山本智也『非行臨床から家庭教育支援へ——ラボラトリー・メソッドを活用した方法論的研究』ナカニシヤ出版
　　　：岡田尊司『悲しみの子どもたち——罪と病を背負って』集英社

【実践者による実践報告】
1974-1994：谷昌恒『ひとむれ』第1集-第8集．評論社
1979：藤田俊二『もうひとつの少年期』晩聲社
1986：神田ふみよ『それぞれの花をいだいて——養護施設の少女たち』ミネルヴァ書房
1995：全国教護院協議会編『教護院ふれあい物語』全国教護院協議会
1998：児童相談所を考える会『児童相談所で出会った子どもたち』ミネルヴァ書房
2001：児童相談業務研究会編著『児童相談所——汗と涙の奮闘記』都政新報社
2002：山田勝美「児童養護施設における虐待を受けた子どもへの自立支援——施設職員にとっ

ての『自立』と『自立支援』」村井美紀他編『虐待を受けた子どもへの自立支援——福祉実践からの提言』中央法規出版
2003：菅原哲男『誰がこの子を受けとめるのか——光の子どもの家の記録』言叢社

【児童虐待と少年非行の相関に関する先行研究】
1971：山口幸男『少年非行と司法福祉』ミネルヴァ書房
1984：山口透『少年非行学』有信堂高文社
1999：鈴木政次郎編著『現代児童福祉概論——変動社会における児童福祉の新しい展開』川島書店
2000：国立武蔵野学院「児童自立支援施設入所児童の被虐待体験に関する研究」国立武蔵野学院
2001：藤岡淳子『非行少年の加害と被害——非行心理臨床の現場から』誠信書房
2004：橋本和明『虐待と非行臨床』創元社

【児童虐待に関する研究】
1980：佐々木保行編著『日本の子殺しの研究』高文堂出版社
1985：日本児童問題調査会『児童虐待——昭和58年度・全国児童相談所における家族内児童虐待調査を中心として』日本児童問題調査会
　　：佐藤紀子『白雪姫コンプレックス』金子書房
1987：池田由子『児童虐待——ゆがんだ親子関係』中央公論社
1988：島田照三他編『母性喪失』同朋舎出版
1991：池田由子『汝わが子を犯すなかれ——日本の近親姦と性的虐待』弘文堂
1992：津崎哲郎『子どもの虐待——その実態と援助』朱鷺書房
　　：斎藤学『子供の愛し方がわからない親たち——児童虐待，何が起こっているか，どうすべきか』講談社
1993：椎名篤子『親になるほど難しいことはない』講談社
　　：児童虐待防止制度研究会編『子どもの虐待防止——最前線からの報告』朱鷺書房
1994：西澤哲『子どもの虐待——子どもと家族への治療的アプローチ』誠信書房
　　：斎藤学編『児童虐待——危機介入編』金剛出版
1995：椎名篤子編『凍りついた瞳が見つめるもの——被虐待児からのメッセージ』集英社
1997：女性ライフサイクル研究所『子ども虐待（いじめ）の防止力を育てる——子どもの権利とエンパワメント』法政出版
　　：日本家族心理学会編『児童虐待——家族臨床の現場から』金子書房
　　：西澤哲『子どものトラウマ』講談社
1998：萩原玉味他編著『児童虐待とその対策——実態調査を踏まえて』多賀出版
　　：吉田恒雄編『児童虐待への介入——その制度と法』尚学社
　　：日本弁護士連合会子どもの権利委員会他編『家族・暴力・虐待の構図』読売新聞社
　　：斎藤学編『児童虐待——臨床編』金剛出版
1999：川崎二三彦『子どものためのソーシャルワーク1　虐待』明石書店
　　：明治学院大学法学部立法研究会編『児童虐待——わが国における現状と課題』信山社
　　：山崎晃資編『子どもと暴力』金剛出版
2000：いのうえせつこ『子ども虐待——悲劇の連鎖を断つために』新評論

：林弘正『児童虐待――その現況と刑事法的介入』成文堂
　　　：松原康雄他編『児童虐待――その援助と法制度』エディケーション
2001：本間博彰他編『虐待と思春期』岩崎学術出版社
　　　：信田さよ子編『子どもの虐待防止最前線』大月書店
　　　：岡田隆介編『児童虐待と児童相談所――介入的ケースワークと心のケア』金剛出版
　　　：高橋重宏編『子ども虐待――子どもへの最大の人権侵害』有斐閣
　　　：加藤曜子『児童虐待リスクアセスメント』中央法規出版
　　　：芹沢俊介『母という暴力』春秋社
　　　：玉井邦夫『〈子どもの虐待〉を考える』講談社
　　　：柏女霊峰編著『児童虐待とソーシャルワーク実践』ミネルヴァ書房
　　　：東京新聞特別報道部『連鎖・児童虐待』角川書店
　　　：柏女霊峰他編『子ども虐待へのとりくみ――子ども虐待対応資料集付』ミネルヴァ書房
2002：梶山寿子『子どもをいじめるな』文藝春秋
　　　：村井美紀他編著『虐待を受けた子どもへの自立支援――福祉実践からの提言』中央法規出版
　　　：全国児童養護問題研究会編『子ども虐待と援助――児童福祉施設・児童相談所のとりくみ』ミネルヴァ書房
　　　：浅井春夫『子ども虐待の福祉学――子どもの権利擁護のためのネットワーク』小学館
　　　：毎日新聞児童虐待取材班『殺さないで――児童虐待という犯罪』中央法規出版
　　　：楠凡之『いじめと児童虐待の臨床教育学』ミネルヴァ書房
2003：宮田敬一編『児童虐待へのブリーフセラピー』金剛出版
　　　：椎名篤子『新・凍りついた瞳』集英社
　　　：中谷瑾子他編『児童虐待と現代の家族――実態の把握・診断と今後の課題』信山社
　　　：中谷瑾子『児童虐待を考える』信山社
2004：広岡智子『心の目で見る子ども虐待』草土文化
　　　：信田さよ子他『虐待という迷宮』春秋社
　　　：金子龍太郎『傷ついた生命（いのち）を育む――虐待の連鎖を防ぐ新たな社会的養護』誠信書房
2005：坂井聖二他編『子ども虐待の臨床――医学的診断と対応』南山堂
　　　：黒川昭登『児童虐待の心理療法――必要なのは「しつけ」より愛情』朱鷺書房
　　　：才村純『子ども虐待ソーシャルワーク論――制度と実践への考察』有斐閣
2006：加茂陽編『被虐待児童への支援論を学ぶ人のために』世界思想社
　　　：友田明美『いやされない傷――児童虐待と傷ついていく脳』診断と治療社
　　　：森田喜治『児童養護施設と被虐待児――施設内心理療法家からの提言』創元社

【いわゆるサバイバーによる手記】
1991：バス，E. 他編『誰にも言えなかった――子ども時代に性暴力を受けた女性たちの体験記』森田ゆり訳，築地書館
1992：森田ゆり編著『沈黙をやぶって――子ども時代に性暴力を受けた女性たちの証言＋心を癒す教本』築地書館
1995：ビューラー，R.『隠された痛み――幼児期の虐待のいやしを求めて』長谷川詠子訳，いのちのことば社

1996：園田美幸『私も虐待ママだった——虐待連鎖を超えて』悠飛社
1997：葉文館出版出版部編『悲しき山羊たち——虐待・差別・いじめの体験記』葉文館出版
1998：ペルザー，D.『"It"と呼ばれた子』田栗美奈子訳，青山出版社
2000：永山翔子『家庭という名の収容所そして心の闘い——虐待を受けた私が本当の心に辿りつくまで』PHP研究所
　　：アンナ・ミチナー『わたしは生まれかわる——虐待をうけた16歳の少女の手記』実川元子訳，白水社
　　：スミス，C.『虐待家族の「仔」』古賀林幸訳，講談社
2001：穂積純編『虐待と尊厳——子ども時代の呪縛から自らを解き放つ人々』高文研
2005：川平那木『性虐待の父に育てられた少女（わたし）——蘇生への道』解放出版社
　　：ゲナール，T.『3歳で，ぼくは路上に捨てられた』橘明美訳，ソフトバンククリエイティブ

【その他の観点からの児童虐待研究】
1996：上野加代子『児童虐待の社会学』世界思想社
1999：林義道『母性崩壊』PHP研究所
2001：佐藤万作子『虐待された子どもたちの逆襲——お母さんのせいですか』明石書店
2003：上野加代子他『〈児童虐待〉の構築——捕獲される家族』世界思想社
2005：三島亜紀子『児童虐待と動物虐待』青弓社

【児童虐待の問題を取り上げている学会誌等】
1990-2007：『世界の児童と母性』資生堂社会福祉事業財団
1992：『児童青年精神医学とその近接領域』第33巻第5号，日本児童青年精神医学会
1995：斎藤学編『こころの科学』第59号，日本評論社
1997：季刊『児童養護』第28巻第1～4号，全国社会福祉協議会養護施設協議会
1998：季刊『児童養護』第29巻第1号，全国社会福祉協議会養護施設協議会
　　：家族機能研究所編『アディクションと家族』「特集　児童虐待とその心的後遺症（第8回日本嗜癖行動学会）」第15巻1号，ヘルスワーク協会
　　：全国情緒障害児短期治療施設協議会編『心理治療と治療教育』第8・9合併号
1999：季刊『児童養護』第30巻第3号，全国社会福祉協議会養護施設協議会
　　：『精神療法』「特集　児童虐待」第25巻第6号，金剛出版
1999-2007：日本子ども虐待防止学会編『子どもの虐待とネグレクト』金剛出版
1999-2000：『教育と医学』第48巻第11号，慶應通信
2000：『青少年問題』第47巻第7号，青少年問題研究会
　　：『ジュリスト』「特集　児童虐待の実態と法的対応」第1188号，有斐閣
2001：『教育と医学』第49巻第4号，慶應通信
　　：『臨床心理学』「緊急特集　子どもの虐待」第1巻第6号，金剛出版
　　：『母子保健情報』「特集　虐待をめぐって」第42号特集，恩賜財団母子愛育会
2002：『児童養護』第33巻2号，全国社会福祉協議会養護施設協議会
2004：『教育と医学』第52巻第5号，第10号，慶應通信
　　：『青少年問題』第51巻第3号，青少年問題研究会
　　：『社会福祉』「ストップ児童虐待‼——365日の緊急対応へ通年相談を開始」No.533,

東京都福祉局
2005：『母子保健情報』「特集　これからの子ども虐待防止を考える」第 50 号，恩賜財団母子愛育会
　　：『教育と医学』第 53 巻第 10 号，慶應通信
　　：『青少年問題』第 52 巻第 3 号，青少年問題研究会
　　：『犯罪と非行』No. 143，No. 144，日立みらい財団
　　：『児童青年精神医学とその近接領域』第 46 巻第 3 号，第 4 号，第 5 号，日本児童青年精神医学会
　　：『児童心理』第 59 巻第 5 号，金子書房
　　：『人権と部落問題』第 57 巻第 2 号，部落問題研究所
　　：『家族療法研究』第 22 巻，1 号，3 号，日本家族研究・家族療法学会
　　：『教育心理学研究』2005：第 53 巻第 1 号，日本教育心理学会
　　：『母子保健情報』「特集　これからの子ども虐待防止を考える」第 50 号，恩賜財団母子愛育会
2006：『教育評論』Vol. 712，日教組養護教員部保健研究委員会
　　：『児童心理』「児童虐待の早期発見と対応」2 月号臨時増刊，金子書房

【児童福祉研究】

1970：西田誠行『児童福祉要論』ミネルヴァ書房
1975：吉沢英子他『児童福祉』誠信書房
1993：竹中哲夫『現代児童養護論』ミネルヴァ書房
1994：高橋重宏『ウェルフェアからウェルビーイングへ――子どもと親のウェルビーイングの促進：カナダの取り組みに学ぶ』川島書店
1996：阪野貢他編著『子どもと福祉臨床――ゆたかな子ども社会をつくる』北大路書房
1996：竹中哲夫他編著『子どもの世界と福祉』ミネルヴァ書房
　　：全国養護問題研究会編『児童養護への招待――若い実践者への手引き』ミネルヴァ書房
1997：柏女霊峰『児童福祉改革と実施体制』ミネルヴァ書房
1999：桜井茂男他『子どもの福祉――発達・臨床心理学の視点から』福村出版
　　：小林英義『児童自立支援施設とは何か――子どもたちへの真の教育保障のために』教育史料出版会
2001：松本眞一編著『現代社会福祉論』ミネルヴァ書房
2002：硯川初代他編『児童福祉の諸問題』創言社
　　：田澤あけみ他『新児童福祉論――保護型から自立・参加型児童福祉へ』法律文化社
　　：大久保真紀『明日がある――児童養護施設の子どもたち』芳賀書店
2003：岩本健一『児童自立支援施設の実践理論』関西学院大学出版会
2005：川村匡由他編著『児童福祉論』ミネルヴァ書房
　　：『新版・社会福祉学習双書』編集委員会編『児童福祉論』全国社会福祉協議会
2006：柏女霊峰『現代児童福祉論　第 7 版』誠信書房

　以上の研究の他に，いわゆる非行以外の思春期危機についても，不登校，いじめ，摂食障害，リストカット，人格障害，等々非常に幅広い事柄に関する多様で膨大な研究がなされている。

人名索引

あ 行

朝西柾　24
蘭千壽　20
市倉宏祐　24
ヴァン・デンベルク, J. H.　15
遠藤司　18
大塚類　220

か 行

カステル, ロベール　24
金子武蔵　23, 24
川瀬直美　20
カント, イマヌエル　5, 20
木村敏　8, 9, 10, 13, 21
高坂正顕　23
小林利裕　24
小林康夫　24

さ 行

サルトル, ジャン・ポール　7, 8, 14, 19, 20, 21, 22, 23-49, 57, 59, 60, 63, 64, 65, 66, 70, 71, 75, 76, 79, 83, 84, 85, 87, 88, 90, 91, 92, 93, 98, 103, 104, 105, 109, 114, 115, 123, 126, 135, 137, 139, 141, 143, 147, 149, 157, 161, 170, 178, 183, 186, 187, 194, 197, 198, 199, 206, 207, 209, 212, 218, 220, 221, 224, 225, 226, 233, 234, 235, 236, 239, 243, 253, 259, 262, 266, 270, 275, 277, 279, 282, 283
澤田直　25
ジェームズ, ウィリアム　5
霜山德爾　17
シューネベルク, ハウス　84
シューメーカー, シドニー　20
末次弘　24
鈴木道彦　24

た 行

滝沢広忠　20
竹内芳郎　23, 24
鑪幹八郎　4
田端健人　18
ディルタイ, ヴィルヘルム　11
戸川行男　20
トリリング, ライオネル　5

な 行

中田基昭　11, 13, 17, 18, 21, 25
ニーチェ, フリードリッヒ　11
西澤哲　221
新田義弘　10, 11

は 行

ハイデッガー, マルティン　14, 18, 24, 29, 35, 36, 49
箱石匡行　25
長谷川宏　24
浜田寿美男　21
林信弘　5
ビュルニエ, ミシェル・A.　24
藤中正義　24
フッサール, エトムント　14, 15, 16, 18, 21, 27, 29, 35, 220
ブランケンブルク, ヴォルフガング　21
ブラント, ゲルト　16
ベルザー, D.　134
ヘルト, クラウス　16

ま 行

松浪信三郎　24, 220, 221, 259, 277
松本雅彦　20
ミード　20
三浦つとむ　20
ミンコフスキー, ウジェーヌ　21
村上嘉隆　24
メイ, ロロ　5, 6, 7, 10, 21
メルロ-ポンティ, モーリス　16, 18

や 行

矢内原伊作　23

ら 行

ル・クレジオ, J. M. G.　23
レイン, R. D.　6, 7, 8, 9, 10, 14, 21
レヴィ, アンリ　23

ロジャーズ, カール　5

わ 行

渡辺幸博　23

事項索引

あ 行

愛着　86, 90, 189, 190, 191
アイデンティティ　4
過ち　73, 74, 99, 247, 269, 270, 272, 273
アンガジュマン　23
意識　8, 10, 26, 27, 28, 29, 31, 32, 35, 61, 63, 152, 156, 271, 272, 279, 280, 283
　先反省的——　⇒　先反省
　措定的——　28
　定立的——　⇒　定立
　（についての）意識　28, 30, 31, 103
　反省的——　⇒　反省
　非定立的——　⇒　非定立
　非措定的——　28
　非反省的——　⇒　非反省
意味　89, 104, 105, 110, 111, 147, 157, 161, 163, 268
因果論　34, 64, 65, 70, 75, 76, 86, 117, 129
　——的決定論　61, 66
　——的説明　86, 87, 117, 121, 122, 123
宇宙　225, 226, 228, 229, 232, 233, 258
援助　130, 170
重苦しさ　126, 127, 128, 133, 139, 152, 159, 162, 177, 180, 270

か 行

回心　98
鍵孔　234, 235, 236
過去　16, 34, 43, 44, 45, 46, 47, 52, 62, 87, 88, 89, 91, 92, 93, 94, 96, 97, 98, 99, 100, 101, 105, 106, 107, 109, 110, 111, 115, 116, 117, 121, 122, 123, 126, 127, 129, 130, 131, 133, 135, 147, 153, 160, 180, 183, 259, 268, 269, 270, 271, 272, 279, 280
　——と向き合う　91, 94, 110, ⇒向き合い
　——を乗り越える　91, 94, 101, 121, 139, 140, ⇒乗り越え
家族　101, 102, 104, 105, 107, 114, 115, 119, 120, 124, 125, 128, 130, 132, 139, 192, 219

　——分離　189
価値　98, 99, 100, 147, 148, 149, 150, 151, 152, 153, 154, 155, 156, 157, 158, 159, 161, 163, 165, 166, 167, 170, 181, 182, 183, 216, 218, 269, 271, 272, 282
　根源的出現における——　157
　諸
　　道徳的——　149, 150, 152, 156, 159
　　反——　152, 153
家庭　76, 95, 112, 113, 139
可能　40, 41, 44, 169
可能性　35, 36, 37, 40, 41, 42, 43, 46, 58, 59, 61, 62, 63, 64, 65, 96, 102, 105, 124, 126, 128, 133, 135, 136, 137, 138, 139, 140, 141, 142, 143, 146, 147, 152, 155, 158, 163, 164, 166, 167, 168, 170, 172, 180, 181, 182, 187, 196, 200, 202, 209, 229, 232, 233, 235, 236, 237, 238, 239, 240, 242, 243, 244, 245, 248, 249, 252, 253, 255, 258, 261, 263, 264, 269, 270, 273, 274, 279, 280, 281, 282, 283
　自分（私）（自身）の可能（性）　61, 130, 139, 140, 147, 167, 181, 199
　他なる（諸）可能（性）　58, 59, 61
　他人の（諸）可能（性）　130, 134, 139, 140, 142, 155, 183, 263
感情（自己）移入　11, 21
気晴らし　57, 58, 64, 76
生真面目な精神　160, 161
虐待　3, 53, 56, 57, 58, 76, 77, 78, 79, 80, 81, 82, 86, 87, 90, 111, 112, 114, 116, 117, 119, 120, 123, 124, 125, 127, 128, 129, 130, 132, 133
　心理的——　113, 189, 221
　身体的——　113, 189, 221
　性的——　189, 221
　被——　4, 13, 53, 78, 83, 86, 113, 115, 116, 123, 126, 127, 128, 133, 189, 281, 283, 284
　被——経験（体験）　3, 4, 13, 58, 111, 113, 116, 166, 192, 279
　被——児　4, 13, 89, 93, 113, 114

索　引

逆行的　141
逆行率　170, 245
境遇　54, 76, 92, 96, 120, 153
凝固　62, 141, 142, 228, 235, 239, 243, 244, 245, 254
恐怖　59, 60, 191, 244, 280
距離　30, 69, 72, 105, 109, 124, 139, 163, 225, 226, 227, 229
切り離す　38, 62, 63, 64, 70, 87, 88, 95, 177, 269
気を逸らす　76
空間性　224, 225, 226, 228
偶然性　42, 90, 92, 93, 114, 116, 123, 126, 127, 130, 131, 132, 133, 180, 183, 192, 206, 219
苦悩　5, 13, 19, 20, 61, 65, 67, 75, 160, 183, 186, 268, 270, 271, 273, 274, 275, 276, 277, 279, 281, 282, 283, 284
欠如　38, 39, 48, 137
　――分　39, 40, 46, 47, 135, 137, 138, 139, 143, 152, 158, 167, 169, 170, 171, 272
　――を受動的に備えているもの　39, 135
決心　34, 62, 63, 91, 115, 249
決定論　43, 60, 70, 95, ⇒因果論
　心理的――　34, 43, 61
現在（的）　34, 41, 44, 45, 46, 47, 48, 66, 87, 96
現実存在　39, 40, 47, 135, 152
現象学　10, 11, 14, 15, 16, 18, 19, 35, 37, 45
現前　31, 32, 38, 67, 235, 248
　自己への――　⇒自己
行為　26, 27, 34, 36, 38, 43, 59, 62, 70, 71, 73, 74, 91, 92, 95, 141, 143, 150, 155, 160, 199, 235, 268
　――の次元　34, 64, 164, 279, 282, 283
後期　25
拘束　14, 35, 41, 45, 65, 103, 130, 162, 172, 207, 276
行動　95, 186

さ　行

里親　106, 107, 133, 190
時間
　――化　45, 48

　――化作用　44, 47, 52, 87
　――性　10, 16, 45, 47, 48
自己　38, 44, 135, 137, 157, 182
　――（自身）への現前　31, 32, 38, 39, 47, 48, 52, 65, 83, 110, 158, ⇒現前
　――へと向き合う　85
志向性　27, 29, 31, 35
志向的　9, 16
自己欺瞞　7, 8, 21, 25, 65, 75, 79, 84, 272, 282
自己分裂　5, 7
指示基準の中心　172
事実性　93, 114, 116, 120, 121, 123, 129, 132, 133, 135, 146, 152, 153, 159, 161, 173, 176, 177, 178, 192, 270, 276, 279, 281
実感　64, 92, 95, 105, 130, 151, 170, 172, 176, 199, 200, 202, 282
実現　35, 36, 39, 40, 41, 42, 43, 46, 59, 64, 74, 92, 130, 136, 137, 140, 141, 143, 146, 148, 150, 152, 155, 156, 158, 160, 165, 167, 169, 180, 182, 196, 199, 200, 262, 282
　――しつつ実感する　36, 46, 92, 122
実存　11, 49, 68, 69, 72
児童自立支援施設　3, 4, 53, 106, 107, 137, 141, 190
児童相談所　53, 78, 112, 190
児童福祉法　4
（児童）養護施設　4, 53, 96
自認　242, 243
自由　24, 34, 42, 43, 44, 60, 95, 150, 154, 161, 170, 178, 197, 198, 207, 209, 212, 213, 227, 243, 249, 254
手段　141, 144, 263
障碍　41, 130, 136, 143, 169
状況　14, 16, 36, 41, 42, 43, 44, 46, 62, 89, 90, 92, 96, 106, 109, 112, 114, 117, 120, 130, 146, 178, 191, 195, 211, 212, 232, 261, 270, 284
少年院　3, 4, 53．190, 243
所作　144, 195, 211
諸道具　194, 208
所与　42, 43, 44, 103, 130, 170
自立　54, 101, 106, 108, 111, 115, 116, 129, 130, 131, 132, 133, 146, 165, 166, 167, 168, 169, 170, 171, 173, 175, 176, 178, 182, 183,

事項索引

186, 191, 219, 259
自立援助ホーム　3, 53, 54, 284
身体　141, 172, 195, 196, 197, 200, 205, 206, 211, 231, 232, 273
信念　31
ずらす　78, 79, 80, 82, 83, 250
誠実　5, 9, 10, 271
正当化　90, 104, 120, 150, 163
世界　10, 14, 15, 16, 18, 36, 38, 40, 41, 48, 104, 130, 136, 138, 141, 143, 147, 152, 156, 161, 163, 168, 169, 172, 182, 183, 187, 216, 225, 226, 227, 228, 229, 233, 238, 266, 275, 280, 282
世界－内－存在　14, 15, 36
石化　244, 245, 261, 274
責任　47, 92, 97, 99, 120, 244, 269, 276
責任者　97, 117, 121, 127, 172
摂食障害　19
説明　34, 44, 64, 70, 71, 72, 75, 86, 95, 114, 117, 118, 121, 123, 153
選択　34, 42, 43, 44, 54, 60, 61, 62, 64, 89, 91, 92, 96, 97, 102, 103, 104, 105, 111, 115, 117, 119, 120, 122, 124, 129, 130, 133, 145, 146, 147, 148, 150, 156, 157, 158, 160, 161, 162, 168, 172, 173, 176, 178, 181, 183, 235, 239, 269
先反省的　16, 29, 30, ⇒反省
　──意識　29
相克　255, 261, 262, 263
　相互──　261
阻害　37, 141, 178, 191
阻害物　43
即自　16, 24, 33, 39, 66, 69, 75, 88, 121, 127, 130, 158, 243, 254, 270
　──化　73, 74, 109, 119, 126, 140
　──存在　34, 42, 65, 73, 74, 92, 121, 127, 156, 159
　──的　37, 40, 67, 73, 75, 90, 99, 126, 143, 146, 150, 154, 156, 157, 158, 159, 160, 165, 166, 170, 186, 252, 270, 282
それが在らぬところのもので在り, それが在るところのもので在らぬ　32, 39, 40, 47, 48, 79, 156, 158, 272
存在減圧　33
存在充実　16, 42, 126, 127, 133, 173

存在の絆　30

た 行

体験入所　54, 136, 145, 146
退行現象　190
第三者　261, 262, 263, 264, 265, 266, 274, 275, 276
対自　24, 31, 34, 35, 38, 40, 41, 42, 43, 44, 45, 47, 83, 87, 88, 89, 90, 92, 93, 103, 121, 123, 127, 135, 137, 139, 141, 142, 147, 150, 151, 156, 163, 164, 183, 186, 187, 198, 235, 254, 270, 272, 279, 280, 281, 282
　──存在　16, 245, 261
　──的　165
対象化　9, 16, 17, 19, 105, 106, 124, 155, 197, 257
対象－我々　263
対他存在　187, 282
他者
　対象－──　187, 224, 225, 228, 232, 233, 258
　主観－──　187, 234, 236, 239, 240, 245, 246, 258, 261, 262, 267, 273
　──経験　183, 189, 190, 192, 200, 233, 234, 281
　──と共に　187, 207, 215
　──との出会い　183, 194, 195, 198
脱自　39, 40, 43, 44, 45, 47, 48, 65, 122, 135, 186
他有化　236, 239, 244, 245, 259, 261, 264, 265, 266, 273, 274
誰でもいい誰か　194, 195, 198, 220, 223
中心を外す（ずらす）　79, 117, 250, 279, ⇒ずらす
超越　30, 38, 74, 198, 205, 213, 244, 249, 253, 257, 263, 265, 266, 274, 281
　──された（している）超越　253, 262, 266
超出　37, 39, 40, 41, 42, 43, 44, 46, 47, 62, 66, 70, 78, 83, 85, 96, 99, 104, 110, 126, 127, 135, 137, 140, 145, 156, 157, 159, 169, 186, 196, 205, 235, 254, 283
抵抗　130, 170, 172
定立　27, 28, 36, 59, 66, 74, 92, 96, 125, 143, 157, 186, 252, 265

――的　27, 28, 33, 35, 39, 44, 59, 99, 194, 199, 202, 206, 223, 235, 238
　　――的意識　28, 29, 35, ⇒意識
適応　141, 142, 144, 172, 231
出来事　82, 88, 89, 90, 91, 92, 107, 116, 123, 126, 132, 235
投企　40, 41, 44, 46, 47, 48, 52, 92, 98, 104, 116, 117, 130, 138, 141, 157, 167, 170, 179, 182, 198, 279
動機　34, 43, 44, 61, 63, 71, 121, 123, 186
道具　35, 36, 37, 43, 141, 223, 247
　　――複合　36, 40, 43, 141, 172, 225
道徳的反省　61, 66, 75, 268, 269
逃避　7, 8, 64, 65, 66, 68, 69, 70, 71, 72, 75, 80, 86, 95, 117, 235, 279, 282
トラウマ　4
摂り入れる　92, 122
取り返しのつかないもの　133, 270

な 行

内出血　229
眺められる　196, 199, 200, 213
眺める　13, 69, 73, 124, 163, 200, 274
投げ出す　52, 135, 136, 138, 145, 146, 147, 157, 165, 167, 168, 170, 181, 182, 196, 208, 217, 229, 245, 264, 270, 281
何もない　63
肉体　195, 206
人間存在　19, 22, 24, 26, 35, 36, 41, 48, 49, 135
認識　8, 9, 10, 11, 15, 16, 17, 24, 26, 27, 29, 31, 32, 33, 155, 157, 166, 206, 252
ネグレクト　193, 201, 221
ノエシス的自己　8, 9, 10
ノエマ的自己　8, 9
乗り越え　65, 74, 75, 96, 99, 106, 107, 123, 124, 129, 135, 139, 146, 176, 178, 186, 192, 245, 279, 280, 281
　　過去の――　⇒過去

は 行

排水口　226, 228, 233
反射　32
反省　15, 16, 29, 30, 31, 33, 61, 91, 99, 110, 150, 156, 159, 161, 186, 187, 189, 199, 220, 233, 249, 252, 253, 257, 269, 270, 272, 274, 282
　　――的意識　29
判断中止　14
半透明性　24, 31, 61, 152, 156, 271, 272
彼岸　70, 156, 157, 208, 283
引き受ける　52, 116, 117, 120, 123, 130, 133, 153, 172, 183, 259, 275
非行　3, 13, 53, 67, 78, 93, 111, 159, 189, 283, 284
　　――少年　3, 4, 190
　　少年――　3
否定　69, 73, 74, 79, 81, 104, 119, 123, 129, 152, 153, 159, 164, 165, 253
　　外的――　253
　　内的――　253, 254
非定立的　28, 30, 31, 32, 36, 39, 63, 70, 152, 199, 266, 282, ⇒定立
　　――意識　28, 29, 31, 39, 46, 48, 198, 199, 200, 204
人　194, 197, 198, 201, 202, 223
非反省的　59, 64, 150, 164, 229, 238, 239, 282, ⇒反省
　　――意識　199, 234, 235, 248
表象　5, 137, 146, 148, 166, 167, 252
不安　7, 19, 25, 34, 59, 60, 62, 63, 64, 65, 71, 79, 150, 160, 164, 176, 183, 248, 269, 279, 280, 284
付与　145
弁解　64, 71, 95, 163
崩壊　225, 227, 228, 229, 232, 233
方向　148, 157, 168, 170, 178, 182
保持　58, 59, 62, 124, 125, 146, 164, 180
本質　64, 66, 67, 70, 71, 73, 91, 93, 95, 96, 97, 123, 186

ま 行

まなざされる　233, 259, 262, 265, 266
眼差される　234, 239, 240, 244, 246, 247, 252, 255, 257, 258, 259, 261, 262, 267, 274, 275, 276
眼差し　25, 187, 197, 234, 235, 236, 238, 239, 243, 244, 246, 247, 248, 249, 255, 256, 267, 272, 273, 274, 276
未来　16, 44, 45, 46, 47, 52, 96, 101, 105,

110, 115, 117, 130, 133, 135, 144, 145, 147,
158, 164, 168, 173, 261, 269, 279, 280
　近接——　　136, 147
無　　24, 32, 63, 64, 87, 95
無化　　32, 43, 49, 61, 62, 63, 64, 105, 124,
132, 146, 155, 164, 181, 182, 186, 196, 202,
232, 235, 237, 254, 280
無関心な態度　　197, 198, 200, 201, 209, 218
向き合い　　61, 65, 66, 68, 78, 158, 164, 183,
186, 279
　過去への——　　⇒過去
　自己への——　　⇒自己
無限後退　　8, 21, 27
無差別　　166, 196, 198, 208
目的　　38, 43, 44, 99, 110, 117, 122, 168, 178,
208, 266

目標　　71, 98, 99, 105, 135, 137, 146, 157,
271

や　行

要求構造　　150, 163, 269

ら　行

理想　　5, 71, 132, 143, 146, 156, 173, 271,
272
了解　　26, 27, 28, 49, 61
隣人　　193, 194, 195, 197, 223

わ　行

我々　　207, 221, 266, 267, 274, 277
……を存在する　　22, 28, 63, 80, 92, 140,
206, 239

著者紹介
遠藤野ゆり（えんどう・のゆり）
1978年生まれ．
東京大学大学院教育学研究科博士課程修了，博士（教育学）．現在同大学院同研究科研究員．
主要研究：被虐待児の自立．思春期の意識・学級における集団意識についての現象学的教育研究

虐待された子どもたちの自立
――現象学からみた思春期の意識

2009 年 2 月 6 日　初　版

［検印廃止］

著　者　遠藤野ゆり

発行所　財団法人　東京大学出版会
代表者　岡本和夫
113-8654　東京都文京区本郷 7-3-1 東大構内
http://www.utp.or.jp/
電話 03-3811-8814　Fax 03-3812-6958
振替 00160-6-59964

印刷所　株式会社平文社
製本所　誠製本株式会社

© 2009 Noyuri ENDO
ISBN 978-4-13-056215-7　Printed in Japan
Ⓡ〈日本複写権センター委託出版物〉
本書の全部または一部を無断で複写複製（コピー）することは，著作権法上での例外を除き，禁じられています．本書からの複写を希望される場合は，日本複写権センター（03-3401-2382）にご連絡ください．

中田基昭 著	感受性を育む 現象学的教育学への誘い	4 6 判・3200円
中田基昭 著	現象学から授業の世界へ	A 5 判・11000円
西平 直 著	教育人間学のために	4 6 判・2600円
秋田喜代美 恒吉僚子 編 佐藤 学	教育研究のメソドロジー 学校参加型マインドへのいざない	A 5 判・2800円
佐藤 学 今井康雄 編	子どもたちの想像力を育む アート教育の思想と実践	A 5 判・5000円
浅井幸子 著	教師の語りと新教育 「児童の村」の1920年代	A 5 判・6200円
矢野智司 著	贈与と交換の教育学 漱石，賢治と純粋贈与のレッスン	A 5 判・5400円
中釜洋子 髙田 治 著 齋藤憲司	心理援助のネットワークづくり 〈関係系〉の心理臨床	A 6 判・2800円

ここに表示された価格は本体価格です．
御購入の際には消費税が加算されますの
で御了承ください．